mark

這個系列標記的是一些人、一些事件與活動。

mark 168

疫年記西藏：當我們談論天花時我們在談論什麼

作者：唯色（Tsering Woeser）
責任編輯：林立文
封面設計：蕭旭芳
電腦排版：極翔企業有限公司
法律顧問：董安丹律師、顧慕堯律師
出版者：大塊文化出版股份有限公司
台北市105022南京東路四段25號11樓
www.locuspublishing.com
讀者服務專線：**0800-006689**
TEL：(02) 87123898　FAX：(02) 87123897
郵撥帳號：18955675　　戶名：大塊文化出版股份有限公司

總經銷：大和書報圖書股份有限公司
地址：新北市新莊區區五工五路2號
TEL：(02) 89902588　　FAX：(02) 22901658
初版一刷：2022年1月
定價：新台幣580元
Printed in Taiwan

疫年記西藏

TIBET OF THE PLAGUE YEAR

當我們談論天花時
我們在談論什麼

唯色 著

目錄

II 當我們談論天花時我們在談論什麼

III 在岡仁波齊遇到的行腳僧打開喜馬拉雅山門

跟著唯色的筆記本進入西藏

文字工作者　李崇瑜

對西藏有些了解的人，應該都讀過唯色的作品。她的著作《殺劫》，活生生地揭露了文化大革命時期，西藏自治區及東部康區動盪的面貌。她的父親留下的那些膠捲，成為她民族意識啟蒙的養分，從此為自己的民族不斷書寫，即使遭受打壓、監控和軟禁，也無絲毫畏懼。

十八年前，唯色於中國出版了《西藏筆記》，拒絕自我批判，接著被封殺，之後便無法在中國公開發聲。她的中文作品均先在臺灣出版，接著翻譯成其他語言流向世界。我第一次讀《殺劫》是在日本，那時剛接觸西藏領域的我拿著指導教授開的書單走到圖書館，西藏相關的書籍大多會配上壯麗絕美的風景照，但《殺劫》給我的震撼遠大於那些風景。回臺灣之後，我便開始閱讀唯色的其他中文著作。

大三時我前往青海學習安多[1]藏語，在學校認識一些當地藏人大學生。某天一個朋友札西（化名）到我的宿舍聊天，途中他拿出隨身碟，叫我一起看看裡面的東西。打開一個名為「漫漫自由路」的資料夾，看名字就知道是不能公開觀看的文件。裡面有著各類檔案，像是電影《西藏七年》[2]、《賽德克巴萊》等等。我笑著說怎樣，連賽德克巴萊都不給看就對了。札西說應該是怕少數民族看了增強意識吧，像他自己看完就很興奮，原來臺灣高山族[3]和他們在教科書上讀的不一樣。聊完臺灣原住民後，我們開始看資料夾中的PDF文件。他先秀了達賴喇嘛自傳，問我一些關於達賴喇嘛的問題，接著便問我有沒有讀過唯色的書，唯色特別「牛逼」。我和他說我有，唯色的書都是臺灣出的。札西很開心的說還好臺灣有出版這些書，不然他們也讀不到。那時中國的網路長城還未完全築起，雖然已經禁用Facebook和Google兩大網站，但還是可以輕鬆地連上到外國網頁尋找資料，禁書網也流傳著各種西藏相關的著作。唯色在許多中國境內藏人知識分子心中，便是那漫漫自由路上的一盞燈。

《殺劫》出版兩年後，二〇〇八年三月十日[4]拉薩的藏人上街抗議北京奧運，並大喊要達賴喇嘛回西藏。此一行動迅速擴散至藏區全域，聽朋友們描述當時的情況，安多各地的藏人也多參與了這場抗議。在那之後，中共開始強硬鎮壓和逮捕抗議者，並封鎖消息。那年唯色因此無法在拉薩久待。她採訪許多藏人和整理國內外新聞，於隔年三月出版了《鼠年雪獅吼——二〇〇八年西藏大事記》，為當年的事件留下了一份紀錄。

藏人也從那次事件之後開始以自焚當作一種抗議手段。儘管遠在印度的達賴喇嘛表示無法支持藏人這種行為，迄今已有一百六十名以上的藏人以此種方式做決絕的表達。如果有機會前往中國，便會發現西部藏人較多的城市，像是成都，公安哨口旁放的，常常不是槍械而是滅火器，很明顯是要防範藏人在鬧區引火。

唯色於二〇一五年出版了《西藏火鳳凰》，用以悼念自焚的藏人，並留下貴重的文字，記錄了藏人在中國境內越發嚴重的限制和各種困境。當時住在日本的藏人朋友索南（化名）託我從臺灣購入這本書，並在暑假前往青海時帶去給他。需要如此大費周章，是因為藏人在每次出入中國時，行李都會被嚴密地檢查，即使是研究用的學術資料，也不能含有政治敏感內容。而身為「外國人」的我則不會碰到這些事，在機場可以不用被檢查行李，輕易通關。藏人在中國，沒有先拿到外國的簽證甚至無法辦理護照。唯色則是一直被官方拒絕發給護照，即使有數個國家要給出國寫作的機會。

後來我和索南喝酒時聊到這事，他把書帶回家後，拿給了自己的爸爸看。他說，爸爸翻了幾頁後，拿著書默默地走到保險櫃，把書放進去並鎖上。然後提醒他這本書不能讓其他人看。索南說許多的藏人並不知道唯色寫的那些事情在他們身邊發生，他的爸爸感到震撼，卻同時覺得知道這些事情可能讓自己和家人遭受危險，這種自我審查的沉重情緒讓他當下說不出話來。在中國境內，少數民族想要發出和官方敘事不同的聲音都得付出極大的代價。唯色十八年來面對越來越大的壓力，仍不斷對外傳遞訊息和書寫，讓我們有管道窺見藏區現況，這便是閱讀唯色著作的理由。

我一直有追蹤唯色的社群網站，因此知道她正在寫新書。收到書稿前，以為內容會是今年她回西藏自治區和轉山的紀錄，想不到首章就跳回二十年前，從她在康區的遊歷故事展開。之前提到的幾本著作，均有明確需要記錄的主題，因此本書在閱讀時可能容易混亂。讓我想起安多出生的納倉怒羅先生所著回憶錄《那年，世時翻轉：一個西藏人的童年回憶》[5]，書中的敘事方式也是這樣非線性，且不斷插入各種故事和回想。要享受這樣的敘事方式，可以試著想像自己在藏區和他們在同一屋簷或天幕下，晚上燒著爐火，有一搭沒一搭的聊天。說到興起時，話題和故事便會源源不絕地出現。藏人是喜好聊天和說故事的民族，我在安多長住時，和那裡的家人總是吃著晚餐聊天。他們除了喜歡說話，也擅長語言和文字的藝術。我的藏人朋友們都好寫詩，且樂於分享給我欣賞。有鑑於我的藏文沒有高明到可以讀詩，因此他們都會翻成日語或華語給我。即使這過程複雜，文句的美感可能也減少許多，但他們依然樂此不疲。唯色在書中穿插的詩篇總讓我想起遠在安多的友人們。

唯色的旅行紀錄從一九九九年的康區寫到二〇〇二年的岡仁波齊轉山，在我看來，現在的唯色回憶當時的自己與旅程，自然會產生許多火花。藏區在二十年間發生多大改變，身為一個不間斷記錄者的唯色自然最清楚。唯色用了累積的知識和網路連結為之前的旅行做了新的註解，同時也帶我們認識西藏的幽微歷史和講述那些地方的現況。她寫因國境分斷而邁向不同命運的藏人村落，也透過寺院歷史梳理了一些宗教史。也許片段而細微，但都是追求自己民族回憶的紀錄。

唯色曾在訪談說過，自己是個舌頭被做手術而失去母語的人。因此她不斷地想要學回母語，用母語說故事。書中出現大量漢字音譯的藏語詞彙，對一些讀者來說也許並不容易閱讀，但這便是唯色用母語說話的證明。讀著她在許多名詞後面加「啦」這個敬語我都會心一笑，畫面像是有了聲音。自己學的安多藏語不太使用敬語，曾被在達蘭薩拉學過藏語的指導教授笑我學藏語還學老粗的方言。看唯色書中使用的藏語字彙，自己也有跟著學藏語的感覺。

除了旅行筆記以外，本書也有許多讀書筆記。唯色透過不斷閱讀新資料並將其內容摘要整理，讓我們跟著一起吸收新知。從文中看她讀書的量與速度，實在令人敬佩。許多臺灣這兩年的新書她已經引用、寫進各章故事的延伸。

也許是自己學科的投射，會把唯色的文章當成一種藏區的紀錄在讀。讀唯色寫藏區，同時也讀唯色寫自己的民族意識追尋、寫自己民族遭受的苦難。一切都是如此無力，但總是有人得負起記錄的任務。被問到就西藏問題與中共談判時，希望堅守的底線是哪些時[6]，唯色回答從自己寫作者的角度來看，需要堅守的就是「真實」。她一路走來，不畏艱難而誠實地持續書寫，本書也維持了這個風格。我和指導教授聊到西藏相關的書籍時，他說：「這些作品不管寫得如何有趣，都不是你會打從心底覺得有趣的讀物。但大家又不得不寫，為了後世留下點紀錄。」如果讀完本書，勾起了誰對西藏有更多的興趣，進而關心藏人們的困境，這就是唯色啦的功德。

1 傳統三大藏區之一，以中國的行政區來看，位於青海省大半、甘肅省南部以及四川省西北。

2 *Seven Years in Tibet*，臺譯：火線大逃亡。

3 在中國的少數民族分類中，臺灣原住民被統稱為高山族。

4 一九五九年三月十日在拉薩發生大規模抗議，十四世達賴喇嘛也在那一週後出逃印度。後來藏人普遍稱那天為西藏抗暴紀念日。

5 原書以藏文寫成，雪域出版社於二〇一一年在臺灣出版。

6 OKAPI訪談：先是個藏人，才是個作家——專訪唯色《樂土背後：真實西藏》。

I

不只是天葬師和松茸的故事

1 天葬師並非人人可做

一開口就提天葬師，像是有意吸引讀者的眼球，難免流於俗套。這個似乎專屬西藏獨具的一種行業，往往容易引起介於不規範的解剖學與神祕的巫術之間的聯想，還會招來「落後」、「野蠻」、「可怕」之類的鄙視。即使是那套在網路上流傳甚廣的照片（我估計是上個世紀九〇年代，在拉薩色拉寺附近的那個著名的天葬場，出於獵奇的遊客偷拍的），繫著圍裙、戴著手套的天葬師如同一位在露天實施手術的大夫，但他手起刀落之處卻是一具首身異處的人體（那人體是如此地有血有肉，簡直不像屍體），足以令其他文明的人們受到近乎矯情的驚嚇。

給我轉發照片的是一個嚮往西藏的漢地詩人，他有些心悸地問我：「難道你們藏族人死了都要這般了結？」倒是讓我頗費思量，因為這不是三言兩句就能說得清楚的。看來對藏人的這種傳統葬俗只能進行文學化的描寫，比如有句詩是這樣讚美天葬場上分食屍骸的鷹鷲的：「光榮隨鷹背而飛翔」，可想而知會打動多少懷有西藏情結的浪漫主義者，而一個個操刀的天葬師，也就變成了化腐朽為神奇的魔法師，似乎有著往返於陰陽兩界的本事。的確，天葬師並不是人人都能夠做的，也不是人人都可以做的。若想成為一個真正的天葬師，既要有足夠的勇氣處理無常的生命，還要有平衡世俗偏見的能力，更要有一顆悲憫的心。

在西藏或者說所有的藏地（必須添上「所有的藏地」，不然有可能被誤解為只是今天中國行政區劃的西藏，也因此我更願意說的實際上是這個名詞：圖伯特，包括了西藏傳統地理所囊括的所有區域），天葬師指的是自己家鄉的那個幫助每個人走上輪迴之路的人，雖然他從事的這個職業與屠夫不同，但也素來被有所介意，可是在生活中卻誰也離不開，因為在死亡的時候，我們除了需要喇嘛，還需要「刀登」，也就是天葬師，這是康區[1]發音，拉薩發音是「多典」。

對於生活在柯拉草原上的藏人來說，在死亡的時候，除了需要大喇嘛丹增德勒，還需要刀登仁青。

2 轉康北，轉康南

但是，仁青不僅僅只是一個天葬師。如果他只是一個天葬師，我就不會改變我的那次偉大的旅行（呵呵，這個形容詞當然是對我自己而言），特意騎一天的馬，跋山涉水地去拜訪他。

在這之前，我已經在康區北部的北端白玉縣和康區南部的南端稻城縣（需要說明的是，康北和康南位於今四川省甘孜藏族自治州，傳統上這裡屬東部康地），度過了完全地、徹底地沉浸在宗教氛圍中的一個多月。那是一九九九年的夏天，那時我還是《西藏文學》雜誌社的編輯。我終於可以把積攢了四個月的假期慷慨地、迫不及待地交給離開多年的康地。這麼講，似乎有重遊故地的意思，其實不然。曾經在康北的道孚和康區中心的康定生活的歲月裡我哪裡都沒有去過，原因是那時年幼，做夢也別想一個人漫遊康區大地。大學畢業後在甘孜報社工作過一年多，先做記者，因不適應很快改做了副刊編輯，也只去過色達的縣城裡轉了轉，僅對騎馬穿城過的牧人提著雙卡錄音機傳出的彈唱有印象。之後去過父親的老家德格，百感交集，熱淚盈眶，血緣相關的至親們已去往另一個世界……總之我的計劃是用整個假期獨自走遍整個康區大地，參訪所有著名的、各個教派的寺院，瞭解有著悠久傳統與獨特習俗的民間，然後寫一本有關地理、歷史和人文的遊記，這聽上去是不是像誇下了海口？

果不其然！我不但沒能實現過於宏大的目標，吃喝玩樂的時間遠遠多於勤奮寫作的時間，而且返回拉薩後，在電腦上列出了數千字的寫作提綱，去沖印店沖洗出了上百卷彩色與黑白膠捲，寫了上萬字華而不實的開頭後，這本書就夭折了，雖然寫過兩、三首詩和兩、三篇散文（包括這篇散文的原型，原名為「帶我去天葬場的仁青」，發表於二〇〇四年四月的《南方週末》地理版），說起來既慚愧又惋惜得很啊。但在最初上路時，從未有過獨自旅行經驗卻雄心勃勃的我，把自己裝備成了一個很像那麼回事的背包客。用曲紮的話來說，他在雅江街上第一次看見我時，看見的不是我這個人，而是一個很大的背包正在走路。為什麼這麼說呢？這是因為我的個子比較矮小，而我的背包比較巨大，當我背著裝得滿滿的、擠得高高的背包一步步地走路時，別人從背後幾乎看不見我的腦袋。

記得在康北的白玉縣，每天一早我就從一借宿的人家走向整個縣城中最醒目的建築群，位於半山坡上的白玉寺，直至傍晚才下山。我幾乎成了古千仁波切的專職廚師，雖然我的廚藝不怎麼樣，但土豆[2]燒牛肉卻是我的拿手。只要敢於大把、大把地將辣椒、花椒和其他香料放進巨大的高壓鍋裡，就能做出色香味超級俱全的土豆燒牛肉。我相信古千仁波切身邊的紮巴（沙彌）會常常懷念讓他們的嘴巴無法閉上的我。有一天，我正舉著佳能相機專注地拍攝著戴華麗面具的僧眾跳金剛法舞，突然聽得身後有人用地道的四川話問我：「你是不是一個純粹的藏族？」（四川話把「純粹」說成「順粹」，把「藏族」說成「藏缺」。）回頭一看，我非常吃驚，因為站在我面前的是一個再純粹不過的藏族老僧人，身材高大，面貌滄桑。我沒有回答，而是饒有興致地問他，「你咋個會說這麼純粹的四川話？」老僧呵呵笑道：「我在新都橋待過十幾年，跟我關一起的不是成都的賊娃子，就是邛崍的強姦犯，我咋個不會說他們的話嘛。」我當即就明白是什麼意思了。

所謂的新都橋其實不是橋，而是從康定翻過折多山後，通往康北和康南的分叉路和中轉站，來來往往的盡是忙碌生存的平民、趕路歇腳的旅人、參訪寺院的香客、運人

白玉寺的金剛法舞「羌姆」。（唯色 1999 年拍攝）

載貨的司機，還有雲遊各地、化緣四方的僧侶，以及進去監察民情或出去享受生活的官員，以及時不時就會源源不斷的軍車。但這位老僧說的是另一個很少被外人知道的事實，而當地人都非常清楚，這裡有一個很大的勞改農場，自從幾十年前「翻身農奴得解放」以後就有了，關押著整個甘孜州絕大多數的政治犯和刑事犯，尤以一九五〇年代所謂「平叛」和文革時代關押的藏人最多，還關押的有四川省諸多地方的犯人，難怪老僧能說一口四川話，他一定是被當做「叛亂分子」，成了囚犯。不過他為何對是否「純粹」這麼看重呢？這是我現在才想到的問題，當時忘了問他。是不是他比較反感變得不純粹的族人呢？

提到廚藝，我想說的是，我在稻城的崩坡寺就不是廚師了，相反中格喇嘛成了我的廚師。誰也不會想到一個熱愛閉關修行的喇嘛竟會做饅頭這種中式麵點，那不算白卻胖乎乎的饅頭泡在酥油茶裡很香，但更香的是中格喇嘛親手揉捏的糌粑團。康地的糌粑與拉薩的糌粑比較，雖然主要都是用流動的河水推轉傳統的石磨給磨出來的，但粉質粗糲些，因而更有青稞本身的香味。連寺院下方河水裡的魚也吃糌粑，我親眼看見當中格喇嘛來到河邊，大大小小的魚就游了過來，他伸手將捏成小塊的糌粑伸向水面，竟有魚兒跳到他的手心裡來吃。我離開崩坡寺的那天，一輛從稻城開往康定的客車在寺院附近的公路上被中格喇嘛攔住。他把我的背包塞到坐得滿滿的車上時，還在我的衣兜裡塞了一樣東西。我想要看，他說現在不能看，等會兒再看，是「沁顛」（法藥）。當望不見半山上崩坡寺絳紅色的房子後我取出一看，竟是一張五十元的人民幣。我差點流淚了。要知道，中格是一個清貧的喇嘛，他顯然是把我當成了一心朝聖的香客。

不過這輛客車只把我送到了小小山城雅江，原因是曲紮的幾句話引發了我的好奇心，由此可見我的旅行充滿了隨機性。本來嘛，一個人在路上，想怎麼走就怎麼走，想在哪裡住下就在哪裡住下，隨心所欲，隨遇而安，這才符合「在路上」的本意。

3 康巴[3]松茸

雅江緊鄰雅礱江。而雅礱江是一條充滿危機的江。雖說水面並不算很寬，流速也不算太猛，可是你只要盯著它看片刻就會喘不過氣。這可能是因為鄰近的山崖或峭壁上建有不少房屋，高低錯落，有的甚至就懸掛在江上。當夏季暴雨，山洪滾滾而下，使得江水水位陡然上漲，那些房屋顯得岌岌可危，讓人不禁為住在裡面的人捏把汗。有一次，我小心翼翼地走在平日裡似與江水相距甚遠的橋上，竟能看見那洶湧澎湃的江水中翻捲沉浮著無數的青蘋果和杏子，如果我有足夠的勇氣，抓住橋上的鐵鍊子，隨手往水裡一撈，准能撈起幾個水果來。

我原本不打算在雅江多住的。這是因為整個縣城就一、兩條長不過數百米、寬還不如滔滔江面的小街，雖說人不及萬，卻顯得擁擠不堪。遇到採摘和買賣松茸的季節，無論白天還是黑夜，這裡簡直成了人山人海。從鄉下開著滿載松茸的拖拉機或卡車趕來交易的老鄉，各個單位突然形同虛設。因為幾乎所有的幹部職工就地轉型成了一、二道販子，更有攜重金攜計算器攜各種口音從諸多外地湧入的大小老闆，都一窩蜂地擠在鋪滿街道的背篼或竹筐跟前大聲地討價還價，熟練分揀，搬來運去，甚至在臨時牽起的電線繫掛的無數燈泡形成的燈火輝煌中通宵達旦。

啊，雅江的松茸之夜！不但有松茸交易，還有各種熱氣騰騰的小吃伴隨著當時的流行歌曲一首接一首，有藏地歌王之稱的亞東阿哥的那首《康巴漢子》既是最強音也很應景，只是我覺得有點虛張聲勢：「……血管裡響著馬蹄的聲音，眼裡是聖潔的太陽，當青稞酒在心裡歌唱的時候，世界就在手上就在手上。」而這樣一個狂歡節的火熱場面據說可以持續兩個月之久，給人的感覺是，全縣人民的生活和工作的重心都是圍繞著松茸來進行的。且不說家家戶戶的飯桌上，連空氣中都飄逸著松茸那特殊的清香味。當地朋友開玩笑說，連每日的祈禱都要祝福一下日本人，因為他們是松茸的最大買家。至於生長在藏地樹林中的松茸是如何進入中國的都市——尤其是島國日本的市場與餐桌，這是人們無法想像也不感興趣的，那已屬資本主義的故事。對於當地人來說，用幾朵松茸隨意做道家常菜才是日常生活的場景，就像用土豆做的所有菜，我愛吃土豆，我愛吃洋芋——這裡的叫法。

剛摘的松茸。（友人 2000 年拍攝）

其實松茸這種蘑菇以前並不珍貴，我過去多多吃過，那時候叫青岡菌，進城賣菌子的阿布（對鄉下藏人的稱呼）把背簍放下任人選，有淡黃色的小蘑菇，金黃色的細穗狀的掃把菌，頂端褐色、枝幹粗壯且如傘立的就是青岡菌，好像價格都差不多，這我不記得了。我更愛吃黃蘑菇，它的藏語發音是「色夏」，大意是黃色的近乎像肉（的植物），還真的似有肉味，用酥油煎著吃彷彿有犛牛肉的味道。據說這些蘑菇的藏語發音都與肉有關，如松茸是「培夏」，大意是櫟木上的近乎像肉（的植物），掃把菌是「色其夏」，大意是金黃的珊瑚枝似的近乎像肉（的植物）。記憶中，青岡菌並沒有那麼不得了的吸引力，卻是什麼時候獨占花魁，成了珍饈中的珍饈？我從《雅江縣誌》上讀到，「一九八五年雅江商業局與四川省外貿局聯合試製鹽漬松茸，每市斤價格由五角提到三元。一九八六年由鄉鎮企業局牽頭在雅江召開有雅江、康定、丹巴、九龍、鄉城、理塘、稻城、巴塘、道孚等十個縣參加的松茸生產聯合會。參加會議的還有日本、香港的商人。會議確定松茸商標叫『康巴松茸』」。於是青岡菌這個名字很快就被忘卻，替而代之的松茸變成了所有山珍中長得最像錢的那種了。

4 一九五八年之劫

在雅江的最初幾天，除了吃家常味的松茸，我去朝拜了郭沙寺、帕姆林寺、昌都寺，重點朝拜了郭沙寺內供奉的據說靈異非常、威猛無比的護法神蕩傑，祂面色通紅，三隻眼睛，齜牙咧嘴，頭插金剛杵，騎著一頭羊。這裡人人對蕩傑的生平事蹟都能做到如數家珍或扼腕痛惜，我印象深刻的是說祂在經歷了文革浩劫後，只剩下額頭上那第三只圓圓的眼睛被信徒暗藏，一直等到有了重塑的機會時才獻出來重新裝上，以示舊有的魂識或法力未有喪失，「你好好地看這只眼睛啊，好好地許個願，」守護蕩傑的僧人叮囑道。

我還採訪了幾位年紀大的仁波切，每一位都有歷經劫難的故事，比如郭沙寺的林珠仁波切，回憶往事他心有餘悸，因而聲音低沉地說，一九五八年搞「四反」（縣誌稱「四反」即反叛亂、反違法、反特權、反剝削），雅江縣各寺院（縣誌稱全縣有大小寺院四十二座）的大喇嘛和民間的所有頭人，八十多名，都被共產黨召集到縣上學習，分成兩個組：政協組和人民代表組，前者持綠牌，後者持紅牌，每天必須紅鬥綠。鬥的意思先是罵，後是打，不肯的話就會帶到新都橋的勞改農場去，而那時他才十七歲，出家已十年，卻被趕出了寺院。這年十二月的一天，甘孜州十八個縣的主要寺院被命令在同一天拆掉，僅從郭沙寺就裝了八十多箱無價之寶用解放牌卡車運走。據說金銀菩薩等貴重塑像送往了漢地，珊瑚松石等寶石歸了商業局，連寺院存放的糧食也被糧食局沒收。

另一位七十歲的達克喇嘛，面容清矍，眼神悲憫，就像壁畫上的大成就者，他年輕時在拉薩哲蚌寺修習過，也在一九五八年的「四反」中遭驅逐，去鄉下放牧了十幾年。其實我去過的這些寺院都是文革結束後重新修復的，規模都比以前小了許多，而殿堂內更是空空蕩蕩，滿牆或無壁畫或殘跡斑駁，新塑的幾尊像越發凸顯了空曠，提醒著並不久遠的劫難。

我還跟隨一群對我關愛有加的族人，騎著西俄洛鄉的康巴漢子降村的白馬，穿過結滿各種野果的樹叢，登上了有一座古堡廢墟的郭崗頂山，在煨桑時竟有三條極美的彩虹出現，差點發生了零距離接觸的奇蹟，降村他們立即大聲許願，還誦念了祈願嘉瓦仁波切[4]長壽的祈禱文，幾個康巴漢子神情激動，熱淚滾滾。而在德叉鄉則遇到幾百個牧人趁短暫的、美好的夏季時光聚在一起賽馬，我從不斷拉近的鏡頭裡看見有個男子披著漆黑而漫長的鬈髮，像頭獒犬，很符合康巴漢子的英武形象，就衝過去想給他拍特寫，他從觀望賽馬的人叢中緩緩起身，天哪，他差不多有兩米的身高，讓我產生了瞬間的審美眩暈，但他多麼地善解人意，任我拍照，靦腆地微笑時露出了一排閃閃發光的金牙。

德叉鄉藏人在賽馬之前。（唯色 1999 年拍攝）

5 騎馬去見天葬師

這之後，我就想再次啟程，去其他地方轉轉。而這時，個子很高、頭髮很鬈且有一雙黑眼睛的曲紮說：「你想不想認識刀登仁青？我可以帶你去找他。」「刀登？這有什麼稀奇，」我不屑地說，「我從拉薩千里迢迢到康區，不是沖著一個刀登來的，拉薩有的是刀登。」我還沒好氣地補充了一句：「你以為我像那種喜歡獵奇的漢地文人嗎？」曲紮憨厚地笑了：「這個刀登跟其他刀登不一樣，他還是個黨員呢，而且還是畜防站的站長。」啊哈，一個天葬師的身分這麼豐富，對於我這樣一個不甘於浮光掠影的寫作者，是絕好的寫作對象，我頓時興致盎然。

那時候，年輕的曲紮是縣宗教局的副局長，並沒想到有一天他會去當縣旅遊局的局長。而旅遊這項事業在他心目中的確立，我覺得可能與我有關。這麼說吧，我對這個地方大加讚美、無比痴迷、樂而往返的勁頭（結果用掉了我將近三分之一的假期），很有可能刷新了土生土長的他對家鄉早已熟視無睹的印象。而且我還在口頭上和文字上做出了一定的貢獻，至少州上的文人紛紛在我之後也來遊玩，這一定鼓舞了有著文青氣質的曲紮，三年後滿腔熱情地投入到了欣欣向榮的旅遊工作之中。當然也並不完全是受我的影響，無論如何，他對宗教是有一份信仰的。也因此，他的職務與他的內心會有衝突的，改行做旅遊就輕鬆多了。藏、漢文皆通的他，特別擅長用詩歌一樣的藏語辭藻在法會上讚美高僧、在婚禮上讚美盛裝新人的他，不但發掘出了一個個印在明信片上的景點，還設計出了一條條富有吸引力的旅遊線路，卻漸漸地過猶不及，有的新編故事顯然腦洞大開，比如某個樹林茂密的山頭，被說成是出現了仿若中國地圖的雄雞形狀，這當然是為了迎合那些以主人翁自居的遊客，卻也需要他們有一副努力附會的好眼力。

既然是個官（曲紮自稱是比七品芝麻官還要小的芝麻官），讓鄉裡派馬來接我們就是一點兒也不麻煩的事情。不過也有一點小麻煩。本來曲紮局長的命令可以通過電話下達，但因正逢採摘與收購當地最能掙錢的特產，即康巴松茸的黃金季節，柯拉鄉政府的工作人員基本上都不在崗，紛紛跑去當松茸販子，以至整個柯拉鄉唯一的一臺電話機空鳴不已。無可奈何的曲紮只得把他的十萬火急的指示通過口耳相傳的方式傳遞了出去。這一招很奏效。看來藏地的鄉下還是古風猶存，更適宜過去的那種用快馬或者信使將無數的驛站串連在一起的方式。

一個三人工作組立即組成了。除了我和曲紮，還有一位優秀的人民教師、四區中學校長澤仁。可是，我們這個工作組要去柯拉鄉開展什麼工作呢？曲紮倒是為了調查該鄉寺院的近況，宣講黨的宗教政策；澤仁也勉強說得過去，畢竟該鄉有一所不完全小學；而我呢？脖子上天天掛著一架有兩個鏡頭的相機的我，不用介紹就會被人看成是記者，呵呵，這倒是一個最有理由去遊山玩水的理由。實際上，我是去見刀登仁青的。

但沒想到要見仁青是不容易的。這是我在跨上了馬鞍上各種物資堆得高高的棗紅馬之後才明白的現實。這些物資包括我的背包（裡面有睡袋、錄音機和磁帶、膠捲以及化妝品、衛生用品等）、裹在類似騎兵褡褳裡的被子和大衣（這是他倆下鄉的行李）。而他倆的馬上還馱著我們的食物和鍋碗、炊具之類。需要聲明，食物都是我們自己買的，不是用公款買的，其實曲紮的那個宗教局純屬清水衙門，只能抓到白騎馬的美差，蹭吃蹭喝就別想了，像風乾肉這些都是從自家廚房的鐵絲上取下來的。

那麼，一個騎手的形象是什麼樣的？這個問題恐怕只有在你自己也騎在馬上時才會考慮到。隨之浮現眼前的，是過去那些騎手的形象：氣宇軒昂、英姿勃發，與特定的時間和空間相適宜，當其中任何一個因素發生了變化，只能是留存在過去的那些黑白照片上的影像，雖然生動卻無法重現。我膽戰心驚地跨上馬背就開始懷念起他們，在懷念的時候努力地模仿著，卻很笨拙。比如我就無法模仿澤仁這個一騎上了馬就變得光采奪目的騎手。他是個少言寡語的人，喜歡低聲地笑，性格隨和得很，並且寫得一手漂亮的漢字。聽說他是康南一帶最著名的一位土司（其實這是漢人的說法，藏人不會說土司，而是稱之為王）的遺腹子，依人到中年的年紀來看，他應該並沒有享受過土司家的一天好日子，因為土司全家在他一生下來就被革命了。關於這翻天覆地的往事，我很想問他，但又覺得這可能會觸痛隱私，讓他難過，所以我只是對他瀟灑而自在的騎姿讚不絕口。曲紮的騎姿就遜色多了，居然會因顛簸得難受，時不時地匍匐在馬背上像個懶鬼，這也太欺負默默前行的馬兒啦。「上坡不騎馬不是馬，下坡不牽馬不是人」，以及必須從右邊跨上馬背，左手執轠繩，右手握鞭，身體不能挺直，屁股隨時左右搖晃等等。鑑於我的熱烈讚美，澤仁高興地傳授了輕鬆騎馬的訣竅。

一路上的風景美不勝收，難以描述。當我們騎馬穿過一片豐茂的樹林，他倆留下我和鄉裡派來的馬夫紮西，說聲「去撿幾個松茸」就遁入樹林中不見了。紮西牽著三匹馬去吃草了。我躺在五顏六色的花朵和錯落有致的青草形成的天然地毯上，止不住地想要用歌聲讚美這美麗的大自然。我從來沒有這麼想歌唱過，我太想唱了，可就是沒有一首歌能夠嘹亮地或婉轉地衝出我的喉嚨，而我發出的聲音簡直與這美景不相配。看看，我顯然不是一個純粹的藏人了。但紮西就不同。他想唱就唱。開口就唱。一唱就讓我怎麼聽也聽不夠。

去撿松茸的兩人很快就回來了。果然就撿了幾朵，算得上是優質的那種。他倆並不貪心，適可而止，夠吃就好，天生與這個世界同生共存的民族性，又有一種順其自然的魅力：騎馬走著走著，遇上松茸適宜的水土，就下馬走入林中隨手採幾朵，這讓我頗為感動，覺得這才是對待松茸的正確態度。

路遇幾處石塊壘砌的低矮洞穴，周圍長滿雜草。兩個康巴男子又翻身下馬，熟門熟路地從一個洞穴中刨出七、八塊森森白骨。澤仁就從各種形狀的白骨中選出一根長的，笑迷迷地，放在嘴邊當做法號裝模作樣地吹了一陣。我有點驚懼，他倆反倒說魂已飛，魄已散，骨頭就是燒火棍。曲紮還像稱職的導遊向我介紹道：當年「趙屠夫」趙爾豐大兵入侵，遇到藏人頑強抵禦，清兵也死了不少，這些骨頭就是他們的。又指著附近的亂石堆說，這裡以前有他一個營的兵力安營紮寨。後來我翻書得知，那是一九〇五年至一九一〇年，趙爾豐以「改土歸流」的名義血洗康區，「拆毀廟堂，掘平城牆，寺內銅佛，亦抬出交收支局鑄成銅元，充作軍餉。……經書拋棄廁內，護佛綾羅彩衣，均被軍人纏足。慘殺無辜，不知凡幾。以至四方逃竄者，流離顛沛、無家可歸。」[5]趙爾豐還更改了許多地名，把巴塘改為巴安，里塘改為理化，德格改為德化，達折多改成了康定。而雅江這個名字是一九一四年改的，原本這裡的藏名叫做亞曲喀，是河口的意思，跟雅礱江有關。

6 丹增德勒仁波切的事蹟

經過不遠處的一個凹形山谷時，我再次聽說了丹增德勒仁波切的事蹟（第一次是在雅江城裡的小商店，見到店主供在櫃檯上的一幀照片，戴著眼鏡的中年僧人形象遠看酷似尊者達賴喇嘛，當然近看不是，店主就用非常尊敬的語言做了介紹，使我生起了渴望拜見的願望）。兩個同伴指著那陡然變得不一樣的山谷說，那就是大喇嘛阿安紮西（丹增德勒仁波切的另一個在信眾中傳揚的名字）通宵修法之處。

我第一次見到丹增德勒仁波切。（唯色 1999 年拍攝）

看上去，照射在那山谷的光線呈現出明暗對比格外強烈的特點，樹林與植物也好似比別處更加茂盛。據說那個山谷的深處有極好的牧場，但牧人們都不敢去那裡放牧，因為多次發生過人畜離奇死亡的悲劇。於是就從正在建寺講法的周邊請來了丹增德勒仁波切，而他竟獨自走入山谷中，只帶了金剛鈴杵及法鼓等簡單的法器。牧人們在山谷外不安地等待到天明，當大喇嘛毫無倦色地安然返回，一一道出多年來各種暴死卻因未得超度而變成厲鬼的男女名字，並告知在履行了布施與收伏的密法後如今已得超度，不會再來糾纏人間，那些死者的親屬都痛哭不止，感激不已。

這個故事給我留下了深刻的印象，而我按捺不住好奇心，後來在見到丹增德勒仁波切時忍不住冒昧地問道：「那些厲鬼是什麼樣的啊？」「就像人一樣，」仁波切平淡地說：「只是就像我們看電視上的人，隔著不同的空間罷了。」「但他們能感受到您的存在？」我難以置信。「是啊，我必須幫助他們，可憐啊。」至今我仍記得仁波切一下子淚水盈眶。

據說其中一個厲鬼是個女的，死於文革期間的武鬥。我就問曲紮他倆，「連這麼遙遠的牧區也發生過武鬥？」他倆連聲說有喔有喔，毛主席的紅衛兵到處都去，所以五八年躲過厄運的寺廟到了文革就躲不過了，都遭拆了。可能是看我的表情變得比較沉重，他倆馬上又給我講了一個民間笑話，倒是讓我大笑了。這個笑話是說文革中期開大會批判林彪，一再強調堅決不允許林彪反黨集團復辟。什麼是「復辟」？牧人們聽不懂。就有懂幾句漢語的牧人「冒皮皮」（四川話，意思是吹牛說大話）：「復辟」嘛，就是狐皮。狐皮？狐狸皮？不能給林彪狐狸皮？牧民們好似恍然大悟，紛紛表態，既然毛主席都不給林彪狐狸皮，那我們也絕對不給，不給不給就是不給。

當紮西不唱歌的時候，我就聽隨身聽，是一個播放磁帶的小機器。我把兩隻被馬鐙夾疼的腳抽出來，懸在馬肚子邊上，一晃一晃的，很愜意。我故意落在最後。我不想說話，就想這麼騎著馬，這麼傾聽著耳朵裡的慢悠悠的誦經聲（是一位閉關多年的老喇嘛在念誦觀世音菩薩的心咒），這麼東張西望無處不美的風景。可馬突然驚了，高高地揚起前蹄，我低頭一看，一條細長、柔軟的蛇倏忽而逝。來不及細看，我已被摔下馬，頭正巧撞在一塊石頭上。騎在前面的同伴們被我的尖叫扭轉了馬頭，急急地馳來，而我的耳朵裡依然還是慢悠悠的誦經聲在迴響，倒在地上的我摸著摔疼的頭毫不害羞地哭了……打住。打住。我不能只顧說自己而把仁青放在一邊。

7 天葬師仁青是黨員站長

當高高低低的樹林漸漸稀少，變成緩緩起伏的、綿延無盡的草坡，花朵和植物不再茂密也矮小許多，這說明海拔越來越高，但對我們（三個康巴男，半個康巴加半個藏巴[6]構成的我）而言，高海拔根本不是問題。接近傍晚時，我們抵達了柯拉鄉。確切地說，是依傍著一座山的鄉政府。別看只是一個相當簡陋的鄉政府，可麻雀雖小五臟俱全，民政、司法、團委、婦聯、計生辦（計畫生育辦公室）、人武部（人民武裝部，門上畫了一個紅色的中國國徽）樣樣都有，然而都鎖著門，一個人也不見。前面說過，鄉幹部都去做松茸生意了。與鄉政府相鄰的，是具有傳統典雅風貌的小寺叫索洛寺。幾個穿袈裟的年輕僧人正在打籃球（那個孤零零的籃球架有種遺世獨立的風格），受鄉幹部的委託，暫時代管鄉政府的日雜事務，還揣著幾個辦公室的鑰匙，一見我們，忙不迭地打開會議室，搬放行李，點火燒茶。我笑道：「這豈不是奪權了？」

而天葬師仁青的牧場離鄉政府很遠，曲紮局長再一次火速地託人送出了口信，然後召集來十幾位僧人，毫不疲倦地傳達了黨的宗教政策，如「搞好反分裂鬥爭……做好清退十八歲以下的年輕少年的工作……教育和控制私自出境……活佛轉世要按照程式和規範政策進行……黨委政府要加強對宗教事務的管理」，我靠在從寺院搬來的墊子上，一邊喝著僧人送來的沒取過酥油的氂牛酸奶（即優酪乳），一邊記錄下這幾條就睏得不行（此刻重看當時的筆記，我有些詫異，對比今日現狀的殘酷，如出一轍的禁令證明實際上歷來如此），竟倒頭沉睡過去，醒來已是天光明亮，空氣清涼，讓人心曠神怡。接下來的早餐必須著重介紹一下，那是一碗絕對純粹的「喀地」，是所有的用糌粑做的食物裡我覺得最好吃的一種，也是眾多康巴的最愛，但衛藏人幾乎不這樣吃。其做法是用手指將酥油與糌粑捏啊捏啊捏成融合在一起的許多小塊，壓實，倒上一點茶，伸出舌頭像小鳥啄食分數次舔那薄薄一層，然後再捏酥油與糌粑，壓實，倒上一點茶，再伸舌頭舔去又一層，如此反覆，直到舔光為止，多麼美味啊。這個關鍵是酥油須優質且足夠多。對了，此地還有一種糌粑的吃法。那天我們走下郭崗頂山，在樹叢中見到一種像倒置的燈籠形狀的花朵，就有人將糌粑撒入花蕊中，還分了一朵給我吃，口感不錯，有一種特別的芳香。

然後，茶足飯飽的我們步出鄉政府，去朝拜了旁邊的索洛寺，光線暗淡的大殿裡供奉著蓮花生大士的塑像和寧瑪派護法神孜瑪的塑像，都很嶄新。從僧人那裡瞭解到，寺院最先是寧瑪派，現在是格魯派，實際上歷史悠久，長達九百多年。五世尊者達賴喇嘛時代蒙古人來過。一九五〇年代末解放軍占領住過。文革中淪為廢墟，後來雖有修復，但不夠結實，遇到下雨下雪就很危險。又聽僧人講，其實鄉政府的位置過去是寺院的護法殿，但拆光了重蓋成軍營建築的式樣，這「破舊立新」的革命力量還真的是無遠弗屆啊。

仁青出現了。他滿頭大汗，手中的韁繩還牽著一匹氣喘吁吁的馬，原來他接到口信時正在給生病的牛打防疫針，然後就馬不停蹄地飛馳了五個多小時。我有些慚愧，又不是他想見我，怎麼能這樣打擾他呢？但仁青卻一臉的喜悅，看曲紮的眼神就像是看自

天葬師仁青在他的畜牧防疫工作站。（唯色 1999 年拍攝）

己的兒子。他倆相識多年，早就結下了深厚的情誼。曲紮不但喝他熬的茶、吃他做的酸奶，每次仁青上縣裡參加畜防工作會議時，還請他住在家裡，這跟周圍很多人的態度是不一樣的。雖然仁青是黨員，還是柯拉鄉畜牧防疫工作站的站長，但是只有「刀登」這個稱呼與他如影隨形。當然，人死了是離不開刀登的，可人活著多少會離刀登遠一點，畢竟刀登的身上帶著一種奇怪的氣味。

是的，就在工作站（其實只是一間低矮的小屋，也是牧民仁青從家裡的牧場上被叫來，不是變成天葬師就是變成站長的落腳處），當他熱情地給我端來一碗熱呼呼的酥油茶，我素來靈敏的嗅覺捕捉到一種並不好聞的氣味。我懷疑這就是天葬師固有的氣味，但又不便表露出來，只好接過茶顧左右而言他。恰好，用木板拼接的牆上掛著一張毛澤東的畫像，那是我們從小就分外熟悉的偉大領袖毛主席的標準像，而在仁青那鋪著一張薄毛氈的床頭，兩大捧剛採摘的野花怒放著，不對，是四捧花兒錯落有致地，供奉著一尊端坐在被哈達環繞的木匣子裡的佛祖釋迦牟尼塑像。

「仁青，你到底信仰什麼？」我故意提出了一個複雜的問題，可沒想到仁青十分輕鬆地回答道：「白天嘛，我相信毛主席；天一黑，我就相信我們的佛菩薩。」我做出很驚訝的樣子，仁青哈哈大笑，像是為捉弄了我而頗覺得意。當然，他這一笑也就忽略了我悄悄放在桌上的酥油茶。我到底還是一口沒喝，因為我心裡其實還很是在意那奇怪的氣味。

8 屋簷天葬場的氣味

眼前的仁青，那盤著黑色線穗的長髮下是一張飽經風霜的古銅色臉龐，高鼻深目，軍綠色的長袍裡裹著一個敦實的身體，蹬著一雙毛氈靴的雙腿就像許多習慣了馬上生活的牧人早已變形，走路一搖一晃。再過幾年他就六十歲了，用他的話說，他也是快要上天葬場的人了。而我重又騎上馬，跟著談笑風生的仁青和曲桑，遠遠地望見天葬場時，微風拂來，異味撲鼻。哦，從他身上散發的奇怪氣味原來正是天葬場的氣味，實際上就是死亡的氣味。此時正值午後，座落在山谷中的天葬場更像一片安靜的草原，除非留心察看，才會發現散落在草叢中的斑斑血跡，才會發現這裡的草叢較之別處要稀疏得多，野花遮地，蒼蠅亂飛，小蟲很多。

一來到這飄溢著死亡氣味的天葬場，仁青就有了顯著的變化。也就是說，他一下子顯得十分地職業化。他很利索地換上一件壓在一塊大石頭下面裹成一團的布滿破洞的綠褂子，包上同色的頭巾，從放在馬背上的牛皮口袋裡掏出一把毫無光澤的短刀（似乎是死人的血使刀的色澤顯得十分沉鬱）和一把長長的斧頭，看來這就是天葬師的行頭。接著他走到幾塊有凹陷痕跡、如同是被斧頭砸出的長條石塊前，連比帶劃，滔滔不絕。下面就是他對這種特殊葬俗的介紹：

「先說天葬場的風水。這可不是隨意選中的地方，是過去一個大喇嘛給看的。你好生看看這地形，它像不像一片屋簷？其實這個天葬場的名字就叫屋簷。送來天葬的屍體男女老少都有，大多是這周邊的鄉民，也有僧人。但是天葬場對屍體的數量是有限制的，並不是有多少死人就天葬多少死人，如果超額的話就會出現厲鬼。像我們這個屋簷天葬場，是很早以前就有的，到底有多久我也不清楚，反正我當刀登已經二十多年了，光是用這把刀劃過的死人就有兩百多，那麼總共這裡劃過多少死人呢？雖然誰也說不清楚，但我看得出來已經找不到幾塊空地了。」仁青拉著我的胳膊，指點著廣闊的草地，他瞇縫著雙眼的樣子就像是他能夠看見那些曾經躺在這裡的死人。可我如何看得見呢？我有點心慌地掂起了腳尖，生怕踩到什麼。

「人死了，」他用強調的口氣說，「如果沒有好好地天葬的話，是會變成鬼的，就像壁畫上的那種專門在天葬場出現的鬼，屍陀林的鬼，一身的骷髏架子，很嚇人的。不過我沒見過，可能是我身上死人的氣味太重了，連鬼也不想聞。但是好些人都看見了，就在前不久還有一個放羊的女娃娃看見了。這說明我們這個天葬場該作廢了。其實現在除非是凶死的人在這裡天葬，一般都送往紅龍鄉的天葬場。那裡的刀登叫彭措尼瑪，四十多歲。他用一年半的時間磕著長頭去朝拜過拉薩。他才當了十年的刀登，就已經劃了一百六十多人。連理塘縣的死人都要送到那裡去。那個天葬場是大喇嘛丹增德勒給看的，在半山上，很大，吃死人的鷹鷲也很多，有兩百多隻，最老的鷹鷲名叫湯嘎，因為牠的羽毛是白色的。雖然他是我的徒弟，但他第一次天葬是大喇嘛丹增德勒親自來教的，死

天葬師仁青在石頭上劃的天葬刀法。（唯色 1999 年拍攝）

者是一位七十多歲的老太婆。」

仁青又蹲下，神情越發認真：「劃死人是不能亂劃的，有嚴格的次序和刀數，」他用刀在一塊青色的石頭上劃了幾下，劃出一個四肢攤開的人體形狀，惟妙惟肖。「先得在背後正中劃一刀，接著在肋骨劃兩刀，再翻身往肚子上劃兩刀。不過小孩子就用不著這樣講究了，太小了，劃幾刀就可以了。但大人就不同了，男人得斜著劃，女人得豎著劃，而僧人的話，要按照袈裟的樣式來劃……」

出乎意外的是，仁青甚至還要求不停地按動快門的我，給他拍攝這樣一張特殊的照片：他蜷伏在草地上，像一具被捆綁了四肢的屍體，眼睛緊閉，面容一下子塌陷，顯得了無生氣。他鄭重地說：「送來天葬的死人都是這樣子。我很想看看我自己死了之後，被抬到天葬場上是一副什麼模樣。你千萬不要忘了，一定要給我寄來這張照片。」我當然誠惶誠恐地應承下來。對此，仁青表示滿意的方式是用多少帶點遺憾的口氣說：「前幾天那邊草場糾紛打死了一個人，」他指了指身後那似乎藏著無數鷹鷲的山，「你早來幾天就好啦，你就可以看到我是如何用刀子劃開那個人的，你就可以看到鋪天蓋地飛來的鷹鷲。」

9 我在衛藏見過天葬

其實我見過天葬的，是在衛藏。這裡我要插兩個故事。在第一個故事裡，被天葬的雖不是死人，但天葬的過程卻是一絲不苟。那是一九九八年的初冬，一個從臺灣來的攝製組訪問楚布寺（噶瑪噶舉教派的祖寺，位於拉薩附近的堆龍德慶縣的山谷裡），拍攝了年輕的十七世噶瑪巴法王，還專門去天葬場拍攝了天葬的過程。我與製片人認識，有幸全程參與。

據說楚布寺天葬場乃藏傳佛教本尊上樂金剛的壇城中心，同時也是歷代噶瑪巴仁波切的修法之地。因為並無可能每天都有送來天葬的死者，而且拍攝的當天也沒有，攝製組就買了一腿牛肉。做事細心但外表豪放的喇嘛財旺特意陪同，還帶來一件舊衣，把那腿牛肉裹得像具死屍，然後放在亂石圍成的天葬場內。兩位年輕僧人先是煨桑，再撒了糌粑、青稞和酒。那位穿著俗人衣袍的天葬師盤腿坐在「屍體」一旁，面對著土吉欽波神山，打開經書，一邊擊鼓吹號一邊誦經。據說此經是專門召喚鷹鷲這種專食人屍的大鳥。這時候，聳入鈷藍色天際的山巔上，開始有鳥出現。並傳來悠長的鳴叫聲，是那種清越中略帶淒涼的鳴叫聲。喇嘛財旺說，這些鳥中，腋下的毛是白色的為鷹鷲，其餘的有鷹，還有雕梟。還說有近百隻鷹鷲棲息在神山之中，而密乘的教義認為這些鷹鷲是十方空行母的化身，在有些祕密的經書中，牠們被稱作是夏薩康卓，意思是食肉的空行母。

藏人朝拜直貢梯天葬場，表達亡故時去往這裡的願望。（唯色 2004 年拍攝）

風在吹，楚布河水在激越地奔流，嫋繞的桑煙如同某種召喚。漸漸雲集的鷹鷲在半空中遲疑地盤旋著，有時停在岩石上，直至天葬師用刀大塊切肉，並舉起大石頭砸碎骨頭，才不慌不忙地接踵降落下來。那姿勢十分好看：輕盈，從容，迅捷，有著一種天生的傲氣。那翅膀很是巨大，平平地展開著，顏色由灰至白，尾翼呈一片黑色，兩邊的羽翎如剪，實在漂亮極了。但當牠們收攏羽翅，穩穩地落在地上，用乾瘦的雙腿支撐著頗為龐大的身軀，一搖一晃的姿態就有些滑稽了（沒錯，很像刀登仁青走路的樣子），卻不馬上搶食，而是圍著天葬師拋來的肉塊發出「嘶、嘶」的叫聲，於是天葬師開始跟牠們說話，語氣親切，像對朋友一般。喇嘛財旺說這是在跟鷹鷲中的「老大」聊天呢，向牠發出了邀請，只有牠先吃，其餘的鷹鷲才會跟上來。還說差不多主要的鷹鷲都有名字，都是天葬師起的。果然如此，當鷹鷲群中蹣跚地卻像是很高傲地走出模樣特別威猛的一隻，率先吃起來，而吃的樣子居然很有王者風範，其餘的鷹鷲才一湧而上，紛紛撕搶起肉和骨頭，漸漸地有點擠亂。我聽見天葬師高喊：「嘿！不要打架，有你們吃的。」但我忘記他喊「老大」的名字叫什麼。

越來越多的鷹鷲「嘎、嘎」叫著降落下來，那聲音已不似先前的清越而是相當沙啞，顯得急切。我數了數，大約有八十多隻。天葬師有些激動地說：「這可真少見，有時候真正的屍體擺在那裡也沒幾隻鷹鷲飛來吃，甚至有過一隻鷹鷲也不飛來吃的事，那簡直太可怕。」有人就問為什麼，天葬師說這是因為那人生前造了惡業，連鷹鷲也嫌其骯髒，不願意吃；有時候鷹鷲來得雖多，卻也不圍上來吃，跟死者家裡沒有舉辦超度亡靈的法事有關，但今天很不尋常。喇嘛財旺笑道：「當然啦，之前請示過法王噶瑪巴嘛。」天葬師連忙雙手合十，認為那必定是得到了至尊上師的加持，連鷹鷲也聽從了安排。

那時，十七世噶瑪巴才十三歲，氣度超凡，直懾人心，我幸運地拜見過多次，更幸運地拍到過顯露他內在精神的兩、三張照片（這可不是我誇張，有圖有真相的）。然而誰都不知道他其實經受著怎樣的壓迫，以至於在來年深冬最為寒冷的日子，悄悄地帶著他信任的喇嘛財旺等幾位侍從祕密出逃，歷經八個比他的所有轉世加起來都要漫長的晝夜，驅車徒步，翻山越嶺，經過中國邊防軍軍營，搭乘尼泊爾境內的直升飛機，終抵印度北部的達蘭薩拉，見到了尊者達賴喇嘛……需要說明的是，這堪稱生死冒險、意義深遠的歷史事件並不是我能夠在這篇文章裡講述的，必須是一本書的規模。

在這片周圍群山聳立的天葬場，鬍鬚飄飄的天葬師六十多歲，過去是楚布寺的僧人，在革命如暴風驟雨突降的年代不得不還俗當了牧人。攝製組的鏡頭朝向他，問他是如何看待他的這項工作？舉止謙恭的他簡短答道，他總是以佛祖釋迦牟尼以身飼虎的事蹟鼓勵自己，觀想自己就是眼前的屍體，由輪迴的手執刀切塊，供奉給那些來自十方的空行，所以他認為天葬師是一項神聖的職業，為此感到自豪。

而第二個故事說的是真正的天葬，發生在全藏著名的，甚至被稱為「第一天葬場」

的直貢梯天葬場，藏語稱為直貢典佳，即永生永恆之地。據說在此送葬的死者，魂識可入三善趣境界，而不會下地獄，因此無數藏人選擇於此處天葬。這座天葬場位於直貢梯寺旁邊的山坡，直貢梯寺則位於拉薩以東的墨竹工卡縣境內，那蜿蜒流淌的孝絨河邊的山腰上，一一七九年由大成就者直貢巴．仁欽白，又稱覺巴．吉天頌恭所建，為直貢噶舉派的祖寺。

那是二〇〇五年初冬，在離天空很近的直貢梯天葬場，在漸漸讓人暖和過來的陽光中，在滿山經幡被吹拂得呼啦作響的微風中，在幾位僧侶與親人的祈禱中，我母親家族裡的一位亡故老婦的屍骸，如祭品靜靜地陳放。隨著兩位天葬師持刀切割，眾多鷹鷲展翅而至，將肉與骨嚼食殆盡，然後飛離。「請看，她的頭顱有一個洞，這是修習過頗瓦的明證。」天葬師一手捧著幾乎稱得上是光潔的頭蓋骨，一手指著上面一個很小的洞穴給我們看。我們當然都懂得這是什麼意思。頗瓦是藏語，是一種幫助靈魂或神識在這一世生命終結之時遷移轉世的修行法門，在喇嘛上師的指導下，或由自己修習，或靠喇嘛發力，顯然我見過多次的老人，曾有過榮華富貴的往昔，但後半生歷經世事跌宕的折磨，虔心向佛，終日靜修，所以獲得了死亡來臨時魂識的完美轉移，這深深地震撼了我。

而我自己，恰恰得益於這一次如此近距離的親眼目睹，反而清楚了自己的某一天應該選擇的喪葬方式。我的意思是，我非常願意死後天葬，而不是其他的葬。多麼希望能夠如願以償啊，但是誰又可以知道命運的結局呢？假如這一世生命終結於外邦人的異鄉，那就沒有可能將軀殼託付於飛翔的鷹鷲，也就只能隨遇而安了。不過呢，頗瓦倒是無須鷹鷲幫忙，這是自己無論在何處都可以做到的，只需真正地修習。

10 天葬師是為人民服務

那麼，仁青又是怎樣成為一個「刀登」的呢？在我囉嗦了這麼多之後，我終於要交代這一至關重要的問題了。帶著我們慢悠悠地騎馬離開天葬場的仁青打開了話匣子：

「最早我是一個牧民。我的祖祖輩輩都是柯拉草原上的牧民。其實我差點去寺院當了紮巴。但五十年代的『民主改革』開始了，『四反』開始了，寺廟也沒有了，年幼的我被工作組看作是革命幹部的培養對象，讓我加入到革命的隊伍中了。可是我這個人的心腸太軟了，我一見到牛病了，馬痛了，我就要去照顧它們。這樣我就成了獸醫。革命工作也是需要獸醫的。但是革命工作不需要刀登。有很長一段時間，我們這裡死了人，是不能去天葬的，因為天葬屬『四舊』[7]，是落後的風俗習慣，必須取消。天葬師也是『四舊』，必須改行。結果那些年裡死了的人不是被埋在地下，就是悄悄地扔進了河裡。啊嘖嘖，對自己死去的親人幹下的壞事，沒有比這更壞的了。可憐啊，那些沒有被天葬的人恐怕都停留在中陰階段，得不到超度，變成了鬼。後來，大喇嘛丹增德勒對我說，我看你對那些牲口好得很，牠們身上的傷口你還用舌頭去舔，這說明你對死人也會憐憫的，你非常適合做一名刀登。那時候，我已經入黨了，不過我並沒想過共產黨員能不能當刀登的問題。無論如何，沒有刀登的話，人死後會很慘的，這樣很不好。再說共產黨最愛說『為人民服務』這句話，我做一名刀登也是為人民服務嘛。」

沒想到仁青如此活學活用毛主席的教導。我沖著仁青翹起了大拇指：「仁青，全藏地，不，全中國，不，全世界的共產黨員裡面，你是唯一的一個刀登。」接著我把話頭一轉，嚴肅地說：「那你收不收錢呢？」

仁青笑得露出了一口雪白的牙，就像是對我善意的嘲笑。這時候，我們正好在柯拉鄉政府的門前下馬，在我們的身後，夕陽把那邊環抱著天葬場的山谷照耀得一片金黃，如同一個美麗而安靜的彼岸世界。仁青從門上畫著紅十字的工作站取來一張報紙般大小的白紙，但已發黃，上面繪著一份表格，在格子裡密密麻麻地畫滿了圓圈，而圓圈的裡面填滿了數字和藏文。這是什麼意思？

仁青指著表格說：「我劃過的那些死人全在這上面。這圓圈裡是他們的名字。這些數字是他們的家人給我的錢。想給多少都可以，五塊，十塊，二十塊，給得最多的是五十塊。沒有錢也行。沒有錢的圓圈裡是空的。我為什麼要做這個表格呢？我是要記住這些人。這些錢我也不用在自己的身上，我有的是工資，所以我把一部分錢送給那些一無所有的窮人，把一部分錢拿去蓋念經堂和佛塔。」

天葬師仁青記錄天葬者的表格。（唯色 1999 年拍攝）

「那你的工資是多少？」我繼續嚴肅地提問。他很滿足地答道：「將近兩百多塊呢。夠了，夠了。」好吧，我心裡嘀咕道，就讓他展開表格像展開獎狀那樣給拍了兩張。有意思，就繪製表格這一點，可以看出仁青還是沒白當站長，不然一個純粹的牧民恐怕只會靠繩索或者別的原始手段來記事了。我感動了，由衷地認為身分多樣化的仁青在平凡的崗位上確實做出了不平凡的事蹟。

留在鄉政府做晚飯的澤仁在叫我們。想不到除了青椒炒土豆絲，竟還有他和曲紮在半路上採摘的松茸，與紅燒豬肉罐頭混在一塊燒，好吃得不得了。

11 草場糾紛的由來

仁青與我們共進了晚餐。雖然他身上的異味依然不散，但我已經能夠做到像曲紮和澤仁那樣不在意了。

用作廚房的會計室不大，除了一張搖搖晃晃的桌子和四根搖搖晃晃的長板凳，一個可以熬茶做飯的鋼爐和滿地堆放的木柴，別無他物。喔，對了，那桌上還有一架橙色的電話機，是那種老式的帶搖把的電話機。當格桑貢布，是的，他是鄉政府的值班人員。我不記得他是一個什麼樣的鄉幹部了，這是因為他的外表、他的言行實在太有特點，以至於我至今一想起他，就想起他滿頭亂蓬蓬的鬈髮，黝黑的臉上一對像犛牛眼睛那樣的大眼被酒精燒得通紅。「你完全是一個酒鬼！」曲紮局長嚴厲地沖著一頭闖入的格桑貢布批評道（後來得知他真的是一個酒鬼，喜歡喝烈性強的白酒。有次提著一把步槍喝醉了，居然槍走火，打死了妻子，震動鄉裡，卻也不清楚為何沒有被上級部門嚴厲處分）。但是格桑貢布並不理會，抓住搖把電話機就是一陣猛搖，據說這麼一搖，整個四區的四個鄉的電話機都要響，而總機設在縣上，鄉民給它起了一個外號叫「長命」，有的人不會說「總機」就說成是「公雞」。

格桑貢布居然很快就找到了正在縣上買賣松茸的鄉長和書記，如此落伍的通訊方式居然管用，令人嘆服。只聽他用一口古怪的漢語沖著話筒大喊：「趕快回來不是，要出人命了！回來不是，我們勸不動了！」原來因為近來政府正在重新劃定雅江縣和理塘縣接壤的界線，引起了兩地鄉民之間的糾紛，據說理塘毛埡壩的牧民已經聚集了五十多人，要用武力爭搶被劃走的草場，激起了鄰縣柯拉和紅龍等地的牧民日益高漲的反彈情緒。

於是圍繞勘界這個重大話題，小屋裡展開了熱烈的討論。草場糾紛在藏地牧區是一個由來已久且十分棘手的問題。鄉與鄉、縣與縣、州與州、省與省，幾乎年年都要因草場的所屬權爭執不休，甚至打死人命。最早起始於上個世紀六〇年代初期，廣大藏地被行政區劃分成幾大塊之後，草場糾紛就沒有停息過。我手抄過一份甘孜州一九九〇年有關雅江縣與理塘縣接壤界線的文件，其中寫：「……兩縣接壤界線長約三百五十多公里，有十六個鄉毗連，行政區域界線從未勘定……曾於一九六一年九月十二日和一九六二年十月十日達成兩個劃分草場界線的《協議》……但由於《協議》受這時條件局限，局部地區界線不明，又沒有標繪地形圖，隨著生產的發展和資源的開發利用……導致邊界糾紛，甚至出現一九八八年『六一二』伏擊槍殺事件（這裡我的筆跡連我自己也看不清寫的是『死了七人』還是『死三十七人』）……廣大幹部群眾迫切要求重用《協議》線，解決爭議線，法定習慣線，以維護接壤地區的社會穩定……」

文件歸文件，事實上各級官員在不斷失誤的同時往往一籌莫展，我後來在縣城見過一個被戲稱為「老革命」的副局長，不到五十歲就提前退休了，對此他很豪氣地說那個小官有什麼當頭，哪裡有現在這麼自由，想掙點松茸錢就掙點松茸錢，想搓兩把麻將就搓兩把麻將，但實情是他犯了一個很大的錯誤才招致早早下課。而這個錯誤就與勘界有關。作為分管規劃與鄰縣邊界草場的負責人，他卻不願意實地下鄉調查，而是趴在辦公室的地圖上，用一支紅藍鉛筆隨意地圈圈點點，導致了草場糾紛舊的未去、新的又來。

這些幾乎年年頻發的糾紛，連軍人扛槍出現也無濟於事，甚至更加惡化，如今的最高指示是，兩縣縣界走向要以「中國人民解放軍總參謀部十萬分之一航測圖一九七一年第一版」為準，要求「必須堅決服從裁決」、「必須依法追究其責任」，故「在必要地段栽立界樁」、「標繪界碑位置」等等，但還是無濟於事，除非勞駕當地最有威望的宗教人士，比如大喇嘛丹增德勒仁波切就數次化解過這類矛盾，兩邊的藏人都信奉他，劍拔弩張的雙方一見到他絳紅色的身影，就紛紛磕起長頭，戾氣頓時消散，嚴峻的事態一下子變得平和。不過呢，這樣的場面卻不是黨政軍官員們樂見的。

12 仁青還是仁青

暴雨下起來了。一個個密集的閃電劃破漆黑的天空，是那樣的驚心動魄，居然闖入屋裡，將懸垂在窗邊的電話線濺起一陣耀眼的火花，格桑貢布慘叫一聲，就像是他的亂髮被燙得更捲，趕緊逃之夭夭。我點上我們在縣城買的蠟燭，繼續聽仁青講他的故事。可是仁青為何如此激動？就像是那閃電也啟動了他體內沉睡的激情，他眉飛色舞，口若懸河。而他那地地道道「牛場娃」（當地漢語對牧民的稱呼）的方言，與曲梨和澤仁你一言、我一語的同聲翻譯，不但在我的腦子裡攪成一團，也在我的錄音機上留下一片噪音，其結果就是此刻我已經無法復原刀登仁青的精采言論，這真是遺憾。我聽清楚的有這樣幾句話：

「生命是無常的，今天還看見這個人在放牛，明天就抬上了天葬場，所以我也不知道自己什麼時候就會被鷹鷲吃了。也許我十年後還在這裡，也許我沒幾天就死了，這誰也說不清楚。每次在天葬場上用刀子劃死人的時候，我都把這些死了的人想成是我自己（這跟楚布寺天葬師說的一樣，看來是天葬師的共識），我都在心裡祈禱，下一次輪迴的時候有一個好的轉世。除了想成是自己，好好地天葬死者，也是幫助死了的人得解脫，不辜負他們親人的願望。」

我還記得仁青講述的一個細節：「不管是給牲畜看病，還是用刀劃死人，我養成了一個習慣，總是手也不洗就去揉糌粑吃，那手上常常還帶著血。我不覺得髒。反正都是生命的血，就跟自己的血一樣。後來，大喇嘛丹增德勒對我說，雖然你的心是沒有分別的，但是那些血帶著病毒，你如果吃下去的話會影響你的來世，這以後我就改過來了，每次都把手洗得幹幹淨淨。」

這期間曲紮和澤仁先後出門方便，留下我一個人傾聽仁青充滿激情的演說，他確確實實是又演又說。適逢又一串閃電與驚雷交織而至，幾根蠟燭不是突然倒下就是驟然而滅，似乎只有一根蠟燭還在燃著，那忽明忽暗的光亮下，仁青的面部表情不斷變化，仁青的雙眼也格外地炯炯有神，幾乎讓我相信那就是被仁青解剖過的那些死者交替顯現，所謂嚇得毛髮豎立的感覺算是被我體會到了，就在我幾欲奪門而逃的時候，我的兩位保鏢回來了。

次日雨過天晴，柯拉草原如出水芙蓉，清新宜人。一大早仁青就來告別，因為牧場上死了四頭小牛，他得趕緊回去給其餘的牛打防疫針。他握著我的手久久不放。他的身上仍然帶著一種異味但我已渾然不覺。我知道他為什麼對我這樣地親切，因為我來自拉薩，那是一個讓他以及所有的、尤其是邊地的族人最為嚮往的聖地。他交給我一百元錢，懇切地要求我回到拉薩後，為他和那些被他天葬的死者在大昭寺供燈。他似乎有些傷感（確切地說，不是他傷感，而是他的話讓我傷感）地說：「如果這幾年之內我還活著，我就去拉薩朝佛，我很想去大昭寺拜一拜覺仁波切[8]。」

望著仁青打馬而去的背影，我得承認，說到底，他本質上還是一個跟其他牧民無甚分別的牧民，雖然他有好幾個身分，但歷史賦予他的那個最特別的身分似乎是多餘的，就像是某種擺設，並未觸及他的靈魂。這是什麼原因呢？與他深深紮根的這片土地有關嗎？可現實中，也有許許多多的藏人恰恰因為身分的多重性而變成了兩個人、三個人甚至更多。我的意思是我見過許多人格分裂的藏人，比如我身邊的長輩們（他們現在的身分是「退休幹部」），他們的一生往往是無所適從的一生，他們的歸宿也往往是沒著沒落的歸宿，這與被外力推行的所謂的「城市化改造」有關嗎？以至於故鄉漸變他鄉，人人不倫不類。還是說，畢竟不同於天高地遠的草原，越來越擁擠的城裡那一個個被諸多眼睛緊盯不放的單位最擅長的就是天天改造思想，人人都逃不過？當然這個話題太複雜了，幾句話根本說不清楚。所以我只能說，在這片似乎不變又似乎大變的柯拉草原上，仁青還是仁青。

13 給我編六十三根辮子的俄多

然後，我們也跨上馬背，繼續翻山下坡，去往靠近公路的紅龍鄉又叫塔子壩。聽說那裡正在舉行祭祀神山日托瑪、朝拜寺院崇新寺，以及賽馬、跳鍋莊、飆摩托之類的民俗活動，又稱「耍壩子」。剽悍的康巴男女在寬闊的草壩子搭起了無數個帳篷，帳篷裡有新鮮的凝脂般的酸奶、黃燦燦厚墩墩的酥油、大塊的犛牛肉和羊肉，我們只需帶著一個空碗，無需邀請地，從這個帳篷走進那個帳篷，就能吃到各種吃不完的美食，而這是我對世俗生活的執念之一，想起就激動不已。

我們翻過了一座海拔四千七百五十米的岩石山叫阿沙山，又叫剪子彎山，有解放軍的雷達站很醒目，傳說可以測試到從印度新德里起飛的飛機，對此我不太相信就是。遇到兩個聊天欲很強的軍人，上士成都人，中士山西人，說雷達站是一個連的編制，六十多人，屬成都軍區空軍地勤，由理塘縣管理營管理，但矗立在雅江縣的地盤上。還說今天早晨下雪了，冷得很。從他倆寂寞的眼神和乾裂的嘴皮，看得出身心很不適應，這個聊天再聊下去的話恐怕會把所有的軍事祕密都洩漏了。抵達塔子壩後，我自然不再需要紮西牽馬，何況我體內蘊藏的某個基因已被啟動，幾天後，我在與十幾個康巴男子（主要是僧人）的騎馬比賽中，非常值得炫耀地跑了個第七名，其實是身輕體瘦的我幸運地（準確地說是好心地）給配了一匹閃電般的快馬。在與紮西告別前，他說了一句話令我刮目相看。才十九歲的牧人紮西很深刻地說：「一個男人，要有九次生離死別才是男人。」

實際上，當晚我就再次吃到了純粹的（我貌似被這個詞降伏了）酸奶，具衡量的標準是吃完像果凍一樣黏稠的一碗就會立即陷入沉沉的睡眠，這可能叫做酸奶醉。但讓我難忘的是，我不但有過酸奶醉，而且，見到了一望無垠、雲彩奇異的天邊滾滾而過的絢麗雷電，見到了服飾華麗、落落大方的俊美女子和奇特的頭飾不同於其他藏地的帥氣男子，見到了僧人們戴著酷似嬉皮士的髒辮卻是用羊毛編成的細穗染成了黃色、橙色的那種頭飾（我覺得其實更像一朵朵掃把菌）馳馬、馳摩托而過，見到了一個略上年紀的仁波切給排隊舉著哈達的男女信眾摩頂而過，還見到了四個穿著暗淡、疲憊不堪的漢人鄉幹部含淚悲壯地奔赴勘界糾紛的草場就像上戰場。

第二天，在一個寬敞而明亮的白色帳篷裡，由身材健碩、性格開朗、勤勞致富的俄多和她的兩個貌美如花的女兒，將我的頭髮編成了六十三根細長的小辮子。這之前，曲紮在鄉政府的鋼爐上燒了熱水，然後拎著水壺幫我沖洗了落滿一路風塵的頭髮。我同時想聽帶有傳奇色彩的俄多講述活出了人生精采的故事。或者說我還是有些獵奇的心態，因為與全藏不少地方一樣，這裡依然保留著傳統婚俗中的一種，即一妻多夫的婚俗，而四十五歲的俄多有兩個丈夫是兩兄弟，一個是開卡車的一個是裁縫，她自己也會做生意，敢於說著雅江一帶獨有的那種倒著說的漢話跑到廣州去進貨。她家生活富足，蓋起了整個塔子壩最好的房子，連「耍壩子」搭的帳篷也是最大，還有一架發電機可以點亮夜裡的燈泡。俄多並不在乎我對她個人生活的好奇，坦然地有問必答。我看見這樣的場景：她十分溫柔地給一個丈夫剪指甲，而另一個丈夫靠著她的腿安然入睡。

俄多邊給我編辮子邊解釋說：「女的都要編辮子，只有出家的女尼不編辮子。結了婚的，頭頂兩邊的髮辮上要戴『花花』」。「什麼是『花花』？」我問。俄多說：「就是用銀子打的圓盤，刻了花兒。就像酥油茶碗的蓋子，上面的那層塗了金色，鑲了珊瑚。沒有結婚的不需要戴，年紀大了也不戴。編多少根辮子不一定，頭髮多就辮子多。編完後，要在所有辮子的末端結上由紅珊瑚、黃琥珀、綠松石串在一起的頭飾。」

我忘了這三個母女給我編辮子花了多長時間，大概兩、三個小時吧，猶如魔鏡效應，那滿頭的髮辮頓時使我變了樣，一下子具備了，或者說大致具備了康地遊牧女人的美麗形象（我一直捨不得拆散這些辮子，保留了整整二十天），其實是使我與這片土地結下了深深的緣分。

14 我與丹增德勒仁波切的緣分

而這緣分最主要的體現在（實際上我直到多年後才意識到）：當我回到縣城，就去拜訪了住在山坡上的大喇嘛丹增德勒仁波切。他時年五十歲，生活簡樸，直言不諱，什

紅龍鄉參加賽馬的僧眾。（唯色 1999 年拍攝）

麼話都願意對我說。而他在那時候就已經成了敏感人物，據說「從縣上到州上，到省上，甚至中央都掛了號」，是當地警方的重點監控對象。其實主要原因是，最初他公開批評林業局砍光了國營林，又來砍屬民眾的集體林，並去阻止砍伐而民眾相隨，為此遭到官員們的仇恨，簡直是恨之入骨。或者說他們非常願意做出恨之入骨的樣子，因為本地出了這樣一個階級敵人，對他們全體的利益是有好處的。而且眾所周知，丹增德勒仁波切公開拒絕反對達賴喇嘛，官員們就將他的人設從當地的大喇嘛渲染成了「分裂分子」，把他說成了當地最大的不穩定因素，層層彙報上去，上級部門對此當然大為重視。

……而一九五八年那時候，是的，那時他才八歲，但已是理塘寺的小僧人，他所見到的那些入侵與毀滅如同烙印深深地刻在了他的心裡。很快所有穿袈裟的人都不能再穿袈裟了，他只好回到牧場上與祖母相依為命。「從來沒有過的饑荒降臨了，我們這裡餓死了太多的人。」一九七九年，達賴喇嘛的代表團第一次來到這裡，他泣不成聲，哭訴說不完的深重苦難。當晚他捨命而逃，翻越雪山，逃往了印度的流亡藏人社區，在那裡他重又穿上了袈裟。他可能是那邊的哲蚌寺裡最刻苦修習的僧人，一九八三年，尊者達賴喇嘛指認說你就是丹增德勒，是吾托地方帳篷寺院的轉世祖古[9]。那座用犛牛毛編織的帳篷寺院在康地南部十三座帳篷寺院中最大，往昔是廣大康南最別致的風景，隨遊牧者逐水草而居，夏天搬到塔子壩，冬天移到柯拉草原，有著數百年的歷史，但在一九五八年，卻被不邀而至的拿武器的外人拆得精光。他是一九八七年返回家鄉的。他要重新恢復成千上萬的牧人的精神家園。他徒步化緣，徒步化緣，到處徒步化緣。然後用石頭、泥土和木頭修築起了一座宛若定居在草原上的寺院，正是我見過的彷彿歷經數百年的崇新寺。他越來越讓權力者頭疼心煩，被視作一根需要拔除的釘子。

像是有某種預見，第一次見面，丹增德勒仁波切就帶我去了城郊江畔的那座他辛辛苦苦辦起來的孤兒學校，讓我拍下正在上課的教室和宿舍，拍下殘疾的學生和忠義的老師，拍下他和一百多個深深依賴他的孩子們合影（當時我懵懂無知，反正去哪裡都是聽故事，見識當地的生活，並沒有意識到無意間我用相機記錄了即將被消失的非凡證據）。他還想帶我去看他多年來辛辛苦苦建起來的一座座寺院，但因已經很不方便未能成行。我接著又見過他一、兩次，開始感受到他的信任近乎於某種委託，讓我既感動又有些不知所措。臨別時，他從門前的花叢中摘了一朵大大的、黃色的月季花給我，他自已也手捧兩、三朵花，站在門口合影他卻顯得那樣的憂傷，我也似被突然襲來的憂慮攫住，幾乎落淚。

第二年夏天我還去拜訪過他一次，還是在這座位於雅江縣城山坡上的屋子裡，卻是最後一次見到他。說起剛去世的母親他難過不已：「我的阿媽苦啊，我的阿媽死了，我要為她閉關一年，每天念經修法。」也像天葬師仁青一樣，他交給我一百元，讓我回到拉薩後，在大昭寺釋迦牟尼佛像跟前的金燈裡添加酥油。這之後，各種構陷不斷追加猶如猛獸撲來，他已無法抵禦，最終竟被權力者栽贓他製造了所謂的爆炸案（四起至七

丹增德勒仁波切在他辦的學校與師生們合影。（唯色 1999 年拍攝）

起爆炸案），遭判死刑又改無期徒刑，震動整個康區，而他深陷無法擺脫的重重黑暗之中，無法脫身或這正是某種活生生的教法示現！當地成千上萬的人，像俄多和降村這樣的勇敢而虔誠的百姓為此奔走呼告，去康定去成都去北京，多次被抓過打過，受盡折磨，從此再也沒有了幸福的生活。

寫到這裡，我不能不提到降村。我無法忘懷他和那些康巴漢子曾經有過的快樂，我曾住過他也是勤勞致富的華麗大屋，聽到過他們的陣陣歡笑聲。他跟我說過：過去村子裡偷盜、搶劫時有發生，百分之八十的男人吸菸、酗酒、鬥毆、殺生、賭博，後來大喇嘛阿安紮西來講經，每次都苦口婆心地規勸村民戒除惡習。降村說他過去打架出了名，一九九三年他在大喇嘛的法會上發誓再不打架，從此以後變了一個人，如今說起用刀砍過人就十分後悔。他的夥伴格曲紮過去喜歡賭博，賭得很厲害，後來也是在大喇嘛跟前發誓戒掉了。但這份得到心靈平靜的快樂並不長久，短短數年就被奪走了。有一次，因為迫在眉睫的危險，丹增德勒仁波切不得不祕密躲藏了半年之久，臨行前他留下了幾十盒錄音磁帶，給每個村子都留了一盒，把他的清白和冤枉告訴給民眾：「死了骨頭是白的，不死心是白的。」民眾大放悲聲，表示願為大喇嘛做任何事情。各村各鄉數萬農牧民聯名寫信按手印，降村哭得像個孩子：「我們要上縣裡頭，上州裡頭，上省裡頭，再不行，我們上北京，我們要問個清楚，我們這麼好的仁波切為什麼要這樣子對他！」

15 他的骨灰被倒入滔滔河水

……隨著時間的推移，我越來越多地瞭解到這些殘酷的真相，從而改變了我舊有的那種浪漫化的遊歷與寫作，慢慢地轉變成飽含淚水、嘆息和掙扎的紀錄，並開始祈望所有的敘述能夠具有編年史的廣度和史詩的感染力。這更是漫長的後話，需要我另寫文章詳述。不，我為此寫的不是文章，而是一本類似跟蹤紀錄、長達十多年的檔案之書，更是一本祭獻之書，書名是《仁波切之殤》，在丹增德勒仁波切逝世兩個月後，由臺灣雪域出版社出版。尊者達賴喇嘛賜序並撰寫丹增德勒仁波切轉世祈願文。

是的，丹增德勒仁波切在蒙冤入獄十三年後突然離奇亡故，那是二〇一五年七月十二日在酷暑難耐的四川省會成都的川東監獄發生的。而他遭強行火化後的骨灰在悲傷的親人帶回故鄉的路上，竟被權力的化身搶奪並倒入了滔滔奔流的大渡河水！「在政治恐怖的狀態下……毀滅機制中重要的一環就是抹平痕跡，包括受害者的痕跡，和屠殺本身的痕跡。」「他將毀滅你，直到你的墳墓。好讓任何人都無法知道，世上曾有你這麼個人存在過。」一位法國學者在有關二十世紀見證文學的著作中對法西斯的揭露[10]，正是對我們所置身於的無人道的現實世界的精準評論。

給我編過六十三根髮辮的俄多，在二〇〇八年那個被鎮壓之年，與特意經過此地的我很不容易、也是很短暫地再見時哭訴道：「我們這裡三年了，沒有過節日。整個塔子壩，三年沒有節日過。每天都在說喇嘛，一天天喊喇嘛，老人死的時候喊著喇嘛的名字。這個名字提不得，我們這裡，沒有人不哭。啊啊啊，中國這麼對待這樣一個喇嘛，喇嘛什麼錯事都沒做過……」俄多和降村如今都離開了人世，不知最後將他們的肉身天葬的是誰？他們的年紀都不算大，卻在丹增德勒仁波切悲慘離世後的這幾年裡接踵離世，就像是心碎而死。

唉，這些令人痛苦萬分的卻不為人知的故事啊，已經脫離了我原本寫的天葬師的故事那種民俗層面，或者說，由此才算是真正地進入到這個時代的這片土地上的眾多生命是如何地得以存在的核心深處：「……知道嗎？我多想說出／這世上沒有的語言／和我們的母語接近／但更純淨，帶來／縷縷芬芳，那才與你／所給予的一切相配／我千山萬水之隔的親人啊／為何恰在這絳紅色的家園／不期而遇？我隱隱含淚／默默承受這一份晚來示現的因緣／它絕非若有若無！」這是垂掛著六十三根小辮子的我當晚寫於塔子壩的詩句，現在再看，感覺像是自我似乎悟覺到什麼的表白，更像是一種我無法拒絕某種承擔的預感。

但還是容我返回開頭或者說對開頭做個交代吧，畢竟我最先打算講述天葬師的故事……二〇〇〇年夏天，胸懷新的寫作計劃的我經過雅江，但沒見到仁青，對宗教局的工作心不在焉的曲紮說放心吧，他還活著，只是已經不再當天葬師了，也不再當畜防站的站長了。那麼他還是黨員嗎？我想問，但立刻覺得這並不重要。一年後，我又去了雅江，已調到縣旅遊局當局長的曲紮請我吃飯，意外的是竟看見仁青坐在飯桌前向我微笑，讓我激動不已。他比以前老多了，笑的時候好幾顆門牙都沒有了，不笑的時候，深陷的眼窩與削瘦的臉竟有些像骷髏。我注意到，從他的身上聞不到什麼異味了。

依然能說會道的仁青心滿意足地告訴我，他去過拉薩了，他見到覺仁波切了，他終於實現了臨死前最大的願望。他說本來想去看我的，但沒想到拉薩那麼大，人那麼多，他只好在朝拜的時候大聲地念誦了一遍我的名字，就像是祈望我能聽到。他還說收到了我寄去的照片，果然跟他想像的一樣，自己那樣子，就跟天葬場上每一個等著天葬的死人差不多……

16 松茸讓記憶復甦

需要補充的是，這篇文章的原文在沉寂了十六年之後，之所以被我找出來修改，並增補了當年多個遺漏的卻從來沒有遺忘的故事，恰恰緣起於前不久滿滿一箱子松茸帶著我去過的那個地方的植物與土壤的氣味，竟在三天內由快遞送到了困於帝都北京的我眼前。而此時此刻更有另一層特別的意義，在於這個世界正陷入新冠病毒造成的大流行困境之中，似乎只有「世界屋脊」之稱的雪域高原未遭多少感染。

我將一朵朵完美的松茸取出，仔細地除去泥土和雜草，輕輕地用紙巾擦拭，剖開切片，部分裝袋冰凍，部分或用酥油煎，或以芥末蘸，並和寄來松茸的、自稱在家鄉頤養天年的澤仁討論了更多的吃法……我曾見過的在具有康地景觀的樹林裡生長的「康巴松茸」，那熟悉的純粹氣味充滿了我的嗅覺和味覺，也復活了往昔的記憶，猶如雅礱江水翻湧不止。我有點惋惜沒有一個紅燒豬肉罐頭來與這松茸搭配，不然我就可以重返柯拉鄉那個風雨交加的夜晚，重又聽到仁青講述那些具有驚悚效果的故事。如此說來，我不應該吃完這些松茸，哪怕留下一朵做標本也好，這樣就能隨時返回我那沒心沒肺的無邪而膚淺的快樂之中。有時候我需要這樣的快樂。

而在逐漸形成這篇文章的時日裡，是的，就在前幾天，我意外得悉仁青仍健在。這是他的孫女告訴我的。這個世界並不大，我居然會在網上遇到仁青的孫女，與當地不少藏人一樣，她也翻山越嶺地去了印度，如今英文流利，年輕活潑，從照片上看，秀麗的面容有仁青那輪廓分明的特點。她說爺爺仁青已從牧場搬到了理塘鎮上居住，每日祈禱，每日禮佛，平靜地過著一天又一天。我詢問了仁青的年紀，得知他今年七十六歲，這在高原算得上是高壽。回顧我第一次在草原上見到他，他就做好了輪迴的準備，迄今仍駐留人世，這是這個長篇故事令人欣慰的結尾，畢竟我們世俗凡人還是留戀人間，哪怕這個人間常常比地獄更多苦難。

一九九九年秋天，初稿於拉薩
二〇〇四年四月，寫於北京
二〇二〇年九月，疫情中，重寫於北京

1 按照西藏／圖伯特傳統地理，由高至低，分上、中、下三大區域，有上阿里三圍（Du Ngari Kor Sum）、中衛藏四如（Ü-Chushi）、下多康六崗（Dokham Gangdruk）之說，分布在今行政區劃的西藏自治區，以及甘肅省、青海省、四川省、雲南省的藏族自治州等地。

2 編註：馬鈴薯。

3 康巴：（Kham pa），康區或康地的人。

4 嘉瓦仁波切：（Gyalwa Rinpoche），對歷代尊者達賴喇嘛的敬稱，意為至尊如意寶。

5 摘自《西康史拾遺》，馮有志著，甘孜州政協文史資料委員會編印，一九九四年。

6 藏巴：（Tsang pa），對日喀則一帶的人的統稱。

7 四舊：指舊思想、舊文化、舊風俗、舊習慣。按照毛澤東的思想，不破不立，破舊才能立新。於是就有了「破四舊」和「立四新」。「四新」意味著中共所代表的一切。

8 覺仁波切：（Jowo Rinpoche），這裡指大昭寺主供的佛祖釋迦牟尼等身像。

9 祖古：（Tulku），化身，轉世者。指藏傳佛教的轉世高僧，漢譯活佛是錯誤的。

10 摘自《誰，在我呼喊時：二十世紀的見證文學》，克洛德．穆沙（Claude Mouchard）著，李金佳譯，華東師範大學出版社，二〇一五年。

II

當我們談論天花時我們在談論什麼

以火焰般的女神班丹拉姆[1]起誓：
目睹烈日穿透高懸暗屋的唐卡，
必有深意須更多的人銘記，
而不是沉默無語，或者漸漸失憶。

以五世達賴喇嘛的祕密願景起誓：
你對雪域的呼喚，即是感召。
而瘟疫圍攏不肯散去的事實，
這古老的懲罰，這屢屢無獲的訓誡。

——唯色《疫城隨記：詩42》

1 度過漫漫疫情的方式

我曾可笑地以為瘟疫已屬於歷史往事，畢竟現在是新世紀新時代新技術，什麼都要推陳出新也什麼都能戰勝的樣子。也愚蠢地以為自己不會在現實中遇到瘟疫，除非是在兼具紀實與隱喻的文學藝術作品裡。就像卡繆的小說《鼠疫》（*La Peste*）、狄福的小說《大疫年紀事》（*A Journal of the Plague Year*）、薩拉馬戈的小說《盲目》（*Blindness*）……結果卻是兩次不期而遇。兩次遭遇：二〇〇三年的非典，二〇二〇年的新冠。都是在北京遇上，具有帝都格外凝重的特殊氣氛。然而這次這個病毒更兇猛、更慘烈、更持久，甚至還會變異，還層出不窮，顯得魔性十足，至今不知何時終結，不知還會殺生多少（寫完此文全球已有四百多萬人殞命，天朝多個地方疫情復燃）。

在瘟疫中生活的方式，或者說度過漫漫疫情的方式，對於我來說，其中之一是閱讀，包括特意閱讀與瘟疫有關的書和文章。比如美國醫學博士唐納德・霍普金斯二〇〇二年完成的《天國之花：瘟疫文化史》[2]。這是中文譯本的書名，與原著的書名 *The Greatest Killer: Smallpox in History*（最偉大的殺手：歷史上的天花）不一樣。這倒也不太重要，只要內容沒被動過手腳，沒被刪除或修改，就好。此書史實淵博又妙趣橫生，相信讀過的人會對開篇引述的這句話印象深刻：「人與人的生活方式與社會地位的不同對病毒而言並無區別。在它的淫威下，王子與農夫同樣屈從。」

另一本書也很厲害，是美國歷史學者威廉・麥克尼爾早在一九七六年出版的《瘟疫與人》[3]，「旨在通過揭示各種疫病迴圈模式對過去和當代歷史的影響，將疫病史納入歷史詮釋的範疇」，重新解釋人類的行為。這對我太有啟發！若不是目前這場大流行，我可能不會有耐心去讀這類著作，那麼也就不會留意到歷史上某些至關重要的，卻平素容易疏漏的或已被洗腦的細節，也就不可能用了三個月來寫這篇長文。

具有開蒙效果的閱讀使我發現：各種瘟疫的病毒就像殖民主義者，哪裡都要去，哪裡都要占，哪裡都要毀，以至於關於病毒的故事浩如煙海，全世界各個地方都有，既殘酷又各具隱喻。不過我有限的精力更對圖伯特（西藏）歷史上的這類故事及少數個案有興趣，於是巧遇一位族人，他是來自安多循化的落藏永旦（Lobsang Yongdan），劍橋大學社會人類學博士，現在是奧地利科學院研究員，被認為「結合科學史、歷史人類學和相關歷史的方法，來研究圖伯特思想史及圖伯特知識分子同西方的接觸」[4]，尤其重視對藏文文獻的分析和解讀，從而拓展出與過去長期以來的敘事所不同的廣闊視野。

2 六世班禪喇嘛與天花

起初讓我動念寫這篇文章，是霍普金斯提到了十八世紀末一位因去北京「死於天花」的「西藏領袖」。似乎沒有太多人注意到那個事件其實意義重大。事實上，可能沒有哪個圖伯特人的死給圖伯特帶來了那麼多的問題和……麻煩，我說的正是六世班禪喇嘛，生於一七三八年，亡於一七八〇年，只活了四十二歲。很長時間以來，我對他的死因抱有深深的懷疑。

霍普金斯寫，鑑於「天花可能在西元前二五〇年左右由匈奴人傳入或再次傳入中國之前就已存在於中國」、「在十六世紀，蒙古人就知道當他們與漢人打交道時，漢人就是一個『非常危險』的天花傳染源。……當滿族人建立清朝後，他們專門規定，沒有患過天花的滿族人和蒙古人都可免去上朝的義務，以免接觸漢人染上惡疾。……清政府下令，未患過天花的人不能來京城。」滿清王朝總共十二位皇帝，三個因染天花而死：第二位皇帝皇太極、第三位皇帝順治以及倒數第三個皇帝同治。康熙皇帝因幼時得過天花留下滿臉麻點。乾隆皇帝至少有一個最心愛的兒子幼年死於天花。至於王公貴族死於天花的更是不計其數。乾隆皇帝多次提心吊膽地告諭外藩諸位：「若有不確知患過痘疾者，著不必來」，「如本身未能確知出痘之王公臺吉等，俱不必來京」[5]。

清初還將國民分為「熟身」與「生身」：已出痘之人稱為「熟身」，未出痘之人稱

清宮廷畫師於一七八〇年繪製六世班禪喇嘛像，今北京故宮藏。（圖片來自網路）

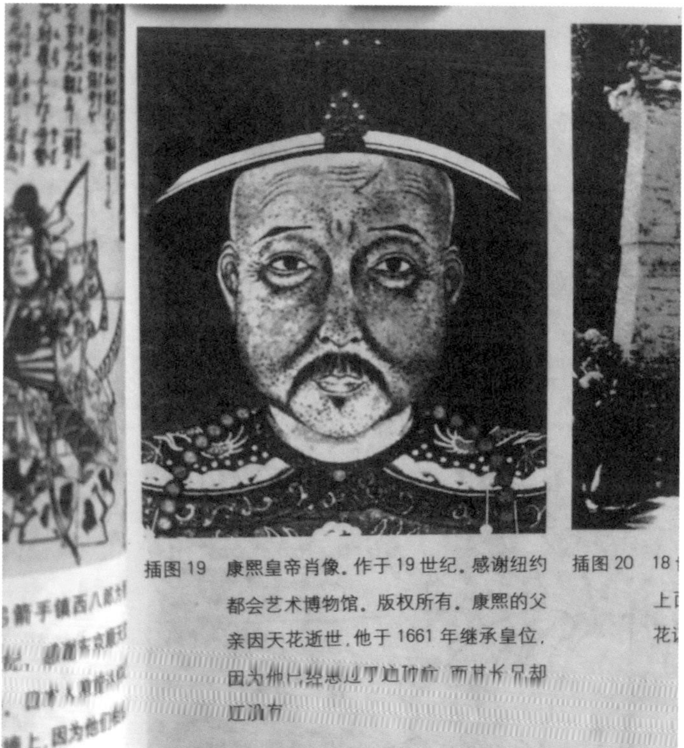
插图 19
康熙皇帝肖像。作于 19 世纪。感谢纽约都会艺术博物馆。版权所有。康熙的父亲因天花逝世，他于 1661 年继承皇位，
插图 20

翻拍《天國之花：瘟疫文化史》插圖。

為「生身」，一旦發生疫情預報，「生身」皆不准留在城中（頓時想起所謂的「熟番」與「生番」之說，在中文語境中依漢化程度對異邦人、原住民的區分。所謂的「熟」，本義與食物與肉丸有關，「謂烹煮」；與「生」放在一起，「生」即指未加工未煮熟……這可真有意思，那麼「熟人」和「生人」呢？也與「吃」有關麼？漢語言博大精深，很多字都有各種變異）。據說出於對天花的恐懼，絕望的滿人甚至想過出關重返東北老家。魚和熊掌不可兼得啊，若都想要就得付出生命的代價。

不只是越過長城入關進京的滿人怕天花，被稱為「外蕃」的蒙古人圖伯特人也一樣怕天花，「他們把漢地比作是一棟著火的屋子，而他們不願在那兒待久，以免染上天花。」然而正如中國作家王力雄的評論：「滿人要玩弄連環套的統治術——借助蒙古人在軍事上控制漢人，再借助西藏佛教在精神上控制蒙古人，他們就必須不畏西藏的山高路遠去經營西藏和控制藏人。」[6]或也不盡然僅出於政治的目的，一定也兼有精神上的信仰。比如滿清始祖皇太極在瀋陽時就致函五世達賴喇嘛，邀請宣揚佛法，五世派遣使臣，而「皇太極以空前的熱忱隆重的接待，不但親自率諸王貝勒大臣，出懷遠門外迎之，還率眾拜天，行三跪九叩禮，並站著接受來使呈遞達賴喇嘛的書信」[7]，做為三寶弟子的虔信溢於言表，滿清與圖伯特的供施關係即已建立。當五世達賴喇嘛終於赴行，已是順治皇帝住進紫禁城，不過見了順治後並未在京城久留，五世早已提前打過招呼，「擔心會染上天花和熱病」、「因天花和氣候炎熱，不能在漢地久留」[8]。

18 世紀的藏人繪制的五世達賴喇嘛源流唐卡。（藏人提供）

接著是康熙皇帝連續九年內，多達八次邀請五世班禪喇嘛來北京，隨函還送去相當豐厚的金銀綢緞大禮包！但每次都被五世班禪喇嘛拒絕：「但痘瘡未出，又恐發症，尚需閉修」、「但我土伯特國俗，大忌痘疹，是以甚畏之」，等等[9]。這個理由無疑很強大。甚至康熙都「十分生氣」了，五世班禪喇嘛仍以「忌痘」為由不去。對了，康熙皇帝還因吳三桂叛變，致函五世達賴喇嘛，「望達賴喇嘛派藏蒙大軍援助為謝。」但得到的回覆很明確：「藏蒙軍隊由於不適應漢地的炎熱氣候，抗不過天花疾病，難有助益。」[10]其實瞭解那當時歷史就會知道，那時候最能跟康熙皇帝打，甚至讓康熙不得不親征三次，視為最大的心頭之患的蒙古人噶爾丹汗王，正是藏傳佛教格魯派很重要的溫薩仁波切的轉世，九歲時就去拉薩，追隨五世達賴喇嘛長達十幾年，後還俗做執掌準噶爾汗國政教大權的汗王，敢於與滿清作戰，奮力「抵擋清朝西進」，並與「西藏格魯派領導階層」保持著密切的聯繫[11]，而兩位五世多次的婉拒，實則是明察康熙用心而絕不願意斷交噶爾丹，當然「未出痘疹」也是事實。

接著是雍正皇帝邀請十二世噶瑪巴仁波切來京，其目的是否出於抬噶舉派而壓格魯派？或可能有此算計，畢竟噶舉派與格魯派曾有兩、三百年的爭鬥。但年輕的十二世噶瑪巴在途經蘭州時就因染上天花圓寂了，同行的第八世夏瑪巴也因天花而死。事實上皇帝們還邀請過圖伯特的攝政、高階喇嘛、高階官員等，大多數都婉拒了。

接著是滿清壽命最長也最能打江山、坐江山的乾隆皇帝，就跟他的祖父康熙一樣，也多次致函六世班禪喇嘛，一而再、再而三地邀請他來北京，肯定也送去了金銀綢緞大禮包（比如有次隨函贈予的禮物包括：「藍寶石釋迦佛雕像、五種彩帶、佛冠、六種飾器具、黑色水獺皮大衣、珊瑚、玉鬘、水晶器皿、大緞數匹」[12]），甚至還在避暑地熱河提前蓋好了高仿的扎什倫布寺，要班禪喇嘛來給自己祝七十大壽（之前他的六十大壽時在熱河蓋了高仿的布達拉宮），並在一而再、再而三的邀請信中近乎傷感地寫：「我已七十歲了……生平能享受的最大恩榮是與你相見。」[13]「朕在加緊學練藏語，屆時朕將派遣王公大臣往迎。既至與朕會晤，暢談政教大事。朕因一睹班禪額爾德尼之慈容而獲萬千之福也。」[14]

唉，盛情難卻，盛情難卻，實在是盛情太難卻了！同樣因為天花理由婉拒過多次的班禪喇嘛問詢周圍人的意見，一些收到北京禮物的僧俗官員既是安慰又是催促地回覆：「雖然一方面漢地氣候炎熱，易染天花，於身體不利，但朝拜漢地各個聖地，在他鄉弘揚佛教，特別是與皇帝建立宗教聯繫，是對佛教的妙善莊嚴，所以這次以去為好。」[15]六世班禪只得冒險上路，一路緩緩而行，還在塔爾寺住了四個月，這是為適應水土，以防感染天花嗎？與那時候所有的圖伯特人一樣，他亦忌痘，在家鄉日喀則就因避痘，在僧眾的強烈建議下時常易寺暫居，這在圖伯特歷史學家夏格巴·旺秋德丹[16]的著作中可以讀到。六世的傳記亦記錄了他的言論：「眾僧避瘟，寺院空寂，此乃不祥之舉，故堅持講習佛經，定期供養，乃為重要。……為消除冒瀆晦氣，上師僧徒向諸護法行酬補儀式，祈求保佑。」[17]

在去往北京的一路上，這些藏人都為天花糾結，因為已有人因不適漢地氣候而出痘疹。六世班禪在誦經禳災的同時，與隨行的高僧、藏醫多次討論要不要接種疫苗，走到聖山阿尼瑪卿，他讓一百多隨從用藏醫學的方法接種了，但他卻沒有。走到蒙古的阿拉善丹結林寺，六世班禪繼續與隨行的高僧、藏醫討論要不要接種疫苗，他又讓三百餘隨從都接種了，包括年長他十幾歲的管家兄長在內，但他還是沒有，對眾人的懇求也一再拒絕。夏格巴在書中感嘆，所有人皆成功接種，「但誰也不便為班禪喇嘛本人種痘而失之疏忽，這是一件愚蠢的事。」可這也太奇怪了，何以單單就班禪喇嘛他沒有種痘呢？這絕對不能用「失之疏忽」來解釋。

落藏永旦提供了這兩個說法[18]：一、班禪喇嘛說自己得過天花，所以無須種痘，這倒是沒錯，但為什麼他會在北京死於天花？天花這種疫病是不可能得了又得的。二、一路護送（監視）他的兩位滿清大臣不讓他及隨從種痘，理由是種痘適宜兒童，成人種痘危險，然而乾隆不是一再諭曰，沒有出過痘種過痘就不能進京嗎？何況已經有眼前的事實證明，班禪喇嘛的數百隨從都是成年人，全都接種成功，康復如常，那又何必以這個理由不讓他種痘？

六世傳記中有關路上的種痘紀錄不多，但這句值得注意，即他對管家兄長說：「你等種痘，即將到大皇帝殿前，如何是好？」[19]這是什麼意思呢？覺得種了痘皇帝會不高興嗎？難道這也是他拒絕種痘的原因？然而他對兩位滿清大臣反對他的隨從種痘，又據理力爭：「……（如果）不給種痘，將此擱置起來。那麼，若這些人身帶病根，返回大藏區定會傳染，使我藏區群眾得此天花病而不得安寧。到那時，我等悔之不及矣！」可是，他不怕自己「身帶病根」嗎？唉，這一切實在是很費解啊，而這布滿疑雲的整個過程簡直就是歷史上的謎團。

總之，如六世傳記所寫，「徐徐前往大清國」，他用了一年零一個月才抵達長城以北的熱河，漫長的沿途為成千上萬的僧俗信眾包括藏蒙滿漢等族人摩頂加持、開示佛法，並不時收到乾隆皇帝派特使贈送的各種珍貴禮物，包括御像，以示「等同朕迎接」，包括他隨身攜帶的火鐮，以示「喇嘛每日拂拭，如同見朕」，簡直情真意切得無以復加；甚至還「特派人送來美味可口、長約一尋之大魚」，不過班禪喇嘛吃魚嗎？要知道「藏區群眾」的習俗是不吃魚的。

當「供施雙方首次會晤」的時日終於來臨，七十歲的乾隆皇帝不但早早乘轎駕臨熱河，等候已久，還在互獻哈達的時候深情道出專門學的藏語，那肯定不只「扎西德勒」[20]一句，六世一定感動不已。皇帝的生日大典是盛大的戲劇表演，類似於今日的「國慶大典」，須得四方來賀，八方來朝，才能彰顯皇權威力和盛世風采。於是一個個「外蕃」受邀而至，包括蒙古、回部、臺灣、朝鮮、越南、琉球等地的使團。據朝鮮使團隨行作家觀察乾隆帝與班禪喇嘛見面：「（皇帝）疾趨至，兩手執班禪手，兩相搖搦，相視笑語。……盤股坐。一榻兩褥，膝相聯也。數數傾身相語，語時必兩相帶笑含歡。數數進茶，……日既暮，皇帝起，班禪亦起，與皇帝偶立，兩相握手，久之」[21]。

日日祝禱萬壽無疆，盛大的宗教儀軌、人間戲劇此起彼伏，不久班禪喇嘛前往北京，居住五世達賴喇嘛見順治皇帝時下榻的黃寺，在雍和宮、黃寺多次舉辦盛大法會，與皇帝互贈貴重禮物，去皇親國戚及貴族宅邸開光祝福，遊北京名勝古蹟如圓明園等，赴「盛大宴會，觀看演出，利用一切間歇時間拜會賓客」[22]。就他個人而言，固然是出於「為以皇帝為首的上、中、下級官員灌頂講經，引上成熟解脫之道」[23]，然而如此密集又廣泛的公共活動肯定很累很辛苦的，如霍普金斯寫：「幾個星期後，一七八〇年十一月或十二月，四十二歲的班禪喇嘛在黃寺死於天花」。去世時間不確切，是這位西方學者的敘述不嚴謹嗎？這可能是因為藏曆、中國農曆與西曆不同的原因所致。畢竟這麼重大的事件，藏、滿、漢三種文字都應該是有紀錄的。

依夏格巴的紀錄，六世班禪喇嘛是藏曆鐵鼠年七月二十一日到熱河的，九月一日到達北京的，十月二十四日感覺不適，十一月一日去世，歷時三個多月，生病僅七日。唉，這個外貌「肉多骨少，無清明英俊之氣」但「語響殿宇，如呼甕中」[24]的雪域藏人，最終還是被，或者，據說是被，天花這奪命的無常殺死了，就在富饒、陌異而深不可測的中國皇城。

夏格巴如身臨其境，寫乾隆帝來黃寺弔唁，喊了一聲「我的喇嘛」就昏厥過去，醒來後「以漢藏兩種方式進行了許多天隆重供祭」，用七千兩黃金建造供奉法體的靈塔和塑「相我者」金像，並在黃寺也建衣冠塔，內有六世的「衣服、鞋子和念珠」，另外還加贈大量金銀財寶、稀世珍品，親自寫詩歌頌喇嘛功德。看上去乾隆帝無比虔誠無比痛苦無比懊悔，但真的是這樣嗎？我更相信數百個失去了依祜主的藏人才是真正地心碎了，「猶如漂泊於荒野之中」，於三個月後，失魂落魄地護送著金色的舍利靈塔和無數財寶踏上了回家的路，走了半年才抵扎什倫布寺。沒有比這更無常、更魔幻、更莫測的悲傷之行了，就像是從地獄歸來。這可真的是史上最奇特的千里迢迢赴死之旅！藏人們得到了什麼呢？哪怕是贈與了無數座金山銀山，又如何能抵心目中無量光佛的化身？

接下來就是一連串的厄運了，比如西藏政府在尼泊爾定制的章嘎銀幣被摻假而發生糾紛；六世班禪喇嘛的兄弟閱牆；廓爾喀人兩度進犯掠財引發藏尼戰爭；滿清大將福康安一七九二年趁勢率兵入藏，以援軍為名協同藏軍戰敗廓爾喀人；然後就是乾隆皇帝趁勢頒布《欽定藏內善後章程二十九條》[25]，第一條就是堪稱重錘的「金瓶掣籤」，要求圖伯特和蒙古的各大活佛轉世靈童的認定當須在特別定制、專程送去的一個金瓶裡抽籤，最後由滿清皇帝拍板定奪。

3 以天花為名的獻祭

就那個善後章程二十九條，如今中國官方學者的總結是：「乾隆五十八年（一七九三年）正式刊布執行，對後世影響深遠」[26]。回溯這一切，多麼像是早就在運籌、謀劃的策略（挖好的坑）啊，我不禁要對高瞻遠矚的乾隆皇帝產生陰謀論了，不禁要繼續追問三個問題：

第一，如果六世班禪喇嘛曾經出過痘，那麼導致他在北京喪生的會是什麼病？究竟是不是天花，還是並非天花，或可能另有隱情另有祕密？落藏永旦問：「那兩個開藥的太醫呢？如前所述，沒有任何藥物可以治癒天花。難不成是兩位太醫誤診，給班禪開錯藥了？若是如此，他的死與清廷有某種關係的傳言也並非毫無根據。」[27]

第二，乾隆皇帝真的很奇怪，他不允許未能確知是否出過痘的外蕃來京，甚至未出過痘的人都不得升遷官職，還要求依傳統與祖制的滿蒙聯姻，「與滿族公主定親的蒙古年輕王子必須先到北京接受疫苗接種和教育」等等。終其一生，他忌憚天花都到這種地步，卻對出痘情況並不明朗的六世班禪喇嘛糾纏不休，力邀入京，就跟他的祖父對待未出過痘的五世班禪喇嘛一樣，難道這樣的執念也會遺傳嗎？

第三，乾隆皇帝為什麼非得邀請六世班禪喇嘛來北京，卻不邀請八世達賴喇嘛呢？是因為二十出頭的八世達賴喇嘛太年輕很軟弱嗎？還是說，乾隆皇帝早就知道六世班禪喇嘛的家族堪稱當時圖伯特第一家族？某種程度上，當時的政教法王幾乎可以說就是六世班禪喇嘛（當然，那個在拉薩充當攝政的格西喇嘛，其權力欲不可小覷），這是因為：一、一七五七年七世達賴喇嘛圓寂後，實際上差不多是六世班禪喇嘛執掌圖伯特政教：八世達賴喇嘛是他尋訪到的，並且是他的親姪子；之後他多次去拉薩，為幼小的八世達賴喇嘛授戒、講法，在布達拉宮一住就是幾個月甚至一年；連鄰國不丹與英國東印度公司戰事糾紛，不丹國王都要請他調解；多年來，乾隆皇帝兩次遣使贈他金冊金印，視他為圖伯特至尊，竭盡統戰。二、不但八世達賴喇嘛是他的姪子，蒙古最高精神領袖四世哲布尊丹巴還是他的姪孫（八世達賴喇嘛兄長的兒子），還有，他的母親是拉達克王的女兒，噶舉派法王十世夏瑪巴是他的兄長，著名的女性仁波切桑頂多吉帕姆是他的姪女，他的另一個兄長仲巴呼圖克圖是扎什倫布寺的總管（此人貪得無厭，惹來後續的大麻煩），等等。也因此，恰如夏格巴評價六世班禪喇嘛，「不是口頭上而是實際上成為最高的受供者和一切貴賤人等交口稱頌的至高無上的對象。」

需要提醒的是，有一個事件非常重要，絕不可忽略：在六世班禪喇嘛進京前二十九年，也就是一七五〇年，由於攝政王頗羅鼐之子、繼任攝政的達拉巴圖爾·居美朗傑（中文史籍寫「珠墨特那木札勒」），多次要求乾隆撤回在圖伯特不斷滋事生非的安班[28]（駐藏大臣）及其軍隊，且與乾隆欲徹底剿滅的蒙古準噶爾部友好，結果被兩位滿人安班——傅清和拉布敦設計在沖賽康內卑鄙謀殺。據前香港城市大學教授劉漢城引經據典的巨著[29]中，由相關文獻可知殺藏王是乾隆皇帝親自指揮親自部署的：「自朕觀之，那木札勒暴戾不馴，狡詐叵測，留之終必為患。……可乘其不備，將那木札勒正法。」於韶華之年的藏王慘死，引發藏人憤怒，圍攻沖賽康，傅清自殺，拉布敦及其隨從、漢商多人被殺。兩位安班都是乾隆親信，王公貴族出身，皇帝為此震怒，認為「滿洲對拉薩和西藏的統治受到了威脅」[30]，甚至有過發動一場懲罰性的戰爭並且占領拉薩的打算。七世達賴喇嘛「表示願意與滿洲皇帝保持友好關係」，乾隆帝於是頒行《酌定西藏善後章程十三條》，「雙方希望這種基於供施關係的理想歷史模式能夠確保西藏的長久穩定」[31]。

曾在嘉絨藏區作戰多年（史稱「大小金川之役」）的福康安為傅清姪子，在領兵入藏參與藏尼戰爭之後，以恩主的角色不但在布達拉宮前立《禦制十全記》碑，以滿漢蒙藏四種文字記錄乾隆帝志得意滿地自述赫赫十大戰功；還專門在沖賽康立碑，又以滿漢蒙藏四種文字記載藏王被安班「正法」、安班英勇「殉難」的悲壯「事蹟」，並將沖賽康改為「忠烈祠」。這說明無論是乾隆皇帝還是福康安，從未忘卻兩位安班於四十年前被殺的奇恥大辱，一定會報仇雪恨的，方法也不只一種。其實藏人對於邀請滿清軍隊幫忙驅趕廓爾喀軍隊感受複雜，用了一句諺語比喻：「神殺、鬼殺只是死法不同，同樣都是一死。」[32]

自詡「十全武功」[33]在身，懷揣金瓶暗器的乾隆皇帝最終成了最大贏家，於是在一七九二年心滿意足地撰文《禦制喇嘛說》，洋洋灑灑兩千數百字，並以滿漢蒙藏四種文字刻碑立於雍和宮，是告白是昭示也是告慰滿清列祖列宗的意思吧。據說這碑四文的表述各有不同，有人比較過漢文與滿文，顯示內容有差異[34]，敘述語氣很不同。據說藏文亦然。從漢文碑文可以讀到，乾隆皇帝不但嘲諷了藏傳佛教的轉世制度，還嘲諷了他的上師六世班禪喇嘛家族中諸多轉世，「是乃為私」，更關鍵的是，曝露了對藏傳佛教的興趣與目的何在，確實像是在對廣大的崇信儒佛道的漢人階層解釋他並非真心信奉西藏密宗喇嘛，而是另有用意。比如這幾句：

「蓋中外黃教總司以此二人（即達賴喇嘛及班禪喇嘛），各部蒙古一心歸之，興黃教，即所以安眾蒙古。所系非小，故不可不保護之，……不可不保護之，以為懷柔之道而已。……蓋佛本無生，豈有轉世？但使今無轉世之呼圖克圖，則數萬番僧，無所皈依，不得不如此耳。……蓋舉大事者，必有其時與其會，……茲之降廓爾喀，定呼必勒罕（轉世活佛），適逢時會，不動聲色以成之，去轉生一族之私，合內外蒙古之願，當耄近歸政之年，複成此事，安藏輯藩，定國家清平之基於永久……」[35]

好一個「不得不如此耳」！好一個「不動聲色以成之」啊！但是這又能證明什麼呢？偽善？還是雄才大略？在這個帝國的劇場，皇帝的角色扮演是成功的，遠遠超越了「見人說人話，見鬼說鬼話」那種市儈庸人的心機。當然，乾隆帝給自己戴上的藏傳佛教弟子的面具是頗有成效的，讓圖伯特人蒙古人等「外蕃」都信以為真，甚至把他捧成是文殊菩薩的化身，還把精瘦的、有兩撇稀疏鬍鬚的他畫在了色彩繽紛的唐卡佛畫的正中，仿若菩薩般莊嚴，周圍如同眾星捧月的十九位戴不同法帽的修行者是藏傳佛教各教派傳承宗師，其中有格魯派宗師宗喀巴戴黃帽，還有即身成佛的噶舉派宗師米拉日巴裹白衣。乾隆帝很享受如此崇高的菩薩待遇，並「將這些畫像賜予北京、承德以及拉薩的眾多寺廟」[36]，不過乾隆帝在帝國劇場的表演絕不僅止於此，儘管他信佛是事實，稱藏傳喇嘛是「朕之上師」是事實，然而譬如他對蒙古準噶爾汗國「盡行剪滅，永絕根株」，與天花瘟疫聯手實施了種族滅絕也是慘無人道的事實。

實際上乾隆皇帝已經坦蕩蕩地向各方都坦白了，至今那一碑四文仍矗立於雍和宮的御碑亭，我去過雍和宮無數次也大致瞥見過此碑無數次，與熙熙攘攘的芸芸眾生一樣，見與沒見一樣。抑或是，願意看哪一面、願意相信哪一面是芸芸眾生的事；他們會各自捧著喜歡的那面碑文所展示的皇帝面具，夢囈似的永遠講述自己喜歡的故事。譬如那些把乾隆畫成菩薩的唐卡，說穿了即是一種向皇權的諂媚。或許圖伯特人真的以為中國皇帝是文殊菩薩化身，這只能表明一廂情願。對於乾隆本人來說，在「大事」已成之後，帝國的皇帝只有一個角色：唯我獨尊。至於天下人，皆是他的庶民（嗯，碑上寫的是「齊民」），包括比他小二十八歲的「我的喇嘛」，六世班禪喇嘛洛桑貝丹益希（中文又

乾隆皇帝扮文殊菩薩唐卡，今北京故宮藏。（圖片來自網路）

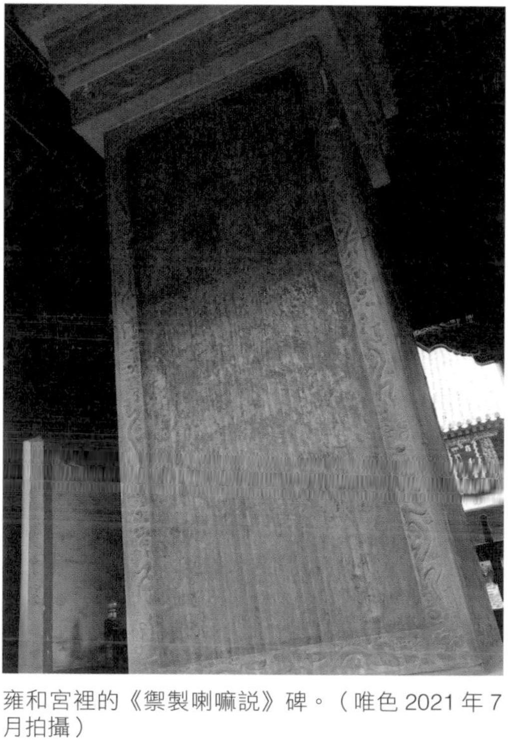

雍和宮裡的《禦製喇嘛説》碑。（唯色 2021 年 7 月拍攝）

寫洛桑巴丹益希）。

細讀《喇嘛說》，可以感受到乾隆皇帝對被他邀請來給他祝壽卻死於北京的六世班禪喇嘛，既沒有佛弟子對上師三寶的尊敬，更沒有身為主人對遠方賓客發生這麼可怕的意外表示抱歉，反而以類似宗教裁判的口吻加以批評和譏嘲，這不能不令人更加懷疑六世班禪喇嘛的死因。另外，《喇嘛說》裡提及夏瑪巴（碑文中寫「沙瑪爾巴」）即六世班禪喇嘛的兄弟，把廓爾喀人帶來「劫掠藏地」，為此乾隆「興兵進勦，彼即畏罪請降」。事實上夏瑪巴不是請降，而是死了，自殺或他殺的說法都有。但乾隆皇帝並不甘休，他對夏瑪巴有一種挫骨揚灰的仇恨，屢屢下旨要求福康安「生擒」、「擒拏」，擒不成了，則要獻降的廓爾喀交出夏瑪巴的「骨殖」，然後欲將其骨殖「分懸前藏之布達拉、後藏之扎什倫布，並前後藏及察木多、打箭爐一帶大寺廟一一懸掛」，十三天後又下旨改口「……當在前後藏及察木多一帶通衢大站地方懸掛號令」[37]，如此令人髮指的懲罰所來為何？何至於此？難道是因為夏瑪巴最先說出對六世班禪喇嘛死因的懷疑嗎？

夏瑪巴對外界說他的兄長是被乾隆皇帝安排下毒害死的，「他懷疑是乾隆皇帝策劃的這一陰謀，……他擔心班禪喇嘛之死是進一步迫害其全家的先兆，因而他從西藏逃往尼泊爾」[38]，卻成了廓爾喀王的人質也實在不幸。自譬文殊菩薩的乾隆帝竟然下令要將夏瑪巴的屍骨懸掛於布達拉宮和扎什倫布寺，這樣的類似梟首示眾的極端懲罰固然很滿清，然而乾隆皇帝若是一個真的佛教徒，又怎會想得出如此充滿褻瀆意味的恐怖念頭？

他怎麼能一手撥動佛珠，天天扮菩薩相，把六世班禪喇嘛頂禮為上師，卻又欲將上師的骨肉兄弟，並且還是大喇嘛的夏瑪巴於布達拉宮和扎什倫布寺「梟首示眾」？這說明乾隆皇帝根本不把圖伯特的聖殿和寺院視為需要尊重的聖地，儘管他數日後改變了想法，但白紙黑字的道道旨令還是曝露了他的傲慢與仇恨，而這實際上是一個非常嚴重的事件，可以幫助我們更深入、更完整地瞭解乾隆皇帝的人性與品德。

睚眥必報的乾隆皇帝還下令連坐嚴懲夏瑪巴的家人，殺的殺，發配的發配，甚至要求禁止他轉世，而當時圖伯特的攝政王諾門汗（蒙古語的法王）是一個與清廷國師章嘉呼圖克圖[39]（這是一個在滿清、蒙古與圖伯特之間充當了重要角色的格魯派高僧，因與乾隆帝的精神聯繫而對政治具有高度的熱忱，並對個人的宗教位置懷有野心）關係親密的普通高僧，自然順從了乾隆帝的冷酷苛求。但在圖伯特人自己的敘述中，並不將藏尼戰爭的禍因全部歸結於夏瑪巴，而且做為噶瑪噶舉紅帽系最高法王的十世夏瑪巴死後仍有轉世，儘管是祕密轉世，未對外宣說。

夏格巴感嘆乾隆帝藉口六世班禪喇嘛家族有眾多仁波切，需用金瓶掣籤服眾，「將這一口蜜腹劍之計向人民進行灌輸，經過長期努力，逐步以這種方法取得了在政治上的巨大勝利。」新清史代表學者、哈佛大學歷史教授歐立德針對關於西藏的十三條和二十九條章程這樣評論：「改進後的清朝在西藏的統治體系運轉非常良好，清政府在這一地區的影響力一直維持到了二十世紀初。它避免了長期大規模駐防的花費，還給予西藏地方很多的自主權，同時也承認了大清皇帝的最高統治權。或許更重要的是，這種特殊安排使得乾隆皇帝在西藏的世界秩序，尤其是對外關係中，也擁有了自己的獨特地位。」[40] 從這個角度來說，六世班禪喇嘛是獻祭了，還捎帶上了他的兄弟十世夏瑪巴。

不過歐立德對六世班禪喇嘛事件的重要性好似忽略了，並未提及。而我認為六世班禪喇嘛的死與兩位滿清駐藏大臣的死是有某種因果關係的，雖然事發時他遠在日喀則，並不知曉安班的下場。我曾想過寫篇文章的，題為：「從天花等瘟疫，到六世班禪喇嘛的死因猜測，到之前兩位駐藏大臣與年輕的藏人攝政王的攪炒，到如今被帝國緊緊攥住不放的兩份重要文件之間的因果關係」。

正如霍普金斯評論天花這古老的瘟疫不但「蹂躪無辜生靈，並且，它還從許多別的途徑影響了國家的重大決定」，「多次改變了歷史的進程」，六世班禪喇嘛的天花（或以天花為名的）事件，在圖伯特的歷史上有著堪稱轉折性的意義，無論他是不是染上天花而死，總之他死於北京這一事件所帶來的一系列後果，改變了圖伯特與中國的關係，直到今天，甚至可能影響未來。當我把這段話發在臉書上，落藏永旦回應：「我也提出過這個問題，清政府官員和醫生很有可能與之有關。所以我的結論是，班禪喇嘛的死並不像許多人想像的那樣簡單。」

不過我並非歷史學家，難以梳理糾葛著滿清、蒙古與圖伯特幾百年的複雜關係，也很難對滿清皇帝、蒙古汗王與圖伯特法王為何這樣，又為何那樣做出準確的分析和評論。我更不是研究傳染病的專家，只因受到大流行的影響，才產生了對天花的興趣，卻不由自主地拐入了被各種權力欲主宰的浩渺而昏暗的歷史深巷。然而前世造因，今世受果；今世再造因，來世再受果；造善因得善果，造惡因得惡果；善惡之報，如影隨形，諸如此類，亦復如是……天花啊！天花那出滿全身的膿皰、長滿整張臉的麻點，又是什麼樣的因和果？《天國之花》的插圖中有康熙肖像，十九世紀畫的，比照相還清楚地呈現了他的麻臉。也不知是誰敢冒皇帝之大不韙這麼畫，是義大利人郎世寧[41]這位清廷畫師嗎？

對了，我還要補充一句，儘管這句純屬多餘，但於我個人是重要的，因為我愛大象，非常熱愛大象：一七九三年藏尼戰爭結束後，廓爾喀王室每五年須向達賴喇嘛和滿清皇帝上貢一次，第一次送給八世達賴喇嘛的貢品包括大象，為此專門在布達拉宮背後的魯康蓋了象房。這座象房從此一直養著大象，最後一頭大象是一九四七年尼泊爾國王贈與十四世達賴喇嘛的，但在文革期間死亡。我寫過一首長詩獻給這頭唧欽啦[42]，有幾句描述了在無妄之災降臨前的甜美時光：

「從八世尊者起，讓它住在頗章布達拉[43]背後的宗角魯康，／讓會說廓爾喀語或印地語的象夫頭包白布，／以遺鄉愁，要它隨遇而安。／每天正午，從高高的頗章傳來悠悠的法螺聲，／它會慢慢地、慢慢地跟著信眾轉一圈孜廓[44]，／會在中途飲幾口井水，面向光芒閃耀的金頂，／甩幾下長鼻，像磕頭，如敬禮。……」

4 天花在拉薩等地

當年的天花比今天的新冠更可怕，比任何一種疾病索取性命更多，堪稱史上「最恐怖的死亡使者」；且肆虐時間超級漫長，長達三千多年，直到一九七九年才根除。霍普金斯寫「病毒最可能來源於農居地……最早的人類天花患者很可能生活在最早出現於亞洲或非洲的農業聚居區」。

他還提到了天花給圖伯特帶來的重大災難，引述的是十八至二十世紀到過圖伯特的西方探險家、傳教士的觀察：「韋賽斯看到了耶穌會當時的文件，文件說明每十年，拉薩就會發生一次大的天花流行，死亡率極高。」「天花在整個西藏中部地區肆虐，包括拉薩。他注意到，一路上，當地居民害怕與他以及同行的旅行者有任何接觸，因為他們害怕天花。達斯說，西藏所有的死亡中，『天花造成的死亡是最可怕的。人們認為死者會立即下地獄。』韋賽斯估計，在一九〇〇年拉薩的天花爆發中，每十個居民中就有一人死亡。」「他認為西藏人口的下降部分歸結於天花的流行。」

但霍普金斯引述的這句話把我嚇了一跳：「在一次特大的天花流行後，拉薩『連續三年空無一人，成了死亡之城』」。絕不可能有這麼可怕的事情發生過吧?!我立刻啟動習慣質疑的大腦，搜尋讀過的有關藏史的資料，但都沒有找到這樣的記載，雖然整個十九世紀，不足百年的時間，連續有四位尊者達賴喇嘛（九世至十二世）早夭，但都不是感染天花，因為沒有這方面的記載[45]。倒是有遭到了下毒之說，被認為是與政治有關遭到毒害，有人不願意達賴喇嘛親政掌權。當然也不一定四位全都遭遇下毒……而且四位尊者一直都住在布達拉宮，拉薩並不是一座空城啊！

請容許我再次打開夏格巴的著作，看看他是怎麼敘述的。這時期關涉天花的有這麼一段紀錄：「由於拉薩地區流行天花，藏曆水蛇年（西元一八三三年）和藏曆木馬年（西元一八三四年）兩年間，達賴喇嘛（應該是十世）一直住在布達拉宮未能外出。經常性的早茶會（即早朝）和定期或不定期的一切儀式活動都在彭措杜朗大門（即布達拉宮東大門）前迎請其法衣朝拜。」或可能霍普金斯指的是這時候，但他也過於誇張了，當時拉薩可能就像我們今天的這種封城隔離，人人閉門不出，但並非「死亡之城」。其他時候，比如一八四二年迎請十一世尊者從康區至拉薩的儀式非常隆重，馬隊不計其數，僧俗信眾雲集，鄰國及附屬國使者眾多，慶祝時間長達半年之久，這說明拉薩並非空城。那時候圖伯特還跟入侵阿里三圍的拉達克打過仗，史稱「森巴戰爭」。拉達克軍隊主要由喀什米爾的錫克人（藏語稱「森巴」）組成，拉達克被錫克人吞併，王室一度改信過伊斯蘭教，戰事相當激烈，持續一年半有餘，達賴喇嘛主持的甘丹頗章政權勝利了，阿里三圍地區倖免淪為外道。

但就內部而言，這是一段黑暗時期，如果某些自稱信奉慈悲佛教的圖伯特人，對觀世音菩薩的化身都敢暗害，這樣的世道還不夠黑暗嗎？這時期因天花導致的殞亡名人，夏格巴只提到了尋找九世達賴喇嘛的轉世靈童期間，攝政第穆仁波切「突然患天花去世」。當然肯定還有很多人染疫致死，但他們籍籍無名，也就無法被提及了。夏格巴還講述了一個故事，是在十二世達賴喇嘛圓寂後，他的經師擔任攝政十二年。這位經師即達察仁波切，在中文裡被稱作功德林活佛，有一段時間，「流行急性傳染病天花時，他立即在吉祥天母閣大祭天母[46]，沐佛酬補[47]，令每個地方防止傳染病。其時，攝政本人亦患了水痘，卻像魔術一般變為輕天花，同時，數以萬計的兒童也得痊癒，故被稱為『達察氏良性天花』。」不過他三十二歲就去世了，也不知病因是否與天花有關。

到了十三世達賴喇嘛時代，這是圖伯特歷史上第二位被譽為「偉大的達賴喇嘛」而留名青史的尊者。第一位獲得如此盛讚的是五世達賴喇嘛。但一九〇〇年，掌握政教法輪的十三世正值二十五歲本命年，在又一場天花來襲時，也被傳染上，所幸化險為夷，只在臉上留下了痕跡。英國駐藏使節查理斯．貝爾（Charles Bell）寫下觀察入微的紀錄：「十三世達賴喇嘛思路敏銳，反應迅捷，凡事都是及時決斷。他的臉龐上留下了天花帶來的隱隱約約的麻麻點點。他神色嚴肅，但當他講話時，頓時笑容滿面，判若兩人，露出了強健的兩排白齒。他的彬彬有禮和直言不諱，他的敏銳思路和刨根究柢的精神，既樂於坦率地談出自己的觀點，又高興聽取別人的意見，使得人們同他談話其樂無窮。」[48]我見過十三世尊者早年因清軍入侵，出逃印度避難的一張照片，容顏上似有痘印。唉，能夠從天花的魔爪中逃脫不容易啊，無論仁波切還是皇帝，皆會變成麻臉。

到了十四世達賴喇嘛時代，令人欣慰的是，他還在幼年時就接種了疫苗，應該是英國醫師愛德華．詹納發明的疫苗。在尊者自傳《流亡中的自在》[49]讀到這段，不禁為他發乎天性的幽默莞爾：「由於青藏高原太高，許多其它地區流行的疾病在此從未聽聞。不過，還有一種經常出現的危險疾病：天花。我十歲左右時，有一名新來的、長得圓胖的指定醫生，使用進口的藥為我接種疫苗，以防染上天花。這是個非常痛苦的經驗，除了手臂上留下四個永久的疤，痛苦非常，我還發燒，持續大約兩星期。我還記得大吐苦水，抱怨『那個胖醫生』。」的確，一九四五年那時接種疫苗就像烙印一樣，尚未進步到如今這般基本上不留痕跡。相信許多人都會對畢生以佛教威儀著袈裟的尊者，偏袒的右臂上方有明顯的疤印留下印象。

5　蒙古、中國和圖伯特的天花因果鏈

我檢索了夏格巴．旺秋德丹著作中有關天花的紀錄，如果沒有遺漏的話，應該是從

記載五世達賴喇嘛時代開始，關於天花的記載陡然多起來。在那之前，圖伯特時有天花來襲，但都規模不大。至十七世紀起，捲土重來的天花病毒好似魔力大增，氣勢洶洶，包括五世達賴喇嘛在內的圖伯特人都深以為懼，避之不及。

會不會與當時進入衛藏腹地的蒙古軍隊有關？我從網上找到一位研究明史的美國學者的文章[50]，提到劫掠中原的蒙古俺答汗軍隊染上天花致死無數（「朔漠素無痘症，自嘉靖庚戌深入石州，染此症，犯者輒死」），倖存者返回草原後，「有一種傳染病在蒙古人中流行，有一半人死亡」。天花對蒙古人的打擊，不亞於當年自帶瘟疫病毒的西班牙人入侵美洲時對原住民的摧毀，不同的是，蒙古人是入侵者，卻搶回了病毒，帶來了無知無覺的自殺性的後果：「認識到天花的傳染以及十六世紀四〇年代的傳染病這個促使社會轉變的重要因素，我們能夠發現導致蒙古社會瓦解的強有力的證據」，這篇文章總結得有理。需要補充的是，原有社會瓦解之後更是要向四面八方移動，卻給沿途帶去了無法拒絕的禮物，這個禮物就是天花病毒。

俺答汗年紀漸老後崇信藏傳佛教，於一五七八年在青海湖與來自拉薩哲蚌寺的格魯派領袖索南嘉措會面，並用蒙古語加上藏語尊稱嘉措喇嘛為達賴喇嘛，簡譯大海上師，從此達賴喇嘛這一稱號盛傳開來。鑑於「這位最有力的蒙古王皈依，讓其他蒙古王也紛紛皈依佛教。……不到五十年，幾乎所有蒙古人都成了佛教徒」[51]。當三世達賴喇嘛二度去蒙古並駐錫傳法長達六年，應明朝皇帝邀請在去北京的路上患病圓寂（不知是不是感染了天花？找不到對病因的記載），轉世為俺答汗的曾孫，這在達賴喇嘛傳承是唯一的蒙古血統，「他十二歲在蒙古侍衛護衛下，赴拉薩坐床，」蒙古騎兵進入藏地，並捲入圖伯特本土的教派紛爭、權力爭奪，而更多地湧入，這個汗、那個汗率兵來了不少，朝聖的蒙古香客也成百成千地湧入，是不是因此成了攜帶天花病毒傳播給圖伯特人的感染源？這個因果鏈若是這樣也太讓人無語了。

重讀五世達賴喇嘛傳記，發現對天花提及很多。如一六三六年二十歲時，「察哈爾汗王的軍隊在漢地染上的天花，在措卡（青海）流行，並由蒙古左翼向後藏方面蔓延，只有前藏還算是淨土」，「由於天花流行……附近天花流行……他（指帕旺卡巴大師）深有感觸地指出：『今年的這場天花乃是邊地惡鬼的毒氣，只有謹防邪魔，也許有所裨益。』」一六四三年，「發生在該地的惡性痘瘡也蔓延到前藏。……哲蚌寺一帶的人們普遍染上了天花，為了謹防傳染，我前往沃噶，以避痘症。」一六四九年，「我曾應赴京。中原地域遼闊，我擔心會染上天花和熱病，上書詳細具奏不能久留的理由。」

總之五世達賴喇嘛同樣對天花各種防範，常因天花流行，暫避衛藏多地，但還是在一六七二年五十六歲時染疫，所幸他醫學造詣深厚：「我在誦經時感到腰痛乏力，但沒有終止誦經。……我從骨子裡感到疼痛，根據全部症狀，我查閱了……醫藥書，確定無疑是天花。……服用了礦石藥、滋補藥、治瘟藥等相違的藥物。這一年的天花是三種良性天花之一，但是第巴等人都認為應該保密，遂宣稱：『腿疾復發』。」並連續舉行了各種經懺法事等。一個多月後，「我從痘魔手中安然解脫出來」，令僧俗信眾無比慶幸，「像發了瘋似的紛紛前來送禮」，還「寄來了祝賀我脫離疾魔的詩詞書簡」。

面對瘟疫，圖伯特人並不會一味逃避或任由病毒擺布，除了藏醫學早就有對治天花的療方，以修行和信念培育的精神場域具有抗衡病毒的力量也相當重要。我喜歡傳記中的這段描寫，關於五世尊者見過順治皇帝之後返回路上經過蒙古，「當時，漢地的病魔似乎已經襲來，有的人失明，並出現各種疾病」，五世尊者應行營的部眾、蒙古部落的貴族等請求，「以經教、隨許、降魔、禳解、詛咒和洗禮等多種法事滿足了他們的願望」。當護法神諭又一次附體後，「見到天花之瘟神非常高大兇惡」，五世尊者就率僧眾舉行各種驅魔法事，「阻止了瘟疫的蔓延。大護法也寬慰地說：『現在已脫離了魔障』。螺頂大梵天斷言：縱有出現區區天花之危，以經懺法事即可阻止。那以後的半個月之內，我們每晚針對瘟疫，拋灑真言芥子，並一直將摧毀瘟神威勢的法輪立於風中。」

在五世達賴喇嘛的祕傳[52]中，有關他在北京期間的紀錄更是神祕而非凡，其中寫道：在水蛇年（1653）三十七歲時，他住在黃寺，出於擔心在中國會過度地沉溺於圖伯特人無法應付的快樂，而且在一個人口眾多的國家，天花和其它傳染病的威脅是非常嚴重的，就令朗傑扎倉的僧眾舉行了祈請女神班丹拉姆的儀軌。在儀式上，五世尊者看到女神和隨從騎著馬與騾子在天空飛馳的景象，或舉著旗幟和武器在黃寺舞蹈。他於是比平時更多地持誦女神的心咒。有一天夜裡在夢中，無數道士都拜倒在他的腳下，這表明中國的鬼神正在被征服。……當完成了對滿洲國的訪問以及與滿洲皇帝的見面，丑世尊者為返回圖伯特舉行了煨桑的儀式，班丹拉姆和白哈爾等眾神向他顯現，就像是作出應許，祂們也都將隨行。

總之天花隨著進入藏地的蒙古軍隊而至，《瘟疫與人》書中說得很清楚：「許多人的長途旅行跨越了文化或疫病的原始邊界」。戰爭、商貿與宗教傳播等不斷進行的人類行為，使得瘟疫也隨之散布和蔓延，可這又是無可避免的。人類的故事就是這樣　相互為因果，彼此造下業。但就無辜的圖伯特來說，那時期如同霍普金斯的轉述：「天花流行比蒙古人入侵還要頻繁」，更糟糕的是無法遏制。一旦染上，死亡慘重，留下許多被遺棄的房屋。何以如此？落藏永旦說，這意味著天花病毒發生了變異，就跟今天的新冠病毒一樣，發生了可怕的變異。

6 落藏永旦博士論天花在西藏

去年新冠爆發時，我在臉書貼出霍普金斯著作中文版《天國之花》的封面後，看到這樣一條留言：「我不知道他的書翻譯到漢語。這本書很好，但是他不太瞭解西藏的天花歷史。」我知道遇到高人了，趕緊請教：「霍普金斯提到十九世紀有段時間拉薩成了空城，這應該是錯誤的。請問哪裡能找到有關天花等瘟疫在西藏的紀錄？」得到的回覆是：「藏文上很多，漢文和英文可以說沒有，不過我寫了一篇文章談及。」

感謝只聞其名未見其人的落藏永旦慷慨地與我分享他的研究成果，而他寫的有關天花的文章並非一篇，至少兩篇。在此先轉載《論十九世紀初愛德華．詹納傳入天花疫苗接種至西藏》中文譯文的片段，像這樣的通常只見於學術界的文章有必要廣為人知：

「……從歷史上看，西藏人對天花已早有認識，繼而研發了各種有關治療方法，並記載在大量的醫學文獻上。然而，西藏天花之現代研究仍然是一個被忽略的學術議題，據我所知，當代仍沒有學術研究是從西藏的角度和資料進行的。若有的話，研究人員都是依賴第二手資料來源，例如從印度的英國殖民官員和歐洲傳教士得知。因此，一般認為約在一八七〇年大英帝國擴張時，歐洲的生物醫學便開始傳入西藏，到了一九四四年，詹納接種疫苗的技術才首次引進至西藏。達賴喇嘛的私人醫師益西東登曾提到傳統西藏醫學與天花之關係，但沒有進一步提及西藏天花病史的細節。

「一如其他地方，西藏天花的起源仍是一個謎。地理上西藏處於文明交匯處，天花病毒可能源自印度、中國或中亞等地區，並由這些地區的旅客帶到西藏。西元七世紀西藏帝國建立後，西藏人民經常往返鄰近國家，而這些國家的人民也會經常到訪西藏。一般來說，天花是一種可怕的疾病，西藏人都瞭解到它的危險和致命性。儘管在西藏絕少發生天花病毒帶來的疫症爆發，但也有歷史記載此病發生的時間、地點和狀況。若干年後，有人歸咎曾到訪過中國的蒙古人和西藏人為攜帶病毒入西藏的源頭。因此，當時要到訪中國被認為是一個危險的旅程。就如第五世班禪喇嘛羅桑意希（1663-1737）便由於害怕感染天花而避免到訪中國。

「在西藏醫學文獻，天花被稱為 drum ne（'brum nad，落痂之病），是由一位名為瑪摩康卓（Ma mo mkha'gro）女神透過她的毒氣而傳播。早在十三世紀，西藏已有抵抗天花之宗教儀式和祈禱。最早提到天花的西藏醫學著作就是《四部醫典》（*Rgyud bzhi*）。……詳細描述了天花之名稱、病因及其相關治療方法。這部醫典亦包括一個章節描述了天花的病原、症狀和病徵，以及對天花疾病的治療。即便如此，天花也不可能被根治；預防是最有效的對策。過去在世界許多地方，特別是西藏、印度和中國，人們採用接種，也稱為種痘的預防方法來應對這種致命疾病。這種方法在藏語稱為 drum dzuk（'brum'dzugs）；其意是『種植天花』；醫師特意把天花病毒置入人的皮膚。通過這方法感染天花後的症狀不會太嚴重。然後，受接種者會對天花產生終身免疫力。這種方法在西藏醫師之間是眾所周知及得到廣泛採用；不過，這方法存有風險。」

曼唐第一幅：藥王及藥王城。（Palden 提供）

曼唐第二幅：人體的生理和病理。（Palden 提供）

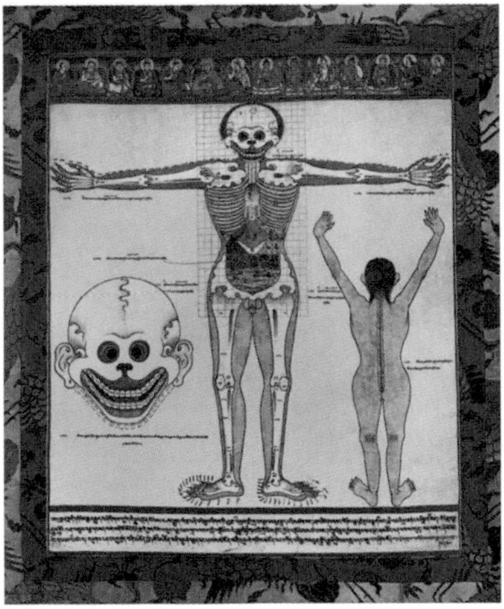

曼唐第九幅：人體骨骼（正面）。（藏人提供）

《天國之花》書中提到了接種疫苗的源頭與圖伯特人有關。落藏永旦也寫：

「接種之起源為學界之間辯論激烈的議題；一般認為起源於印度或中國。不過本人覺得西藏極有可能是接種之源頭。如著名天花歷史學家唐納德・霍普金斯所指，接種是在十一世紀由一位來自峨眉山（在現今四川省漢藏民族和文化邊境地區）的尼姑引進到中國的。他推算可能是一位西藏僧人傳授她的。基於沒有藏文文獻為參考，他只能推斷這個可能性。對藏漢文獻作出探討才可使人對圖伯特天花歷史有深入的認識。由於其擁有龐大數量的醫學和文學著作，以及歷史上與古印度、蒙古和中國之關係，對包括接種在內的圖伯特天花史作出探索，能為學術界發掘更多知識。在研究期間，本人發現接種在圖伯特醫學文獻遠比起中國的出現得較早。」

落藏永旦的這篇論文至關重要。我注意到文章的第一個註腳即是首先感謝圖伯特寺院眾多老師的教導，從而去研究大量的藏文文獻，包括數百卷藏醫學著作，其中就有一八三〇年代出版的藏醫學著作《珍貴教導寶庫》，作者是一位地位崇高、才華橫溢的高階喇嘛，即第四世贊普諾門罕，十八至十九世紀在圖伯特、蒙古和中國享有盛譽，並在北京擔任朝廷喇嘛，也就是指導滿清王公貴族學習佛法的導師。《珍貴教導寶庫》一書中寫：「在末法時代，所有傳染性疾病，特別是天花，尤其活躍。我們藏人格外容易患得這種疾病，我們應該更加注重保護和預防之方法。然而，在白色、雜色和黑色天花之中，後者是不能施予保護和治療。因此，接種對那些無法避免感染天花的人尤其重要。」

那麼如何接種疫苗呢？藏醫學的方法是：「把大量被稱為神之物質的白痘痂、竹甘露和水草，以及生薑徹底碾磨成粉劑。……如果接種者是男性，將該粉劑吹入其右鼻孔。如果是女性，就應該吹入其左鼻孔。這需要至少重複三、四次。對於那些有困難的人，必須這樣做七次。對仍然沒有明顯效果的人，這就需要每天重做。如果毫無改善跡象，音樂和鼓聲可能會有幫助。」同時還有時間的選擇，及飲食等方面的禁忌，如「大蒜和蔥、麝香、雄黃、茴香、以及臭味藥品、舍利和保護繩結都應該棄用」。接著，《珍貴教導寶庫》還介紹了英國醫生愛德華．詹納的方法，即「當牛受病毒感染後，取其痘液，然後刮入未被感染的人之手臂。這個人將不會受到這疾病的傳染。這是歐洲人如何對待天花的方法。」

我是不是不該大段轉載落藏永旦的論文？照搬太多既不好意思，也似不妥。但之所以這樣做，首先是因為他主要依據的是對大量的藏文文獻的研究，從中發掘出、呈現出素來被忽略的價值，這在相關話題的研究中從未有過，其意義非同一般，值得廣傳。這就如同新清史學派的研究，重視在全球背景下「包括大量滿語及其他非漢語的一手文獻」[53]，而不是僅依憑漢文文獻或堅持「漢族中心主義」的視角[54]。與諸多民族的命運相關的歷史敘事絕不應該只有一個聲音，哪怕那個聲音最高亢、最強大，試圖壓過其他的聲音，欲把所有人共同經歷的、不同面向的複雜故事，變成了勝利者隨心所欲的、任意裁剪的獨白，這肯定是不對的。你說什麼不重要，重要的是你不說什麼。你在公開場合的大聲表白，有可能隱藏了或者說抹掉了有些關鍵的事實。

我的意思是，只有中文講述的聲音是不完整的；要想瞭解任何事件／事實，必須聽到所有在場者、所有相關者的聲音。更何況在場者是有文字、有文獻也即不可能被揣測、被篡改的聲音。中國有句老話：兼聽則明，偏信則暗。連乾隆帝的《喇嘛說》都要用四種文字來表達他縝密的心思，說明他還是在意各個不同的族群，這恐怕並不是民族大團結的意思。我還要強調的是，並非所有的聲音都是政治的聲音，軍事的聲音，商業的聲音，同時還有文化的聲音，宗教的聲音，等等。譬如圖伯特在歷史上很多重要場合的聲音，確確實實是喇嘛的聲音，即佛教上師的聲音，觀世音菩薩在世間廣度眾生的聲音。當滿清皇帝幾次三番邀請五世達賴喇嘛，「在五世自傳中，他寫到他抓住這個機會，希望能讓『中國、藏、蒙』都皈依佛教。滿洲皇帝只是『藏、蒙和滿的諸多統治者之一，他們也是達賴喇嘛的信徒、施主，和保護人。」[55]

更要補充的是，雖然有不少從藏文文獻翻譯成中文的著作，但必須要注意到，這些經過嚴格審查的簡體中文譯著，在許多敘述細節上布滿了精心修改的痕跡，比如夏格巴．旺秋德丹著作中的圖伯特被譯成了「藏區」、噶廈政府被譯成了「西藏地方政府」，諸如此類的刪減與增補比比皆是。還有，比如五世達賴喇嘛傳記中文版，把去北京與滿清皇帝會見譯為「進京陛見」，把按照禮尚往來的方式，以敬語這一通用於圖伯特上層文化之間的語言習俗給滿清皇帝的回信，譯成「為了不違背皇帝的聖旨……上書詳細具奏」等等諸如此類，明顯罔顧當時真實存在的供施關係，處處製造類似君臣與附屬的效果。總之中國藏學工作者是非常用心地把許多個詞、許多句話的中文道白都變成了政治的話語，這是一種政治魔術。

7　誤診，或政治暗殺？

落藏永旦還發來一篇他在波恩大學做博士後時寫的論文。因為是英文，且長達二十一頁，我直到在寫這篇文章時才用Google翻譯了，標題就讓我暗自叫絕：〈誤診，或政治暗殺？——重考一七八〇年因天花而死的班禪喇嘛洛桑貝丹益希〉[56]。

我邊讀邊微笑低語：這簡直稱得上是英雄所見略同啊。讀完後很是感激，這是因為我的基於直覺、知識和源於個人閱歷的分析，獲得了來自學術的支持，而這很給力，不至於會被他人視為小肚雞腸的陰謀論。也因此，我還是要繼續轉載他審慎的分析和精闢的評論，當然不會是上萬字的全文。雖然以下片段主要來自機器翻譯及本人修訂，但應該沒有篡改作者的原話[57]：

「在十八世紀中葉，六世班禪喇嘛是最重要的喇嘛，……還有什麼比邀請班禪喇嘛來北京更能慶祝乾隆七十壽辰的呢？邀請不僅在政治上很重要，在宗教上和儀式上也很重要。班禪喇嘛接受了皇帝的邀請來北京。在一七八〇年的這次訪問中，班禪喇嘛圓寂了。西藏和清政府官員將死因描述為天花，……至少，清廷是這樣描述的，也是其他人相信的版本。大多數藏人也認為是這樣，但在他死後不久，包括一些藏人在內的許多人對這個說法提出了質疑。

「有關班禪喇嘛的傳記講述了一個漫長而複雜的死亡故事。從表面上看，雖也表明班禪喇嘛的死因為天花，但是，仔細閱讀十八世紀後期至十九世紀的班禪喇嘛傳記及其他藏文相關文獻，可以清楚地看出班禪喇嘛的死並非醫學上的必然。相反，這是一連串錯誤的結果，從醫療誤診到可疑的政治決定。

「根據傳記，班禪喇嘛的一名侍從和清宮廷醫生認為他得了天花，但包括卓嘉若貝多傑和班禪喇嘛的私人醫生在內的一些人並不相信他染上天花。更重要的是，沒有人認為他得了黑色天花（最嚴重和最致命的一種）。雖然這些藏人沒有指控任何人，包括清朝官員謀殺了班禪喇嘛，但他們確實暗示可以對此採取一些措施。如果採取了某些醫療措施，他的死亡是可以避免的。

「幾個世紀以來，與十九世紀的許多歐洲人一樣，藏人也將中國視為天花的搖籃。如果一個人還沒得過天花，那麼去中國旅行就被認為是一個人用生命賭博。因此，如果我們閱讀一些西藏喇嘛的傳記，可以得知對天花的恐懼是避免前往中國的主要原因之一。……在聽說班禪喇嘛訪問中國後，松巴堪布耶西班卓（1704-1788）告訴他的朋友，『如果他還沒有得過天花，中國有很多傳染病。其身如白蓮，無垢，不應該去汙穢之沼。』

「當六世班禪決定前往中國旅行時，天花是他的首要考慮。在從扎什倫布到承德的長途跋涉中，關於天花的討論和爭論很多，主要是要不要接種，誰應該接種。從這些討論中，我們可以看到不同的觀點是如何表達的，以及可能的誤診如何導致班禪喇嘛的死亡。尤其是，這些討論也顯示了清朝官員和藏人對待天花與接種所持的不同認識。最後，班禪喇嘛不顧清朝官員的反對，決定對所有隨從接種。」

而班禪喇嘛再三拒絕藏醫給他接種，是他認為自己得過天花。「他相信他得過天花，因此不需要接種。」同時他對勸阻接種的兩個清廷官員說：「從現在開始，我們要穿越有成千上萬人的城鎮，其中許多地方都有天花病毒。如果有人被感染，我們藏人幾乎沒有生存的機會，很多人都會受到影響。毫無疑問，這是我們非常關心的問題。」這說明他知道不種痘會有生命危險，為此一定要在路上給隨從們種痘。請允許我用巴布狄倫的方式發問：一個人要得幾次天花，才不需要接種疫苗？一個人要去往哪裡，才會死於天花？答案在風中飄揚。

落藏永旦寫道：「班禪喇嘛在北京的病床上服下太醫開的藥丸後去世。無論是尷尬還是羞恥，清朝官方幾乎沒有記載班禪喇嘛的病情。然而，他的藏文紀錄不僅有人更新他的病情，還記錄他得到了什麼樣的診斷和藥物，以及藏人和清朝官員如何舉行祈禱法會和布施捐贈等。……從這份班禪喇嘛臨終日子的詳細紀錄中，可以發現許多令人擔憂的跡象。……無論如何，六世班禪在北京的死亡似乎比官方歷史描述要複雜得多。它涉及許多基於政治和醫學原因的關鍵決定；醫療誤診似乎是他死亡的主要原因，同時一系列事件助長了清朝官員有某種目的的製造謠言。」

或許，就六世班禪喇嘛的死因，所謂的染上天花而死是最佳理由，完美的託辭。就像今天在中國頻仍發生的政治謀殺，在公開表述時會被說成自殺或出於抑鬱症的自殺。更何況，這些藏人們太經常地提到對天花的畏懼，一路上都惴惴不安，偏偏怕什麼來什麼，結果就發生了預期的自我實現。

有一個細節很詭異，來自隨六世班禪喇嘛去北京的一位印度托缽僧的紀錄：「乾隆皇帝命人把幾幅巨大的畫掛在行將就木的班禪喇嘛的房內，畫上畫的是天花病各個階段人的相貌。」[58]這麼做出於何意？是治療的意思？還是恐嚇病人的意思？還是說，這是為了特意給聞訊而至的所有來者看的，包括圖伯特人和蒙古人等，迫不及待地、充滿暗示地，卻又是不可置疑地，向他們斷然宣布可怖的病因是天花？細思極恐啊。

8《四部醫典》及八十幅曼唐

藏語的「天花」主要有這樣的稱呼：音譯的「拉仲」和音譯的「仲勒」。「仲勒」的意思簡單，前面提到過，即落痂之病。「拉仲」的意思特別：天神撒下的花瓣，或天神留下的印記，五世達賴喇嘛傳記裡寫的就是「拉仲」。而這位「拉」即天神是有名字的：女神瑪摩康卓（Ma mo mkha'gro）。

中國過去沒有「天花」這個稱呼，而是叫「痘瘡」、「痘症」，各種「痘」或「瘡」，文人墨客則詩意地稱「豌豆瘡」。據記載，「至清代在《天花精言》一書中才正式出現『天花』的病名。」[59]落藏永旦說，漢語的「天花」一詞或可能來自藏語「拉仲」的含義，滿語的天花女神的發音恰與藏語一樣，也稱Ma mo，也可能來自藏語。他還說，藏醫學著作中關於天花有多達三百多個文獻，堪稱歷史上各國天花文獻中最多。並且有治療方法，出現在著名的藏醫學著作《四部醫典》（藏語發音「居悉」）中，更有掛圖呈現。

據夏格巴介紹，《四部醫典》最早是西元八世紀吐蕃贊普赤松德贊時代，由圖伯特譯師與印度學者將佛陀釋迦牟尼化身藥師佛口授教言譯成《四續》，埋藏在桑耶寺正殿的寶瓶柱下，後被取出並由十二世紀的大醫師宇妥・薩瑪元丹貢布整理、加注、補充等。我檢索到有些中文書籍對《四部醫典》的介紹，絕口不提梵文原本，卻稱是藏人醫師結合了漢地傳來的中醫醫書來著述，還強調與兩個唐國女子，即傳說中無所不能的文成公主和金城公主有關，甚至聲稱「早在《四部醫典》成書之前，漢族醫學已經與西藏人民進行頻繁交流，對藏醫學的形成和發展產生明顯的影響」[60]，顯然有些人關於圖伯特的任何歷史敘事都會夾帶私貨，歸在中華之大一統的麾下。

《四部醫典》正文開篇這樣描述藥師佛所在的藥城：「……一座用五種珍寶建成的無量宮殿，裡面裝飾著種類極多的珍貴藥物。這些藥物能醫治隆病、赤巴病、培根病、合併症以及綜合症等四百零四種疾病，能使熱病轉涼、寒病轉暖，並能平息八萬邪魔，使一切願望得以實現。……在無量宮殿正中的琉璃寶座上，端坐著被稱為導師、世尊、醫聖、琉璃光王的佛。」[61]接著是以佛經問答的方式，由藥師佛向提問的五個化身的仙人揭示醫學奧祕，多達一百四十六個章節。其敘述視角恰如八世紀吐蕃贊普赤松德贊的御醫宇妥・寧瑪元丹貢布的傳記裡所寫：「我在自己思想的寶石面前頂禮！在所有的最美麗的回憶之中，就是去回憶喇嘛的美德。」[62]

我有一部《四部醫典系列掛圖全集》，是西藏人民出版社一九八六年出版的，體型龐大，五百多頁，重達三點四五公斤，售價一百一十元，這在當時可是價格不菲。我至少是在十多年後才在拉薩那家臨街的出版社書店買的，都快散架了，有發黴的印跡，還漲到四百元，但聽說是最後一本就咬牙買了。沒過多久，住在蘇州的畫畫好友要斷捨離，把她從拉薩揹回去的缺了幾張彩色掛圖的畫冊送給我了，但比我的那本新，也沒散架。

是的，我們都把這本大書當藝術類的畫冊來看，那些洋溢著濃郁的世俗生活氣息，並且生動又奇異的繪畫讓人著迷。我還更多一層喜愛，覺得很多關於掛圖局部的注釋完全就是絕佳的詩句，如「人擺脫不掉貪嗔痴三毒，就像鳥擺脫不掉影子一樣。貪（貪欲）似鳥，嗔（嫉憤）似蛇，痴（痴呆）似豬，三者是一切疾病的根源」。雖然當時的拍攝和印刷簡陋，彩色掛圖細看模糊，但有無數幅的局部細節以黑白圖畫展示，已經相當豐富，目不暇接。曾經一位要好的畫家朋友還描摹過十幾幅，是掛圖中有趣的局部，如青年男女的同池沐浴或眉目傳情之類，以油畫的形式，尺寸都不大，還在旁邊增添了六世達賴喇嘛倉央嘉措的浪漫詩句。

這本掛圖的原版形成於一六八七年至一七〇三年，由智慧非凡的攝政王第司．桑傑嘉措遵循五世達賴喇嘛的要求，主持繪製了七十九幅（後補畫一幅歷代名醫唐卡，故又稱八十幅）成套曼唐（MeDical Tang）即醫學唐卡，以「近八千幅特色鮮明的圖畫，展現了藏醫知識的方方面面，如人體解剖、疾病的因果關係及診斷和治療」[63]。每幅曼唐都是第司．桑傑嘉措對《四部醫典》的詮釋之作《藍琉璃：醫學廣論藥師佛意莊嚴四續光明》的圖畫表達。全套曼唐的價值，正如哈佛大學神學院教授、藏學家詹尼特・嘉措（Janet Gyatso）的評論：「超越了唐卡創作本身，甚至超越了醫理和宗教修持的範疇。……藏醫唐卡反映的是一個世界性的拉薩社會。這個社會在『偉大的五世達賴喇嘛』阿旺洛桑嘉措雄心勃勃的統治期及之後的時期曾興盛過。」[64]

其中第一幅是藏醫學傳承圖，被哥倫比亞大學教授羅伯特・瑟曼（Robert Thurman）前不久在推特上讚美是「藥師佛的花園」，言簡意賅地形容了宛如藍寶石的藥師琉璃光佛與無數花草樹木、飛禽走獸構成的壇城世界。第二幅是一棵枝繁葉茂的醫學樹，即如意菩提樹，「有三個樹根、九根樹幹、四十七條樹枝、二百二十四片樹葉、三枚果子和兩朵花」[65]（「長壽之花結出無限安樂之果」「健康之花結出虔誠信仰和財富之果」），以象徵人體的生理功能和病理變化。還有一些令人驚嘆的曼唐繪滿醫療器械，各種各樣的針鑷鉗刀幫助學習者瞭解如何實施解剖手術，而這實在是非常重要，證明了藏醫學所具備的科學性。

曼唐掛圖的作用正是用來學習的。如第司・桑傑嘉措所言：「借助它，可以使《四部醫典》研習者對各章節內容，猶如托在掌心中的透明余甘子那樣，一目了然。」[66]美國記者約翰・艾夫唐訪談過尊者達賴喇嘛的私人醫生，記錄了如何學習藏醫學的過程：「課程從醫學樹解釋圖開始，這張圖示出了醫學的各個領域在整個醫學中所占的應有位置。益西丹增和他的同學從八廓街買來了彩線、棍子和鮮豔的塑膠釘，在他們房間的大

曼唐第四十四幅「病因」細節：流感、痢疾、白喉、炭疽、天花等瘟氣四散。（藏人提供）

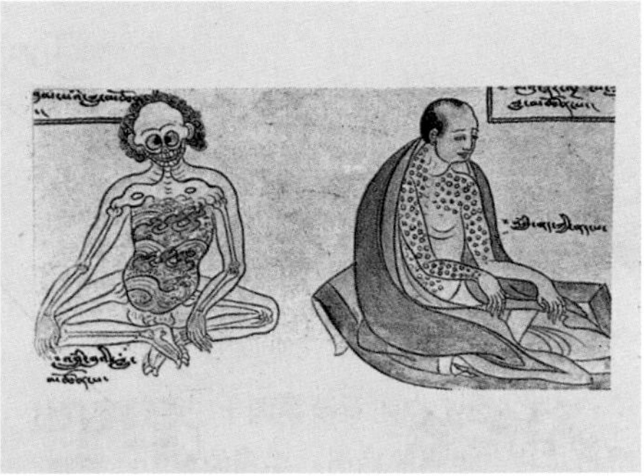

曼唐第四十五幅「病因」細節：左為「天花的病因」，右為「天花患者」。（藏人提供）

曼唐第三十二幅「補充的藥物」細節：天花痂皮。（藏人提供）

石板上拼湊這棵樹。……他們掌握了這幅圖之後，就學習怎樣將醫典中的八個章節與醫學樹的各個部分對照起來，然後他們學習第一根、第一干、第一枝。」[67]但我們需要知道的是，這套曼唐「不只是一種教學工具。……雖然它們依然用於課堂醫學教學，但我們也可以把它們視為對往昔偉大的西藏文明的一個極其寶貴、值得稱道的象徵。」[68]

我不可能有親眼觀賞到這套堪稱無價之寶的曼唐掛圖的福報，但從注釋可以讀到圖伯特文學獨具的華麗辭藻，如第七十八幅掛圖這樣讚美《四部醫典》的智慧：「是從死神手裡奪回生命的法輪，是消滅疾病的勇士，是平衡四大五行的支柱，是砍斷非時死亡繩索的寶劍，是砸碎病痛的鐵錘，是從痛苦的泥潭裡拯救眾生的鐵鉤，是保命的無畏大施主，是起死回生的甘露。」[69]《四部醫典》把四百零四種疾病的根源歸結為貪、嗔、痴，並在繪畫中以鳥、蛇和豬來象徵三毒。不過，攤開在桌子上的這本沉甸甸的掛圖全集，中文編者將不少內容說成是「糟粕」和「迷信」，卻又補充「瑕不掩瑜……是祖國醫藥學理論著述中最卓越的少數民族醫藥經典。」但無論如何，能整理、翻譯、出版這樣的寶貴典籍已經很不錯，須合十感謝。

在第三部《密訣本集》中，專門有一章是關於天花的，這樣寫道：　天花疫病有黑痘與白痘之分。黑天花又分膿腫如牛頸疫症、血涸痘症、芒管狀痘疫三種；白天花也分皮疹、結痂如頭盔狀、麻疹三種。」[70]黑天花重，而白天花輕，又稱大天花和小天花。就症狀的觀察非常詳細，分初期、中期和晚期，如「天花入於心，症狀是癲狂、身體顫抖、心慌，用露藥總方加冰片施治，如果不癒，仍然癲狂、煩躁者，為將死之兆。」就如何治療也很詳細，分初期、中期和晚期來治。要知道這可是十二世紀的醫學著作啊，原著更早，說明藏醫學對天花這類疫病早就有了認識、診斷和相應的對治。而在這些三百年前的掛圖上，至少畫了兩個患天花的病人，一男一女，裸露的身體渾身都是大大的圓圈，鬈髮女子更慘，滿臉都是痘疤，在她旁邊則是一大盆寫有「天花痂皮」的東西，以示用來種痘避疫的藥。必須要說明的是，隨著天花病毒變異，無疑大大地增加了治療的難度，就像二十一世紀的如今對新冠病毒的醫治，全世界各國又有多少行之有效的方法呢？

精通醫學的五世達賴喇嘛創辦了多所藏醫學校，還要求研製了多種藏藥，至今仍為藏醫所用。在他圓寂後，依據他的旨意，一六九六年，第司・桑傑嘉措在布達拉宮西南面的夾波日山頭（鐵圍山，漢語稱藥王山），創立藏醫藥利眾學院曼巴紮倉（藥王寺），「來自西藏各地和蒙古各地的醫生雲集於此，學習多年發展起來的醫學各流派的成就」[71]。擁有二十個柱子面積的大殿共三層，門匾用藏文、梵文、蘭扎文、瓦爾都文四種文字寫「圓滿塵積藥王山，山頂高聳琉璃天，壯觀稀有利眾生，濟世功業代傳洲」，殿內供奉從印度請來的高大的釋迦佛銅像、用藍寶石裝飾的藥師佛像、金汁書寫的醫經八百頌卷帙，並藏有許多聖物如「一個石臼和搗槌，……屬於印藏醫學的奠基人」[72]，是一位古印度醫師。精美絕倫又古樸十足的原版曼唐掛圖懸掛滿壁，被當年來拉薩的西方人注意到並留下紀錄（遺憾沒有找到照片），如奧地利登山家海因里希・哈勒就在他聞名全球的著作《西藏七年》（*Seven Years in Tibet*）中寫：「牆上經常陳列彩色圖解。有一次我在那兒，一位老師便藉圖解向我解釋由某植物所造成的中毒症狀。學生可以看到植物、症狀、解毒劑及其反應的圖片，就如吾人學校裡的牆上教學。」[73]

整整兩百六十三年，利眾醫學院「培養出了不計其數的為眾生解除病痛之苦的優秀醫學人才，他們如同一顆顆在醫學天空中閃爍的星辰，將利益眾生的光芒灑遍雪域大地、蒙古高原，為藏醫學文化的廣泛傳播做出了特殊的貢獻」[74]，但在一九五九年三月二十日，所有建築被解放軍一五七團的炮火夷為廢墟，醫學院眾多師生不幸喪生，然後山頭插上了五星紅旗。一九八五年，則在遺址上立起了一座七十九米的電視塔，至今依然醒目，並有軍營駐紮於山間和山下。而在猛烈的炮火中，會有多少幅原版曼唐倖存？詹尼特・嘉措痛惜地寫道，原版曼唐有些「可能於一九五九年在拉薩鐵圍山藏醫學院遭到了損毀，……一些可能倖免於難，有可能成為大昭寺附近醫學曆算院（門孜康，Sman Rtsis Khang）醫學唐卡藏品的一部分。」[75]

慶幸的是，一直以來都有對原版曼唐掛圖的臨摹。如十三世達賴喇嘛時代就至少臨摹了兩套（或三套）：一套存於達賴喇嘛的夏宮羅布林卡；一套存於俄羅斯布里亞特首府烏蘭烏德（據悉是一九二一年俄羅斯使團訪問拉薩時，十三世尊者贈送的禮物，或也可能是十三世達賴喇嘛的外交官、布里亞特喇嘛阿旺洛桑多傑帶去的）。拉薩的自治區

1938 年的利眾醫學院原貌。（德國動物學家 Ernst Schäfer 拍攝，圖片來自網路）

藏醫院也有一套。一九九八年，美國自然歷史博物館在紐約展出了一位尼泊爾藝術家用七年臨摹繪製的全套曼唐，展覽名稱美好而準確：身體與靈魂——西藏醫學唐卡。

如今我們只能從一些老照片上見到昔日宛如城堡的藥王山利眾醫學院，是西方人和拉薩貴族當年拍攝。其中一張照片上，有兩位僧人朝著布達拉宮吹奏長長的銅製法號，如同召喚選自全藏各寺及蒙古、不丹等地的學僧向藍琉璃藥師佛致敬，恰如當年盛傳拉薩的一首歌謠：「金笛嗩吶之聲，從布達拉宮頂傳出；悅耳的長角法號，在藥王山上吹響。」很多圖伯特人將這張照片放大了掛在家裡及公共場域，傳達出對往昔時光的懷念。相信有些人可能會如我一樣，記得五世尊者達賴喇嘛為「醫聖」宇妥·寧瑪元丹貢布的傳記撰寫的一段題詞：

「願醫藥之樹的檀香味到處飄散，
使人們得到極大的寬慰！
消滅貪嗔痴三毒所致的四百零四種疾病，
使人們的身體健壯，有如眾神！
……願你來世出生在藍琉璃藥師佛的淨土，
成為人類的保護者！」[76]

利眾醫學院學僧吹長角法號。（英國探險家 Frederick Spencer Chapman 1936 年拍攝，圖片來自網路）

9「活死人」即隔離術

抗擊天花等疫病的手段主要是隔離、檢疫和治療，這是人類的共識和經驗。據西藏歷史學者德榮·澤仁鄧珠的著作《藏族通史·吉祥寶瓶》[77]寫：「大約在西元三世紀時，藏族對傳染病人，如像麻瘋病等採取隔離政策，這在世界醫學史上實屬最早。這個制度在《四部醫典》和其它早些的醫學著作中有記載。」比如有個民間故事講述了印度醫生遇見藏女揹著染疫的母親離家，以免傳染家人，得罪屋神。

我印象最深的是西元六世紀吐蕃第三十代君王與王后的故事。一個關於凶兆、報應和自我懲罰的故事。大致是說王后生子後日漸憔悴，贊普問其緣故，王后聲稱需吃家鄉的食物。取來食用後果然容顏如昨。贊普好奇查看，驚見是油炸青蛙，而這犯了大忌。於是得了麻瘋病。據說兩人都得了麻瘋病。為避免惡疾傳染王子和子民，富有犧牲精神的君王攜王后做了「活死人」，應該還帶了僕從都做了「活死人」。

什麼是「活死人」？有一種說法稱活著進入墳墓，給人被活埋的感覺。但事實上不是這樣。而是在遠處修築圓形土堡，住進去後與世隔絕，從此不再與活人見面。當然活人是必須要來送食物、衣物等等的，「很遠就吹一聲號角，這時已得死人稱謂的人們，應立即避到各自的藏身屋裡。」來人留下東西後，「又要吹一聲號，這時『活死人們』紛紛走出，享用各自應得的衣食。」[78]連他們的牲畜也屬於不可接觸者。

這位贊普是圖伯特歷史上最偉大的君王、第三十三代贊普松贊干布的曾祖父，他以個人的犧牲換來了吐蕃的榮光，事蹟理當傳揚。作為君王，「如此遵守國法，這在世界歷史上也許絕無僅有。」[79]但要說明的是可能不只一例。如《天國之花》記載十六世紀初，當西班牙人發現了遠在祕魯的印加帝國是多麼地富饒，天花也就隨之而來。被印第安人奉為太陽之子的印加國王不幸染上，留下遺言「我的父親太陽在召喚我，我現在該走了，去待在他身邊」，之後「用石頭把自己封在房間裡，孤獨地死去」。真正的王者之死都這樣：具有高貴者的尊嚴和神祕，與俗世隔絕。

所謂「活死人」其實就是隔離者。瘟疫的傳播與人的交往有關，為對治瘟疫務必需要實行與人的隔離。需要說明的是，圖伯特人的這種隔離方法並不是永遠地隔離或拋棄親人，這個傳統是：三至七天或兩週的隔離。在這個期限內，躲不過去的則走上了中陰輪迴路，倖存下來的則返回人間，帶著身體上的印記繼續過著大限未到的人生。今日新冠疫情的隔離也與當年類似。

普通染疫者當然不會有染疫的贊普和王后那樣可以做「活死人」的運氣。如德榮・澤仁鄧珠寫：「這個習俗一直延續到今日。藏區凡家中有人得了傳染病，特別是麻瘋病，則主動離開家人（生活不能自理的小孩除外）和村寨，到無人的深山老林、僻地河溝或岩洞中居住，從不接觸家人和其他任何人。家中親屬和親朋好友等將病人所需的食物、營養品、生活用具以及探視病人的禮物，放在離病人看得見的地方，讓病人自取。」

然而圖伯特人的隔離法似乎不為他者所理解，被視為野蠻又殘忍。霍普金斯引述那些在西藏的旅行者的紀錄，「描述了天花是如何從北京傳到拉薩的。……一旦一戶人家中有人患天花，其他人就要搬到偏僻的山頂或山谷中。有人餓死在那裡。」這類走馬觀花的紀錄很難說是完整的。西方探險家和傳教士等，自己對天花已經免疫，卻把圖伯特人對疫病的隔離說成不人道，這也是很自大的偏見了。其實當年圖伯特對外國人的防範很大程度上也是出於對天花等疫病的畏懼。

傳統的隔離辦法是有效的，不然怎麼辦？全都擠在一間房子裡嗎？據說乾隆皇帝曾讓駐藏大臣在大昭寺對面蓋了一間房子接納天花病患者，反而疫情更是擋不住，被藏人拆除。霍普金斯在書中還提到了皇帝在「拉薩的一個主神殿門口立起一塊巨石。巨石擺放的位置使所有的朝聖者都能看到，上面描述了天花爆發後應採取什麼措施。」這其實就是當時（一七九四年）在大昭寺前立的所謂「勸人出痘碑」，又稱「永遠遵行碑」，至今猶在，但碑面坑坑窪窪，布滿石頭之類利器砸出的許多凹窩，連刻的字都被砸掉了，卻有兩種解釋：一種聲稱落後的藏人根本不懂可以用種痘的方法防治天花，為此迷信「石碑研磨而出的粉末有治病之效」，就用石塊敲砸石碑索取神藥，因此這是一塊「先進的種痘碑」[80]。

另一種解釋截然不同，來自一九四〇年代國民黨蒙藏委員會駐藏辦事處處長和祕書合著的《西藏與西藏人》一書，說這個「『天花公告』，不但要求藏民杜絕流放受傳染的病人的做法，提倡採取預防措施種牛痘，還禁止藏民以屍體餵鳥的舊習。從漢人的觀點看，這是十分可怕的習俗。紀念碑已被破壞得傷痕累累，足以見得藏民對此類干預的不滿。」[81]但這個出自當時在拉薩的漢人的觀察，現如今卻是被排斥的，反而鼓噪的是這個種痘碑「見證了中央政府對西藏人民的關懷」[82]，因而無比寶貴，在去年新冠疫情期間，用一座中式碑亭給罩住了，旁邊還蓋了一座相仿的中式碑亭，罩住了「唐蕃會盟碑」，龐大、粗糙且多餘，完全是對大昭寺傳統風貌的破壞，而大昭寺及周圍環境早在二十年前就被聯合國教科文組織列入了「世界文化遺產」，有若干條為了保護普遍性價值的國際公約，原本應該是需要遵守和尊重的。

依據與落藏永旦的幾次交談，在這裡，我要大致列舉出圖伯特的其他幾種避疫方法：

一種是食物禁忌：不吃水裡動物如魚、蝦、蟹、青蛙等，不吃奇蹄類動物如馬、驢、騾等，不吃尖爪類動物如狗、貓、狐狸、水獺等，不吃飛禽類動物如鷹、禿鷲、蝙蝠等，還有不吃死亡動物如死牛、死羊、死豬等。這些食物禁忌，其中有些被認為是出於圖伯特傳統中對「魯」[83]神的信仰。確實如此，但也跟防疫有關。就「魯」神信仰，我多次寫過，總之與圖伯特原生宗教苯教有關，中文譯成「龍」，但這不對，因為兩者的文化特質不一樣。苯教經典認為人間四百多種病包括天花、麻瘋等，源於魯神被冒犯、被褻瀆、被傷害。

立在拉薩大昭寺前的「種痘碑」，
在新冠疫情期間加蓋了中式碑亭。（唯色 2021 年 10 月拍攝）

一種是藏醫治療：其中火療包括煙熏、焚香等，以示淨化與消毒。火焰療法與霍普金斯講述的在歐洲過去針對天花的「紅色療法」[84]相似。記得在二〇〇三年「非典」疫情中，藏醫院等藏醫機構製作的燃香、防瘟香囊等很搶手，源源不斷地郵寄到北京等地。燃香須點燃，香囊要掛在胸前，裡面有香味特別的藏藥一枚。同樣，新冠疫情期間仍是這樣。我收到親人從拉薩寄來的香囊，並不容易買到，價格也不便宜。還有傳統藏藥「催湯散」，用以煎服的湯劑，細嗅熬煮時散發的氣味更好。去年新冠爆發時，拉薩的藏醫院用大號保溫桶裝滿煮好的催湯散，人人都可以像接開水一樣服用，走廊上和病房裡都能聞到草本藥材的清香。

一種是與信仰相關的疫苗：比如佩戴護身盒嘎烏[85]。在可以打開的護身盒裡，不但有佛像等聖物，還有「甘露丸」等法藥，還有某些珍貴的草藥，甚至有「被稱為神之物質的白痘痂」等碾磨後的粉末，其實就是預防天花的疫苗，從而形成可以提供保護的神聖領域。聯想到新冠病毒掃蕩全球，戴口罩成為迄今人們仍須遵守的避疫方法。一度口罩難求，如今人人口罩不離身，口罩就是現代人的「嘎烏」。

還有，當時許多人嗜好吸鼻煙，於是將天花乾痂碎末與鼻煙混合，一併吸服，類似接種疫苗。這也像我們今天排隊在手臂上打疫苗，只是換了個方式。

以上提及的食物禁忌等，在悠長的歲月中潛移默化到日常生活，形成了基本上人人都要遵守的傳統習慣。我再強調一遍，這些風俗實質上跟防疫有關，不只是防天花，也防其他瘟疫。一位經歷了世事反轉而不得不流亡異鄉的藏醫，就當今時代流行的疾病說：「原因有二，一是道德行為敗壞，二是汙染。」[86]去年新冠疫情爆發時，藏人從古代藏文醫學文獻中翻出有關瘟疫的紀錄，再次強調人須忌口忌殺生。又從每年依天文星算提前印製的藏曆日曆上找到這樣的預言：「（該年）肺部疾病橫行；瘟疫流傳；藥效甚微……」「有個感冒、發燒的傳染病的危機降臨」等等。

當時微信公眾號上有篇短文《藏區傳染病簡史》[87]，作者是西南民族大學博士生導師土登彭措，提到了藏文史料中隔離傳染病的最早記載，即我在前面提及的吐蕃第三十代贊普因染疫而被隔離，活著住進一個專門修建的陵墓，成了「活死人」。還介紹了《四部醫典》中醫生在傳染病治療中的防疫方法：咒語保護和藥物保護，包括可以直接食用的咒語和戴在脖子上的咒語；民間則有類似口食傳播的接種方法，即討取病癒者臉上遺留的痘疤，將其和鼻煙攪拌飲下。

有趣的是，去年藏曆新年前夕的「驅鬼」儀式上，許多地方的藏人都用糌粑團捏出了新冠病毒張牙舞爪的形狀，配上旁白，拍成小影片，在社交媒體上流傳，令人忍俊不禁。藏人的幽默還體現在這句拉薩諺語裡：「拉薩帕廓轉多少圈，賣餅子的麻臉奶奶都在。」麻臉奶奶（藏語發音「吧乍嫫啦」，Bazrak Mola）是得過天花才會滿臉麻子，她每天都會在背簍裡裝滿她做的餅子（藏語發音「帕勒」，Pale），坐在轉經者源源不斷的帕廓街頭。雖然人們畏懼天花，但遇見麻臉奶奶會微笑，聽她講故事，買她的餅子吃。

當然這句諺語也比喻了時間的重複性。

10 被天花奪命的兩位唐國女子

古代中國與周邊鄰國之間除了不斷戰爭，就是為求和平得不斷修好。其中一個很有名的修好術是「和親」。「和親」與政治聯姻絕不一樣。政治聯姻意味著雙方平等的婚姻關係。至於「和親」，無論你今天抬高成「下嫁」也好，美化成渴慕「愛情」奔赴遠方也好，說到底跟投降差不多，或者說是含有降和的意味吧。而且是很沒面子的降和，讓自家的平素高貴無比的公主，哪怕不是真公主而是假公主頂替，但也是擔了公主的名，以一個弱女子之軀替代了血氣方剛的軍隊，悲悲切切地踏上了去往異國他鄉的不歸長路。而在漫長的歷史歲月中，「和親」之舉不絕於書。在網上查到一份「中國和親女性列表」，僅最早開始「和親」的漢朝就有十四人，而唐朝「和親」各位「諸蕃」的真假公主就有二十人，其中有兩個女子去了最遙遠的吐蕃。她們正是西元六四一年「和親」的文成公主，西元七〇九年「和親」的金城公主，據說她倆還是親戚。

王力雄在《天葬：西藏的命運》書中寫：「很多中國人都是通過文成公主的神話認識中國與西藏的歷史關係，似乎中國把公主嫁到哪，哪就從此屬於中國了。這是一種有

在昌珠寺前新立的文成公主像。（唯色 2021 年 11 月拍攝）

在古老佛殿吉如拉康的金城公主像據當地人透露是近年新命名。（唯色 2021 年 11 月拍攝）

些可笑的邏輯。事實上當時的西藏非常強大，勢力範圍向西越過帕米爾高原，波及阿拉伯和土耳其控制區，向北到今日的中國新疆和甘肅的河西走廊，向東曾經占領中國四川、雲南的大片領土。那個時期的藏民族以征服者的姿態，在整個中亞到處安營紮寨。唐朝開國的李氏家族本身帶有突厥血統和文化背景，把聯姻當作一種平定邊疆的政治行為——可想，嫁一個公主遠比調遣大軍來得便宜。王室的女兒多得很，何況帝王並不嫁自己的親生女兒（文成公主亦只是宗室之女）。」

「和親」的公主無論真假都很可憐，遠嫁陌異國度陌異男子，若感染疫病，痛苦早死，沒有比這更悲慘的了。荒唐的是，出於不可一世的傲慢和強烈的虛榮心，帝國的戲精們把「賣身」降和的悲劇改編成了浪漫煽情的大一統喜劇。是的，我說的正是如今新編音樂劇《文成公主》，在與布達拉宮遙遙相對的山腳下夜夜上演，把偉大的君王松贊干布說成了日夜渴慕大唐的花痴，把他早就同四位王妃居住的宮殿，說成了專為那個無所不能的長安少女蓋的新房。於是貴為文成公主的她不得不泣別名義上的父王，遠赴番人之地，一路悲壯，沉浸在「人間皆是故鄉」的一統幻夢中。隨著帶有廣場舞旋律的歌聲響起，在數道劃破天際的燈光秀中，讓激動不已的松贊干布衝出布達拉宮去迎接心上人，似乎是，他不僅臣服於莫須有的愛情，也臣服於從此延續至今甚至未來、永遠的一統江山。

我非常願意引述王力雄的這段話：「固然，正經從事史學研究的人還不至於把嫁公主當成國家主權的證明，但是過份誇大文成公主對西藏的重要性，卻是一種相當普遍的現象。似乎是因為文成公主進藏才使西藏有了文明，包括醫療知識、技術工藝、烹飪知識、蔬菜種子，甚至西藏的佛教都是文成公主帶去的。就算這中間有若干真實，然而過份強調，就成了一種民族自大的傾向，似乎只要漢民族嫁出去一個女兒，就能改變另外一個民族的文明和歷史，並且成為兩個民族世世代代不可分割的根據。事實已經證明這不過是一相情願的神話。」

簡言之，吐蕃君王松贊干布有五個王妃，前三個是圖伯特人：芒妃芒薩墀嘉、象雄妃勒托曼、木雅茹妃嘉姆增；第四個和第五個都是外國女子：尼泊爾的墀尊公主、唐國的文成公主。吐蕃史料記載墀尊公主為王后，即「覺蒙」（Jo Mo），而文成公主卻在五位王妃的最後一個，稱「贊蒙」（Btsun Mo），泛指王室婦人，與「覺蒙」的地位依然有根本差別。松贊干布為五位王妃都建有佛殿或神廟，並與純正吐蕃血統的芒妃芒薩墀嘉生王子貢松貢贊，延續吐蕃贊普王統，與其餘四位王妃無子女。文成公主於六八〇年或六八三年去世，有文章寫：「關於文成公主的死因，二十世紀三〇年代我國古藏學者王堯先生在敦煌藏文獻P.T.960中發現了文成公主死於痘症（天花）這一重要線索，這與吐蕃文獻《拔協》一書記載相互吻合。」88

「金城公主死於天花，是有諸多史料記載的，敦煌文獻就有記載。」落[illegible]說。因從于闐邀請的和尚帶來的病毒，不只金城公主被染上，很多圖伯特人都被染上，檢索到相關文章提及金城公主七三九年去世，「于闐逃難僧人來蕃的時間可能是七三五年左右。這一時期，大批的外來僧人散居在山南、拉薩等地的寺廟內……」[89]「大約在外來佛教僧侶進入吐蕃三年後，發生了一次嚴重的天花大流行，金城公主本身也在這次的瘟疫當中喪命。支持苯波的大臣們，藉口這些僧侶是發生瘟疫的原因，就把他們趕出吐蕃。」[90]

金城公主可能是個脾氣很壞的任性女子。據夏格巴先生記載，她到吐蕃後諸多不順，日子過得很鬱悶，就想逃離，但無人助她，連輾轉得知她情況的皇帝都拒絕，還派信使送去措辭甚嚴的信，要求她「為了我和我的國家，你務須留住吐蕃。」結果她「心煩意亂，使吐蕃一些風水寶地受到破壞」，包括將連接布達拉宮所在的瑪波日山和甲波日山的地脈切斷，為的是要破壞強盛吐蕃的風水，這個遷怒發狂的動作不可謂不霸蠻。

之後或可能是贊普赤松德贊的指示，在斷脈之處修築三座白塔以示連接，正中白塔的空間猶如西大門，可供大隊人馬通過，被稱為「查果迦膩」（藏語發音「查果嘎林」，Drakor Karling），成了拉薩古城重要的地標之一，卻屢屢歷經死而復生：雖然在五世達賴喇嘛的時代維修過，並在塔頂連接了十三個法輪風鈴和經幡，但當滿清大將福康安入藏，恐此處風水強盛，用大炮將三塔炸平。之後雖又被藏人修復，但到了世事反轉的近代，先是毛澤東的軍隊穿塔而過，占地為王，接著在一九六五年轟轟烈烈地開展第一次「城市改造」時，三塔再次被推平。拉薩人民由衷懷念，以至於一九八〇年代出現了一首名為《白塔查果嘎林》的歌曲，由後來去往異國的著名歌手達珍演唱，傳遍整個雪域高

1903-1904年英國遠征軍進入拉薩時拍攝的西果岡林（Pargo Kaling），即三座白塔，被稱為拉薩的西門。（圖片來自 wikipedia）

原，至今仍常常聽到：「在布達拉宮的前面，有三座美麗的寶塔，風馬旗在風中飄揚，風鈴聲曾是那麼悠揚。啊白塔查果嘎林，三座萬眾鍾愛的寶塔；啊白塔查果嘎林，我像是見到了你的尊容……」到了一九九五，在又一輪拉薩城市建設中，三塔以水泥混凝土複製，中間塔的空間縮小，與南北兩座塔之間的馬路拓寬，屬於新命名的北京中路一部分，據說這三座複製塔並沒有舉行裝藏儀式，只是徒具其名。

關於金城公主的故事如今也是各種新編，已在文成公主劇場的旁邊新蓋了金城公主劇場，夜夜舞臺劇，歌頌這位「釋然大愛的吐蕃國母」、「為造福吐蕃百姓，她大力發展醫藥、興建水利、開茶馬互市」[91]的豐功偉績。不知道會不會頌揚她如何生下了民族團結的結晶（當然也是不足為信的民間傳說），如何催生了八二三年立於大昭寺前的「唐蕃會盟碑」[92]，但肯定不會提及銘刻於石碑上的這句名言——「蕃於蕃國受安，漢亦漢國受樂」，這可不是帝國需要的劇情，雖然是真實存在的歷史。

實際上，吐蕃與唐國並存的近三百年，除了「和親」及由此可見雙方的地位及關係，還有多次戰爭，但經常是唐國失敗，以至於需要多次寫信給吐蕃懇切求和，甚至還讓大詩人白居易代筆呢。據記載，在西元八〇八年至八一〇年，白居易數度受命，以唐憲宗皇帝的名義兩次致信吐蕃兩位宰相，要求歸還被吐蕃占領的地方和抓走的使者，又以唐國兩個邊疆軍事總督的名義分別致信吐蕃的兩位節度使[93]談及邊境事態，至少寫過四封信，「總計兩千一百個漢字遺留至今」，語言之生動，表達之懇切，堪稱感人肺腑。

比如以唐國皇帝的口吻這樣對吐蕃宰相訴說：「彼此不侵。雖未申以會盟。亦足以為和好。必欲覆信修誓。即須重劃封疆。雖兩國盟約之言。積年未定。但三州交割之後。克日可期。朕之衷情。卿之志願。俱在於此。……冬寒。卿比平安好。遣書指不多及。」大詩人也太不容易了，把滿腹詩才付諸於為國降和、代人捉刀的書信，又像是外交部發言人，這也是歷史上罕見的細節。

11 去漢地危險，從漢地來的呢？

王力雄寫過：「瞭解明朝與西藏的『貢賜』很有意思，也頗能反映歷史上中藏關係的本質，……自古以來的中國皇帝都把周邊『蠻夷』上貢當作統領萬方之象徵，以此滿足『天子』心態。明朝雖然內向自守，皇帝的這種愛好還是照樣有。然而既然明朝沒有採取大國擴張的態勢，也就不能產生對『蠻夷』的威懾，使『蠻夷』畏懼或有求於『中央帝國』，那麼能靠什麼保證其能自覺前來『上貢』呢？明朝採用的方法即所謂『厚賞羈縻』。」[94]

簡言之，蠻夷們朝貢什麼東西並不重要，那些地方特產竟還包括了酥油和氆氌[95]。

我的意思是，從圖伯特高原走到漢地京城，山重水複，千里路迢迢，哪怕日夜騎馬，也得需要太多時日，再新鮮的酥油包裝得再好，也會腐壞，再結實的羊毛織物，隨著各種細菌滋生，也會朽爛。連今天有飛機和高鐵運輸，酥油和氆氌也會變味。但「天子」無所謂，明太祖就說過：「其所貢方物，不過表誠敬而已」。那些味道強烈甚至已經發黴的土特產，天朝皇帝肯定看都不看一眼就給扔了。但是得禮尚往來呀，「對藏地來的朝貢者，明廷給予優渥接待。……一般來講，所有回賜皆遠高於貢品所值。對法王等親自入貢者，賞賜尤為豐厚。……在獲取厚利的吸引下，藏地向明廷『朝貢』的人數不斷增加。……每個進貢團動輒數百人乃至上千人，浩浩蕩蕩來內地免費『旅遊』，甚至出現『假名冒貢』的現象。甘青、四川藏區的『熟番』，也紛紛偽造印信，冒充烏思藏（衛藏地區）的『生番』進京上貢，參加到這種『貢賜貿易』之中。以至當時形成入貢者『絡繹不絕，賞賜不貲』的局面，給明朝政府造成很大的財政負擔。」

不過，明皇帝肯定不是冤大頭。研究明史和藏史的藏、漢學家艾略特・史伯嶺（Elliot Sperling）的文章[96]中就寫，明皇帝其實「注意到了吐蕃曾經給唐朝製造的種種事端。」另外，作為蠻夷的這方也不是只有酥油和氆氌，「西藏的馬（尤其是安多的馬）總是被漢地所珍視。明朝早期由於他們在北方的軍事行動特別需要馬。」也就因此有了茶馬交換，鹽、銀子、綢緞等與馬交換。

又如劉漢城著作中引《明史》記載[97]：「……有僧哈立麻者，……躬隨使者入朝。（永樂）四年……賜黃金百，白金千，鈔二萬，彩幣四十五表里，法器、裀褥、鞍馬、香果、茶米諸物畢備。其從者亦有賜。」第二年來又贈與許多厚禮。而「番僧」哈立麻，正是接受了明成祖贈號「大寶法王」的第五世噶瑪巴得銀協巴。不過五世噶瑪巴是明成祖專門邀請去的，這個需要說明。艾略特．史伯嶺引述藏文史料所記載的，明永樂皇帝致函五世噶瑪巴：「從前，朕在北方的時候就聽說了你的英名，朕想見你一人也。」《明史》亦寫：「帝聞烏思藏僧尚師。哈立麻有道術，善幻化，欲致一見。」五世噶瑪巴在南京住了一年零三月，為皇帝舉行了各種宗教儀式，確實留下了十分神奇的記載

無論是受邀進京還是主動「入貢」，顯而易見，在還沒怎麼領略到天花那可怕的威力之前，漢地就像花花世界強烈地吸引著各方蠻夷們。執著貪圖各種賞賜的「番僧」、「番人」們爭相奔向帝都，然後幸福無比地滿載而歸。結果那疏而不漏的果報，也就緩緩地隨後而至了。其中一個果報肯定是天花。大寶法王噶瑪巴得銀協巴正是染疫天花而圓寂的，儘管是回到藏地之後才發生。天花病毒是有潛伏期的，幾日、幾個月甚至更長。不只一位噶瑪巴是因感染天花圓寂的，前面提到十二世噶瑪巴到了蘭州後也罹患天花，但在噶瑪噶舉教派的傳承紀錄中找不到有關天花為死因的紀錄，是出於避諱嗎？

諸多歷史事件都已經證明，去花花世界是要命的。那不是花花世界，那分明是三界火宅啊！「三界無安，猶如火宅，眾苦充滿，甚可怖畏……」[98]然而我們的仁波切們以「我不入地獄誰入地獄」的大無畏精神前赴後繼地出發了，當然他們也都被後世弟子們美化成了為弘揚佛法付出了犧牲的菩薩們。好吧，偉大的天花痘症功德無量。

去漢地危險，那麼從漢地來的呢？會不會也帶來危險？

回顧瘟疫史上最著名的典型案例，即一四九二年哥倫布「發現」美洲，天花這種烈性傳染病便如大火撲來，「印第安人大批大批地死亡……他們的房屋成了他們的墳墓」。十六世紀，西班牙強盜不足五百人，卻滅了有著幾百萬人和輝煌文明的印加帝國，不是這幾百人多麼神勇，更不是幾百萬印第安人完全任其宰割，如今全世界都知道是天花病毒厥功至偉。對天花免疫的西班牙侵略者是帶菌傳播者，最大感染源，一路傳播，不戰而勝。在西班牙人到達美洲後的一個世紀內，兩千五百萬原住民只有六百萬活了下來，連威嚴的國王、富裕的領主和成千上萬的庶民全都悲慘死去。同時被消滅的有原住民的信仰和精神，因「這種極具差別的免疫力」給原住民的心靈震懾甚至超過肉體消滅，以至於倖存者大都改從了入侵者的基督教信仰。

人類歷史上類似故事很多，外來者往往自帶瘟疫而至。軍人、強盜、傳教士以及後來的奴隸和移民等，「都在這個微生物帝國主義的擴張中起著重大作用」。當然我倒不是說在圖伯特也發生過美洲原住民所遭遇的覆滅悲劇，畢竟沒有燃起過那麼決絕的瘟疫烈火，但也並非沒有發生過兇猛的火災，尤其是在天花病毒變異後的這四百多年來，所造成的災難需要重視、研究和討論，在此大致列舉歷史上的事例如下：

事例一，十七世紀蒙古軍隊和香客帶來天花：

這在前面有提及，即四世、五世達賴喇嘛時代，天花在許多藏地突然肆虐，這裡不再重複。

事例二，十八世紀滿清軍隊帶來天花：

夏格巴先生強調一七二二年，借護送轉世於康區理塘的七世達賴喇嘛到拉薩的機會，「滿洲皇帝的代表和駐防軍（四千人）第一次出現，……駐拉薩的中國官兵給百姓造成很大負擔，在拉薩市內不講清潔衛生，汙垢遍布」。這之後紛亂很多，發生了各種內訌與仇殺。為掌握攝政王權，貴族頗羅鼐邀請滿清援軍相助。一七二八年，「一位安班和兩千中國軍隊留了下來，……像洪水毀路一樣，開了中國官兵常駐拉薩的先例」，「究其根源，第一聲雞鳴似從那時開始叫響的」，隨之湧入的，還有諸如凌遲這樣的中國古老酷刑和木枷、搒等中國的古老刑具，以及圖伯特人無力對付的天花病毒再也沒有平息過，此時在西方旅行者主的記載中，出現了「在中藏爆發了天花流行疫」[99]的紀錄。有的傳教士很可笑，竟將疫病視為贏得圖伯特人改變信仰的良機，認為「傳教士把疫苗帶進西藏是可能的，這是擊敗喇嘛教的導火線。」[100]

事例三，十九世紀趙爾豐軍隊帶來天花：

清末駐藏大臣趙爾豐自一九〇五年率軍「平康」（即平定圖伯特東部康區），一九一〇年率軍開拔拉薩，企圖占領全藏，之後因中國本土的辛亥革命受挫，他被斬首。這個以「趙屠夫」在康藏等地留下惡名的劊子手，我曾寫過文章介紹他如何對圖伯特人實施血腥同化的各種「凌遲」事蹟，有興趣的讀者可從網上找到，這裡不再重複。我要說的是，當時有美國醫療傳教士阿爾伯特·史德文（Albert L.Shelton）在康地行醫兼傳教長達十九年。他目睹趙爾豐大軍入侵，屠戮當地人的殘酷，在日記中記錄了趙爾豐軍隊把僧侶與百姓，放進寺院煮茶的大鍋裡活活煮熟至死，然後餵狗吃；有的人被四肢捆綁於犛牛之間，受撕裂而身首異處；有的人被潑灑滾燙的油，給活活燙死。

除此，他還目睹凡侵略軍經過，天花也隨之爆發的慘狀。具有醫德與宗教悲心的他在巴塘開設醫院，不但救治了許多受傷者，還想法挽救染疫者。今有文章[101]寫：「史德文歷盡艱難、反覆試驗，終於成功研製出天花等疫苗，每批疫苗可使數百人受益。一九一八年秋，天花奪去兩百巴塘人的性命，但史德文及同事挽救了一千兩百條生命，凡願接種的人都倖存了下來。」而史德文接種疫苗的地方：「曾赴鄉城、鹽井（今芒康縣鹽井鄉）、阿墩子（今雲南德欽）、寧靜（今芒康）、昌都、道孚、白玉、甘孜、乍丫（今察雅）、德格、三岩等地」，都是趙爾豐軍隊掠殺之地。

趙爾豐卻假裝善人，或者說他是為漢地來的移民著想，正如粉飾他的漢人文人寫：「關外醫藥素不講求，痘症為害尤烈。邊民疾病夭亡，無不束手坐視，情狀可憫。現在振興諸務，內地人民，遷往日多。而軍人衛生一事，尤應注重。爾豐出關之始，即在內地廣購各種藥品，訪聘良醫，並專精痘科醫生，厚給薪資，分赴巴塘、理塘、鹽井、鄉城等處，各設醫藥局診治施藥，半年以內，全活無算。」[102]

土登彭措在《藏區傳染病簡史》一文中提到他的老師、一位薩迦派高僧講過，在故鄉德格有個叫八塢的牧村，曾有八十戶，但「到了十九世紀下半葉這裡發生了許多爭端與衝突，並爆發了天花和麻疹。至今我們沒有辦法完全知道疾病是如何爆發的，我只是記得到了一九五七年地方民主改革的時候，昔日的『八塢八十稅戶』只剩下僅僅二十戶了。」由疫病時間看，應該與趙爾豐大軍入侵有關。

事例四，一九三五、三六年紅軍經過藏地帶來天花：

據中共黨史文獻[103]，包括天花在內的九種疾病，「在中央蘇區時期也顯得比較突出，……呈現出集中暴發之勢，波及的範圍很廣」，甚至毛澤東還在大會上專門講：「許多人生瘡害病，想個什麼辦法呢？」當中共紅軍開始著名的兩萬五千里長征（又被稱為「丟了根據地四處流竄」）時，一路上或傳播天花，或遭遇天花流行被感染天花，又繼續傳播天花。甚至紅軍到了延安後還有此病，連美國記者愛德格・斯諾去採訪毛澤東之前都要打疫苗[104]。

實際上，當年在飢寒交迫中逃亡的紅軍經過安多和康區，因搶食寺院供品，被藏人稱為「撒瑪」（意為吃兵），並且帶來了天花等傳染病，如若爾蓋佑寧寺和德格一座寺院的僧侶都因此死了不少，倖存者留下了滿臉的麻子。紅軍邊逃邊扔下自己的傷病員，其中就有患天花的男女，而這些病人又成了在當地的感染源，使得被傳染的藏人死亡不少，活下來的人除了麻臉，還有爛了眼睛或鼻子的殘障。多年前我曾在甘孜州的《甘孜報》當記者時就瞭解到，當時被遺棄的女紅軍最慘，受盡磨難，最後竟有連漢語也不會說的。

事例五，一九五〇年代隨解放軍入藏爆發天花：

ＣＣＴＶ二〇一一年七集紀錄片《戰痘記》的信息量很大，其中有中共在延安時期為士兵接種牛痘預防天花的影像紀錄；一九四九年在北京和一九五〇年在上海發生大規模天花流行；一九五〇年八月，北京開會對天花等傳染病制定「要預防為主」的方針；一九五〇年十月，周恩來簽發「關於開展秋季種痘運動」的指示，等等。

隨中共軍隊入藏，藏地許多地方突然流行天花，當地縣誌都有記錄。如《德格縣誌》寫：「一九五四年三月，中扎科鄉流行天花，染病四百餘人。」[105]藏地的鄉不同於漢地的鄉，四百餘人可能就是全鄉所有人或差不多是。一個同濟大學醫學院畢業生於一九五二年秋進藏，正值「拉薩市天花流行……一時間在藏胞中，談此病色變，非常恐慌。……在帳篷內外，處處躺著滿身滿臉都是膿皰疹的患者。……我們到後，給當地藏胞普遍接種，牛痘疫苗不夠時，還緊急從印度和內地購買大量牛痘疫苗」。[106]

隨中共在西藏的首腦張經武進拉薩的徐樂天是「不用穿軍裝的官員醫生」，據他的口述：「一九五一年以前，拉薩有醫療機構，一個是醫藥寺院，在拉薩有個甲骨山（應為夾波日），就在布達拉宮的右邊，山頂上有個寺院，有醫藥喇嘛。還有一個叫門孜康，門就是醫藥的意思，孜是天文曆算，康就是房屋、居所。門孜康我去過，它有兩個負責人，主要負責人是個四品官，叫欽繞諾布，他也種痘，但有的人種完痘以後，都腐爛、化膿了。……色拉寺有一位地珠活佛，我們到他那兒去過兩次。他沒種過牛痘，有一次在天花流行之前，我們去給他種痘，……尤其是在一九五二年的春天，拉薩流行天花，有些沒有種過牛痘的老百姓感染天花以後，往往是那種爆發性的，嚴重的時候就出血、高燒，這種情況當時不容易治癒，也遇到過死亡的情況。」

圖伯特人對於天花的畏懼是根深蒂固的，眼看著雪域之外的軍隊進入自己的家鄉，聲稱是來「解放百萬翻身農奴」的，一定很困惑。而當天花爆發，外來者毫不在乎，完好無損，本地人卻接踵中招，紛紛倒下，須得仰賴外來者的醫治才可能療癒，這個事實又會帶來怎樣的精神衝擊呢？王力雄在《天葬：西藏的命運》書中提出「神界輪迴」的說法，並闡釋道：「誰能推翻已經被藏人在千年時間奉為神聖天理的前提呢？那必須是一個遠比舊神更強大的新神。新神必須能把舊神殘暴地踩在腳下，然後不容置辯地宣布一個新紀元開始，公布一套新天理，實行一套新的獎懲規則。藏人才會敢於把原本對傳統宗教的『願意』變成不願意。中共恰如其分地充當了那個新神。」

所謂新神替代舊神，所謂「神的轉換」，是不是也有天花等疫病的功勞呢？《瘟疫與人》書中就登陸美洲大地的天花與歐洲人所取得的勝利，使得美洲印第安人陷入迷茫與絕望，「唯一能做的可能就是對西班牙征服者的屈從了，不管他們的人數如何之少，也不管他們的行為如何殘暴和卑劣。結果是西班牙人勝利了，原住民的權威崩潰、諸神讓位。」或許我的這種比較有點牽強，但應該還是有一定的道理，至少可以將其看做是個隱喻。當隨著全世界對於天花的預防和治療不斷進步，毛澤東的「新中國」也全面實行種痘防疫，才算終結此疫「送瘟神」，那已是一九七〇年代末。

12 我阿媽回憶跟天花有關的往昔

我阿媽是故事大王，講起童年往事繪聲繪色，這跟藏語中的象聲詞太豐富有關。她給我講過無數遍怎麼種痘、怎麼躲天花、怎麼治痲疹，說明往日的這類驚險讓她無法忘卻，好在都是有驚無險，所以除了不時感嘆，常常笑個不停。

第一個故事：躲天花

記得是七、八歲的時候突然天花來襲。母親是一九四三年生的人，那麼就是一九五〇年或五一年。伍佑一帶死了很多人。「拉仲來了！拉仲來了！」莊園裡那些沒有種過痘的孩子都被傳染了，母親至今記得有一戶人家的孩子很多，全都傳染了，臉腫得很大，亮亮的，像透明的大水泡，一個個有氣無力地坐在門口晒太陽，可能是祈望強烈的陽光殺死病毒。

當時舅舅在拉薩念書，不用管。家裡就把我母親和我大姨送到了我外公同母異父的姊姊家，就是那個跟僧人相戀被我曾祖父趕出家門的前尼姑。兩個犯戒的男女只能落腳附近的山谷，不准回家，但我曾祖父還是慈悲，不僅給蓋了一幢兩層房子和一間很大的嘛尼拉康（樹立大型轉經筒的房子。轉經筒通常為金屬圓筒，內裝佛經），還給了牛羊和僕人。

我阿媽至今還記得那個美麗的山谷，是在伍佑宗的裡面，沿山溝往上走，就豁然開朗。山坡舒緩，植物茂密，各種花朵怒放。除了姑姑家，周圍一戶人家也沒有。一隻眼睛有點斜的姑姑很能幹，會做奶渣、奶皮、乳酪，都好吃得很。她的丈夫還俗後成了商人，去印度噶倫堡帶回很多東西。他們有兩個子女。

我阿媽和她姊姊喜歡跟著僕人去放牧，在湯古（羊皮做的糌粑口袋）裡放上糌粑、酥油、奶渣、風乾的犛牛肉，帶上印度的糖果和餅乾，可以在草地上玩一整天。草地上開的淨是花。兩個小女孩跑來跑去地瘋玩。有一次玩餓了，想吃糌粑，才發現糌粑口袋被犛牛咬爛了，拌好的糌粑也被犛牛吃完了，只找到一、兩根風乾的犛牛肉，就很捨不得地吃著，正在吃，突然從天上撲來一隻冰迴瑪（即黑鳶或雕），像烏鴉，但不是烏鴉，烏鴉是黑黑的，也不是恰規（即禿鷲）即鷹鷲，沒那麼大，但也嘎嘎地叫，其實是梟。這個冰迴瑪從天而降，一把從我阿媽的嘴邊搶走了乾肉不說，還用翅膀啪地打了她一耳光。據說冰迴瑪都是這樣的，搶了你的東西，還要狠狠地打你一下。

「冰迴瑪多大的勁啊。我的臉一下子腫了起來，連眼睛都腫了，還火辣辣地燙。我嚇

我阿媽的家鄉。（唯色 2000 年拍攝）

壞了，傻傻地看著它飛遠，才哇地大哭起來。」我阿媽很生動地回憶著。「那天太倒楣了。湯古被犛牛咬了，糌粑被犛牛吃了，乾肉被冰迴瑪搶了，還被牠打了一耳光。我們直到天黑了才回去，生怕姑姑看見我的臉。從那以後，我們再也不提要跟著僕人去放牛放羊，就乖乖地在屋子裡待著，在門口晒太陽。」

兩個小女孩開始想家了，經常坐在草地上望著家的方向掉眼淚，遠遠見到山坡上過來一個人，就很開心，以為家裡派人來接了。但天花沒有結束，她倆怎能回山？等到終於接回家時，整個夏天都在山谷裡度過了。而整個伍佑冷冷清清的，那個本來有很多孩子的家，居然都沒有孩子了。整個莊園活下來的孩子很少，臉上布滿了難看的麻子。

第二個故事：種痘

可怕的天花結束了，但不知下次什麼時候再來，那麼就需要種痘。記得是第二年，敏珠林寺的丹貝卓美仁波切（又叫查江喇嘛）來莊園給孩子們種痘。其實這位仁波切是我外公同母異父的兄弟，會醫術。

母親和她姊姊都是仁波切種的痘。喔不對，是他的助手、另一個喇嘛醫生給種的。他則給不是親戚的孩子種了痘。好像相互是親戚就不能種痘，有這樣一個禁忌，可是為什麼呢？我阿媽不知道。她只知道藏醫種痘跟西醫種痘（是的，她的三個孩子叫我和弟妹就是西醫種痘）完全不一樣。先是用刀在胳膊上——女的是左臂，男的是右臂，這個也有區分——劃個十字形的口子，再往傷口上倒點黑色的藥粉，什麼藥粉也不知道。再把桃核，是的，山桃子的桃核分成兩半，其中一半扣在灑有藥粉的傷口上，用乾淨的布包紮。然後，這樣種了痘的孩子就得去水磨糌粑的磨房裡待一會兒，水磨糌粑的聲音響徹磨房，據說能讓藥力發出來，這可真的是很奇特的醫療，卻是有效的，凡如此種痘的小孩子以後都沒被感染過。

當時有點疼，比有點疼還疼些。我阿媽是那種比較嬌氣的女孩，眼淚汪汪地聽著水磨糌粑的聲音。幾天後可以把布解開把半截桃核扔了，留下一個疤，形似桃核。但我阿媽不同意。她得意地亮出豐滿、白皙的左臂說：看，很好看吧，像朵花兒。自從種了痘之後，這裡再也沒有爆發過天花。

這位會種痘的仁波切在一九五九年被定罪「叛亂分子」關進監獄多年，獲釋後在西藏自治區社科院做了研究員，獲得了高級職稱。據說他很有學問，尤其對梵文貝葉經有研究，還寫書。但我沒有見過他，因為母親家有一些複雜糾結的家事彼此沒有往來。他病故前，我認識的一位寧瑪派仁波切被請到他家去給他修頗瓦，但仁波切說，對於這位敏珠林寺的祖古，不需要我來幫他修頗瓦，我只在他耳邊念幾句咒語就可以了。網上檢索不到他的更多訊息，只有一篇介紹梵文的報導提到過他，全名是藏珠・貢桑丹貝卓美。

這裡要插個相似的故事，是在《天國之花》這本書裡讀到的：十八世紀初，被稱為蒙塔古夫人的英國女子，隨赴任土耳其做大使的丈夫去了君士坦丁堡，發現當地人接種預防天花的方法很有效，就給倫敦的朋友寫信說：「……做手術的老婦人便會拿一隻盛滿最好的天花毒素的果殼，……用針頭把盡可能多的毒素送入血管，然後用一小塊空貝殼將小傷口夾合起來。……選擇的血管通常是在腿上，或者胳膊的隱蔽部位……第八天後，他們開始發燒，於是他們會在床上度過兩天時間，極少數人需要三天……目前並沒有接種者因手術死亡的先例。」很有趣，土耳其人接種疫苗也用果殼或貝殼夾合傷口。

第三個故事：治麻疹

我阿媽八、九歲的時候，騎馬跟著懷孕的母親去了她的母親家，即貴族擦絨，德慶巴家生孩子。是在日喀則附近的拉日，一個很舒服的地方，有連綿的草坪，小山不高，下雨後孩子們都跑去撿蘑菇。

「嬤啦（外婆）給阿媽啦每天做很多好吃的，我忍不住說：啊嘖，能吃這麼多好吃的東西，讓我生多少個孩子也是願意的啊。大人們都笑了。但是生孩子的時候不能待在家裡，因為嫁出去的女兒在娘家生孩子的話會讓家裡的央（福報或運氣）流出去，所以阿媽啦是去看不見娘家房子的鄰居家生的，不遠，拐個彎就到。有一天早上我和阿佳（姊姊）醒來時看見了妹妹白瑪，塌鼻子，臉也扁平，鼻孔就像兩個羊糞蛋。我們倆去告訴嬤啦，說生下的孩子只有兩個羊糞蛋鼻孔，嬤啦生氣了，說能生下孩子已經不容易了，還說什麼羊糞蛋。

「不久爸啦來接我們，我們騎馬路過日喀則，住在嬤啦的娘家貴族雪夏家。第二天去扎什倫布寺朝佛，遇上羌姆[107]法會，戴著面具的古修啦[108]手裡舉著金黃色的察魯瑪（橘子）跳來跳去，我盯著那個橘子直嚥口水，但古修啦並沒送給我吃。」這個貪吃的小女孩啊。

「那時正流行絲比（麻疹），我和阿佳都被傳染了。」母親指著眼睛說：「阿佳的黑眼珠上長了幾粒白色的東西，差點就瞎了。爸啦就把我們關在光線很暗的房間裡不讓出門，過了兩天請來了一位喇嘛藏醫，他在瓷碗裡很珍惜地倒了一點點聖水，顏色是黃的。又將幾粒不知道是哪位大仁波切還是護法神加持過的青稞粒蘸上聖水，然後一邊念咒一邊在我們的眼皮上抹來抹去，又把青稞粒放在聖水裡，又這麼在我們的眼皮上來回抹一抹。我們緊閉著眼，心裡很緊張，但第二天這個病就好了。」

第四個故事：北夏波紮西啦的鼻子

北夏波紮西啦是一個與母親家沾親帶故的人。北夏是他的家族房子名。波紮西啦，即紮西爺爺的意思，加上「啦」表示尊稱。母親小的時候，他常常來家裡做客，與我外公有說不完的話喝不完的茶。

莊園裡的孩子們一見到他都興奮得很，樂顛顛地圍攏過來。這是因為身材高大的北夏波紮西啦有一個碩大的鼻子，而他的鼻子很神奇，有幾個深深的窟窿，其實不止是他被天花摧殘過的標誌。他何時患過天花不清楚，但他活了下來，只是鼻子穿孔了。對於個頭矮小的孩子們來說，他那巨大的鼻子就像高高的山洞，每天都會升起的太陽總是會將一束束光線投擲過來，穿過好幾個洞口，射入洞穴，格外地明亮，且隨著他的移動不停地變幻，連根根鼻毛都明耀可見，像顏色深淺不一的植物。孩子們迷戀他的天花鼻子，歡呼雀躍，他倒是不生氣，而是佯裝生氣地驅趕他們。孩子們就給他編了一首歌謠，一遍遍地唱，直到今天我阿媽啦還會開心地唱：

「這個叫北夏波紮西啦的人啊，他啊他，把孩子的阿媽尊貴的夫人扔棄了，跟另一個女人住一塊兒了，他倆吵架快分開了，沒有比這更倒楣的了，沒有比這更倒楣的了。」

在清脆的歌聲中，孩子們跑過來跑過去，圍著他轉過來轉過去，踮起腳尖蹦蹦跳跳，就為的是看北夏波紮西啦被陽光穿透的天花鼻子。他們的小手還搓著下巴，表示該，活該，又假裝很害怕地作鳥獸散，這些壞孩子啊！

13 我沒心沒肺地打了疫苗

六月初，在北京的一個開始炎熱的日子，鑑於打算在八月返回三年未能回去（原因有二：禁令與疫情）的拉薩，還須繼續防疫，我去附近的疫苗接種點打了疫苗。整個過程顯得沒心沒肺的，我連胳膊上倏忽打進去的是什麼疫苗都忘了問。第一針疫苗，毫無任何不適。二十天之後，打第二針疫苗，才想起問穿白大褂的女子這是什麼疫苗。「科興，」白衣女子京腔十足地回覆。我倒也不懂這疫苗有什麼特別，但如果被別人問起，總可以給出一個明確的答覆。不過這次覺得困倦，乏力，好像還有些發燒。我於是心安理得地睡了幾個小時，然後看了一部懸疑驚悚英劇，連看六集也實在是缺乏自制力。

從去年二月到現在的疫情足夠漫長，封閉防疫的日子每一天都相似雷同，仿若時光靜止，我亦以緩慢的方式一邊閱讀相關文字，一邊寫著相關文字，包括詩歌與這篇文章，就像是一種欲對瘟疫深入瞭解的共處方式。而這樣的方式讓我漸漸悟覺到：這個世界既不是平的，也不是彎的，而是圓的。沒錯，世界是圓的，就像寺院門口繪畫的斯巴括洛[109]那麼圓。人類瘟疫史上的瘟疫們，由天花到新冠，無非是換了個面孔又來了。

霍普金斯說，天花這種古老的病毒可能捲土重來，但「將不再是一種自然爆發的疾病，而是被有意用作一種生化武器」、「假如天花變成一種生化武器再度為禍人間，我們都將難於倖免——到時不論你的出生地、居住地、財富還是所受教育，都不能庇護你」。當然這不是說今天的新冠就是天花的變異，未來會不會如他所說誰也不知道，人們只要不健忘不失憶就是幸運，但如果一定要健忘與失憶，那也沒辦法，那也是因果，我自然沒有更多的話可說。

前面說過，我只是因為受到大流行的影響才產生了對天花的興趣，卻不由自主地拐入了歷史的那些幽暗小巷。小巷處處布滿深坑，最終形成無底深淵。我倒不是說有誰掉入了深淵，只是在穿梭於小巷時，會發現許多重要的地理座標的說明都被修改了，改的幅度還很大，稱得上是面目全非，以至於關於小巷的故事整個是深淵。當我看清這一點，只有一個願望：想知道正確的故事是什麼樣子的。

最近看了一部美國紀錄片《苦艾》（*Wormwood*），大致講述的是權力機構出於宏大理由，而令同袍將質疑者／立場不堅定者祕密處決，被殺害者的兒子畢生投入對真相的尋找中，別人都惋惜他浪費了本來可以很精采的人生，但他認定自己失去的是無價的，所以付出的犧牲肯定是無限的。他執著地說：「正確地敘述這個故事是很重要的。」一個獲得過普利茲獎卻並不肯公開這個真相的記者說，也或者，被權力者有意識地改編這個故事的過程，已經成了整個故事的一部分。

也因此，如這篇文章所寫的，就像我和在歐洲孜孜於研究的落藏永旦的探尋，僅僅是想知道這個故事的真相而已：六世班禪喇嘛洛桑貝丹益希到底死於天花，還是死於誤診，還是死於政治暗殺？或許他死於什麼之手可能不重要。重要的是地點。有些人會認為他死得其所。有些人則會認為他死得不得其所。無論「得其所」或「不得其所」，他千里迢迢赴死於北京這個事實，已經足以為後來的諸多變局，以及今天的、未來的覆水難收，提供了必要的也是無法逆轉的開局。

死於什麼不重要。怎麼死的也不重要。那個最終得知父親死亡真相的兒子悲傷地說，「這就像苦艾，怎麼樣都是苦的。」唉，洛桑貝丹益希這個圖伯特人太善良了，面對那個世間法的經驗遠遠超出他無數倍的偽善長者，從始至終說不出一個「不」。過於善良意味著愚蠢啊，不但陪葬了無可挽回的無價之寶，連自己的本來面目也在迄今仍在進行的凌遲中滿地血水，這也太悲慘了，我想哭。

讓我試著繼續思考：當六世班禪喇嘛踏上了去往「汙穢之沼」的長路，抵達北京後被具有隱喻意義的天花病毒殺死，這實際上成了一個寓言。天花病毒在圖伯特與中國、在喇嘛與皇帝之間充當了神祕的、可怖的角色，哪怕班禪喇嘛的死很有可能與它無關。更何況，若按照《四部醫典》對於疾病的解釋，類似班禪喇嘛這樣一個「身如白蓮，無垢」的偉大修行者，是完全能夠做到不讓病毒近身、侵身的，又何以會被象徵五毒的疫病奪去生命？

宗教還有另一種解釋，這在圖伯特的民間故事中有很多。比如一個流傳甚廣的故事說，康區的一位仁波切在靠近中國的邊境達折多[110]時，「一場可怕的天花，流行席捲該地居民，多珠千試圖平服傳播疾病、似蛇的龍族，但是沒有成功。但由於他的菩提心和自他交換（也就是將自己置身於他人之地）的神奇力量，他自己承擔了這疾病，以期能壓服這場瘟疫。」[111]不久他以一位大圓滿成就者的方式，代替染疫眾生往生了。

因出於利他而主動感染天花、自我犧牲，這當然是菩薩才有的悲心行為。我深信有不少高僧大德具有如此非凡的願力和行動。但如果把六世班禪喇嘛在一個特殊的地方，以特別的方式突然離世，也給予這種解釋的話，會不會是某種粉飾或自我安慰的說辭呢？會不會反而因此遮蔽了事件的真相呢？不過這樣的揣度似乎遠離了我寫作此文的本意，我身為一個佛教徒也似乎應該認可這樣的解釋。猶豫良久，我還是覺得更應該以一個知識分子的身分，對歷史事件做出自己的分析和判斷是合適的。實話說吧，在交織着政治風暴的歷史上，六世班禪喇嘛等諸多高階喇嘛，總是對某位「功德主」抱的幻想太多了：並非會送很多大禮包，會說很多「扎西德勒」，會畫很多幸福藍圖，會許很多宏大願望的，就是文殊菩薩的化身。持有利劍和經書的文殊菩薩，不可能變成政治權力高於一切的獨裁者或暴君。把他畫在再多的唐卡上也不可能改變這個事實，反倒是主動取悅深謀遠慮的「功德主」的動作太大，最終卻失去了自己的一切。

另外，還有一個很關鍵的問題是，像天花這樣的長達三千多年肆虐人間的恐怖瘟疫，如今真的就戛然而止了嗎？天花形成的陰影或對天花的恐懼，會因為今天已經根除了這種疫病就煙消雲散嗎？難道不會形成集體記憶，潛入人類的記憶基因，代代相傳下去，變成某種伴隨一生的、類似業力這樣的「隱現的存在」嗎？一位祕魯裔女作家以三位當代拉美人的經歷為線索，以銀、劍、石作為拉丁美洲的三重烙印，講述拉丁美洲充滿暴力與不公的千年歷史，當然被西班牙殖民者帶去的天花瘟疫是滅頂之災的最大助力。我讀她的著作時的震撼無需贅言，更被深深觸動的是書中這段話[112]：

「對於經過數百年歷史形成的思維方式，人類學家有一個專用名詞，叫『跨代表觀遺傳』（transgenerational epigenetic inheritance）。……它關於社會環境能對整個一代人或一個族群產生生物學影響的主張有著廣泛而深遠的意義。……父母當中的一人遭受暴力，其影響會遺傳給胎兒，例如，大屠殺或種族滅絕行動能對未出生的胎兒產生長久的影響。家庭暴力和戰爭也有同樣的效果。那麼，對於經歷了充滿暴力的歷史，至今仍生活在殘酷與流血的遺產中的人民，這意味著什麼呢？」

由此及彼，聯想到天花以及天花之類的災難，同樣會給人類造成「跨代表觀遺傳」似的影響，如同某種無法擺脫的宿命般的詛咒，實際上我們今天到處都可以看到，以至於遠遠近近有那麼多的哭泣和哀號此起彼伏，而這樣的思考和經驗或可能成為另一篇文章的主題，不過我寫這篇文章已經寫得有點累了，更想寫詩或寫朝拜聖山的朝聖日誌之類，那是我更喜歡做的事。

14 與天花有關的讀書筆記

為了寫這篇文章，我讀的各類書籍堆滿了書桌右邊的窗臺，每每瞥見都會自我感動一下，覺得自己很用功。還做了幾則讀書筆記，自忖不如放在結尾，當作給讀者的小小福利吧（一笑）：

第一則：

一七七四年，二十八歲的蘇格蘭人喬治・波格爾（George Bogle）作為英國東印度公司的代表入藏，除了要瞭解貿易狀況，還要瞭解「與西藏有關的實情及中國和韃靼（俄國）的情況」[113]。他第一次見到六世班禪喇嘛是在一座小寺，「班禪喇嘛將其行宮遷移至此，以躲避日喀則及扎什倫布地區天花流行。」班禪喇嘛「彬彬有禮，滿臉帶笑」，用印地語與他交談，兩人結下深厚友誼。之前，班禪喇嘛用波斯文給東印度公司的總督寫過信，調解他們與不丹的糾葛。

總督要求波格爾在入藏的「每一個停歇點種植土豆」，他給班禪喇嘛送的禮物也有土豆。這是土豆首次引入圖伯特。土豆原產於南美洲安第斯山區，被西班牙殖民者帶走，再由傳教士傳布到全世界。土豆很快成了圖伯特人民超愛的食物，「出現在拉薩的集市上」。而且日喀則土豆最好吃，我愛母親故鄉附近的艾瑪岡土豆。哈，這土豆也是某種隱喻啊！

波格爾對班禪喇嘛做了十分自然的描述：「大約四十開外，身材矮小，算不上臃腫，但偏胖。」「他的膚色比大部分藏人的膚色要好。他的雙臂像歐洲人那樣白。他的頭髮烏黑發亮，剪得十分短。他的眼睛又黑又小。」「令人愉快，性情溫和，好奇心強，非

六世班禪喇嘛在扎什倫布寺接見喬治·波格爾的油畫，1775 年繪。（圖片來自 wikipedia）

常聰明」，「他的見解毫無偏見，十分博大。……他溫和的性格，思想傾向，他的善良及富於人情味都決定了他厭惡流血殺戮和戰爭。在所有的爭吵中，他進行的調解帶來了和解。談話中，他十分坦誠，爽直，絕不使用恭維、讚美之辭。如果有人對他阿諛奉承，他也十分厭惡。」等等。

班禪喇嘛告訴波格爾：「我們的一邊是中華帝國，另一邊是強大的印度帝國，第三方是沙俄帝國。」說自己「只是一名僧人，而不是王，我對戰爭一無所知。除了誦經和向神佛祈禱之外，我什麼也不幹。」但是，聽命於乾隆皇帝的攝政王，即那個原本普通的格西喇嘛諾門汗，卻把波格爾看做間諜，給班禪喇嘛帶來許多困難，「我還得與攝政王的嫉妒及拉薩一些人進行鬥爭。……他們仍對你長時間留在我身邊感到不安。」而這，會不會也成了班禪喇嘛死於北京的一個因素？甚至可能還是一個主要因素，畢竟滿清對西方帝國的警惕和排斥是很深的。事實上滿清皇帝早就對西方人的進入有焦慮了，無論是傳教士還是商人。據說康熙皇帝說過一句話：「朕擔心在未來的某個時間，中國會因為這些西方國家而陷入十分被動之中，這是朕的預言。」[114]只不過班禪喇嘛這個圖伯特人並不知道。

班禪喇嘛送給波格爾漂亮而溫暖的藏袍、帽子和長皮靴。還讓自己的妹妹與波格爾成婚，「這一婚姻在他與班禪喇嘛的關係上產生了重大的影響。」但不知為何，「官方編他的文件時，有關其藏族妻子的內容被刪掉了。」有兩個女兒，「在蘇格蘭撫養成人並接受教育。據黎吉生[115]的說法，兩個女兒都嫁給了蘇格蘭人。波格爾漂亮的後代一直生活至今。」

波格爾是第一個訪問圖伯特的西方外交官。他的旅行日誌在西方很受歡迎，記錄了獨屬於圖伯特的諸多風土人情和習俗文化。更重要的是介紹了六世班禪喇嘛在三十八歲撰寫的宗教地理著作《香巴拉指南》，啟發了後來不少人，包括俄羅斯神祕主義作家尼古拉斯・洛里奇（Nicholas Roerich），認為班禪喇嘛掌握的有開啟隱蔽天堂的鑰匙。對於藏傳佛教修行者而言，香巴拉是古老經典中記載的理想世界，為時輪金剛的淨土。

六世班禪喇嘛也是最早接觸歐洲人的圖伯特學者。他的學識、內在經驗與遼闊視野遠遠超越今人對圖伯特喇嘛的偏見印象。他甚至寫了一系列關於歐洲的筆記，包括地理、風俗、建築、法律、戲劇等等。他認為香巴拉或許就在歐洲的方向，而這恰恰與西方人對於香巴拉在圖伯特的理解迴異，這就像是某種有趣的文化錯位。班禪喇嘛絕不是偏遠地方的小人物。他會波斯語、印地語、蒙語等，與印度諸王、尼泊爾王、不丹王及乾隆帝都有書信往來。他原本還有一個想法，從北京回來後要修改《香巴拉指南》，不料卻被北京的「天花」奪命，而他的一些著作和信件，包括存放他的遺骸的金色靈柩，一直保存到一九六六年的夏天為止，全都毀於文化大革命「破四舊」的熊熊烈火之中。

波格爾在日喀則住了近半年才離開，他與班禪喇嘛分別時都很傷感。班禪喇嘛送給他麝羊等珍奇動物及他渴望已久的西藏地圖。不幸的是，波格爾也死得早，三十五歲在加爾各答死於霍亂。在他去世的前一年，六世班禪喇嘛在北京喪生。聞知噩耗，波格爾寫道：「我深為我的朋友班禪喇嘛的過世感到痛惜。我真心喜歡他，他那胖胖的手放在我的頭上將會再次使我感到愉快。」

臨別前，波格爾寫下這樣一段感人至深的話：「告別了，你們這些高尚、淳樸的人民！祝願你們能永享其他諸國人民不能享受的快樂。當敵人無止境地追逐貪婪與野心之時，願你們憑藉高山屏障，永久生息在和平滿足之處，除自然條件外無所謂需求。」

第二則：

班禪喇嘛被認為是無量光佛的化身，他的這一轉世傳承的確立，是五世達賴喇嘛出於對自己老師的尊敬和感恩而親手建樹的。但遺憾的是，一直以來被他人利用，在格魯派系的兩個最高領袖之間製造分化，來達到自己的目的，正如塔澤仁波切所寫：「西藏人都知道一個古老的傳說，傳說告訴人們在兩個化身之間當然會出現毒蛇。」[116]

圖伯特人對自己喇嘛的描述都是崇敬備至的，竭盡美化的。所以當六世班禪喇嘛在去北京的路上，安多拉卜楞寺寺主嘉木央仁波切（也是六世傳記作者）帶著藏醫趕來見他，並為他的數百隨從在阿尼瑪卿和阿拉善兩次接種天花疫苗，卻被班禪喇嘛拒絕接種，結果數月後死於所謂的天花疫病，為此，另一位安多喇嘛在著作中並未批評任何人，更沒有質疑班禪喇嘛的決定，只是懷著痛苦說道：「責怪這個末法時代眾生福報不夠。這當然是一種佛教的觀點，暗示班禪喇嘛等喇嘛的轉世是為了救度眾生免於痛苦，但在這種情況下，眾生卻沒有足夠的功德來確保他留在世間。」[117]

所以，那位來北京祝壽乾隆皇帝的朝鮮代表團隨行作家，用中文對六世班禪喇嘛近乎白描的紀錄[118]，雖然多有不恭，但真實性是有的：

「殿中北壁下設沉香蓮榻，高及肩，班禪跏趺南向坐。冠黃色氊氀，有鬣，狀似靴，高二尺餘。披織金禪衣，無袖。袪掛左肩，圍裹全軀。衽右腋下露垂右肩，長大如腿股而金色。面色深黃，圓幾六七圍，無髭須痕。懸膽鼻，眼眉數寸，睛白，瞳子重暈，陰沉窅冥。

「余俄視金瓦日烘，入殿中，宇閣沉沉。其所披著皆織金，故肌肉色奪深黃，類病疸者。然大抵有金色而膿腫蠢蠕，肉多骨少，無清明英俊之氣。

「語響殿宇，如呼甕中，微笑頫首，左右周視，眉見皺蹙，瞳子半湧，睫裏細開深流，類視短者，睛底益白而暖靉益無精光。

「類如來尊者像也。」

只是我淳樸而熱情的班禪喇嘛在與朝鮮使團第一次見面時，贈送給他們的禮物，「銅佛、氊氀、哈達、猩猩毯子、藏香等物」，卻被崇信儒教的朝鮮人鄙視，「卻之不恭，受又無名」，出門就隨手給了翻譯：「以其幣物盡給譯官。諸譯亦視同糞穢，若將焉。售銀九十兩，散之一行馬頭輩，而不以此銀沽飲一杯酒。」這可真讓人生氣！

第三則：

確實應該多讀書，多讀基於各種視角的書。不然羈留一隅，偏聽偏信，卻毫無知覺，這種慢性症狀會病入膏肓的。比如十年前我去過熱河，還寫過兩篇所見所聞，開頭即寫：「我一直想去承德，不是因為那裡有清皇帝的避暑山莊，而是因為有清皇帝給其佛法上師達賴喇嘛和班禪喇嘛修建的行宮，俗稱小布達拉宮和班禪行宮。」是的，與很多人一樣，我也相信乾隆帝是出於接待兩位喇嘛上師的用意，在異鄉修蓋跟他們在故土一樣的宮殿寺院，就像是回到家裡一樣，以示無微不至的關心。當我看見今已辟為旅遊景點的這兩處，僅僅是感慨「這兩座與藏傳佛教有關的皇家家廟，其藏傳佛教資源被開發得淋漓盡致，甚至有假扮『西藏師父』來騙錢的漢人」，對商業化激發的貪欲做了批評，但對背後的故事並沒有更深刻的認識。

因此，當讀到一位法國學者的著作《停滯的帝國：兩個世界的撞擊》[119]深受啟發。其他不論，畢竟此書五十多萬字，主要關於一七七三年英國使節馬戛爾尼攜使團來到北京，在熱河得到乾隆皇帝的召見，因馬戛爾尼不肯「叩頭」，乾隆帝盛怒並驅逐，成了具有象徵意義的歷史事件，對後續系列歷史事件也產生重大影響，等等；其中這幾段描述立刻觸動了我的承德記憶，有一種「沒錯，說得太對了」的恍悟和強烈回應：

「……熱河的實質：它是天朝的一個縮影，再現了中央帝國某些最著名的建築與風景：拉薩的布達拉宮，日喀則的扎什倫布寺，鎮江金山的塔，新疆的清真寺，長江與大運河上的景色，昆明湖……就在蒙古的土地上，馬戛爾尼面前出現的是中國的南方，是西藏與突厥斯坦，但他卻視而不見。這是一個迪士尼樂園，儘管當時還沒有這個詞。它重現了中國大地上的奇觀——一個建築上的盆景。乾隆從首都乘坐六天轎子，就享受了整個中國能獻給他的樂趣：帝國的縮影。

「拉薩的布達拉宮並不是熱河唯一的複製建築物。中國許多著名建築都被仿照，儘管不是按實際大小，而是按照它們的精神。……熱河就這樣搜集了全中國的景色，從而也掌握了全世界的精華。韃靼皇帝把它們都禁錮在熱河，但他自己不是也遭到禁錮嗎？世界上難道還有比他更有權勢而更不自由的人嗎？」

看來把熱河的那兩個山寨建築當做是來自帝國君王的虔信與關愛，我們這些少數民族蠻夷們還真的是想多了。其實這就是前些年在深圳和北京等地修建的「中華民族園」諸如此類景觀的早期樣板，屬於大一統的微型景觀化。不過這是乾隆皇帝的原創嗎？還是更早遠的那些皇帝有了「八方來貢，萬國來朝」的帝國想像時，就有了在自家院子裡山寨各處風景、他者名勝的習慣？然後沉醉於「普天之下，莫非王土」的帝國幻覺中是多麼幸福、多麼甜蜜蜜。

我十年前的承德之行還是有收穫，因為同去的有王力雄和藏學家艾略特・史伯嶺，他們的觀察和評論總是相當給力，所以我的這段紀錄值得放在這裡：

一位旅遊人類學家認為，現在的旅遊操作者製造偽傳統或偽文化，其目的除了經濟利益驅使外，更重要的是為了達到某種政治上的目的，獲得政治上的權利。我去亦德一趟，也感受到這一點。在被俗稱為「小布達拉宮」的普陀宗乘寺，一個年輕的導遊對遊客高聲介紹：「班禪就是皇帝為了制約達賴的權力而安排的。」政治或隱或現地布滿各處。各個景點的旅遊資料幾乎成了文宣，導遊的解說經不起歷史與學術的檢查。尤為突出的是「民族團結」的說法，生生把毛澤東唾棄的封建帝王說成了「民族團結」的模範，把十八世紀末蒙古土爾扈特部落的東遷渲染成「回到祖國懷抱」，且有專門的展覽和嶄新的浮雕。同去承德的美國藏學家將照片發給一位蒙古學家，得到幽默的回覆：看來在承德發現了很重要的新資料。

從屬於皇帝的家廟變成針對公眾的旅遊景點是需要改頭換面的。這個過程，用學術用詞來說，即「重塑」或「再現」。其實就像往酒裡兌水製造假酒一樣，在歷經了戰爭、革命、政治運動而殘缺不全的廢墟上，用現代的建築材料「維修」的時候，主持這一工程的權力者有意識地注入了他所需要的東西。之後，在重新講述承德故事時，所要取得的效果不外乎二：洗腦與消費。

例子很多。如「小布達拉宮」的主要佛殿有金頂和金瓦，導遊說上面的金箔當年被日本鬼子用刺刀刮走，所以留下了刮痕，當場惹得遊客的民族主義情緒高漲，然而網上有知情者說，文革中，周圍民眾以「破四舊」的名義跑到這裡，砸了佛像，刮走了金箔。又如一些新舊對比的照片，是為了讚揚政府「維修」文化古蹟，而瘡痍滿目的舊照片，雖然並未注明被毀的時間，從網上搜索到的少量資訊來看，恰是在文革中遭劫最甚。

那麼今天就能倖免於難嗎？中國的一位文物專家痛心地說：「現在的文物破壞是全面的……對文物最大的破壞是在九〇年代，最大的出口量也是在九〇年代，問題嚴重程度超過以往各個年代。」以承德為例，中國文物界「第一大案」就發生於此，盜竊者是負責管理「小布達拉宮」和班禪行宮等古蹟的文物官員，監守自盜長達十年，數百件文物被贗品替代，無法追回。

再講一個可笑的細節：「小布達拉宮」有道「五塔門」，城門上矗立著五座色彩各異的佛塔，符合佛教的解釋應該是以此代表中央、南方、東方、西方、北方的五方佛，可是立在門前的牌子上寫的中英文解說錯誤百出，不但將五座塔說成是代表藏傳佛教的五大教派，如黃塔代表「黃教」即格魯派，黑塔代表「黑教」即「笨波派」，而且這個「笨」是中文「笨蛋」的「笨」，於是英文解說依照中文翻譯為 *Stupid*，於是原本在正確的解釋中並不存在的苯教便寫成了 *the stupid wave sends*。承德於一九九四年被列入世界文化遺產，卻與中國所有的被開發為旅遊景點的歷史文化名城一樣，變成了被政治和商業掏空了真實性的景觀，變成了被大眾旅遊的形式逐漸毀損的另一種廢墟。從這些徒留虛名的「仿古商業街」歸來的遊客，在網忿忿留言：「他們恨不得把每個去旅遊的外地人拔下一層皮來。」

第四則：

顯然今天的中國對六世班禪喇嘛的故事很有興趣。我隨意檢索了一下網路，竟發現有地方戲河北梆子《六世班禪》，還有少年兒童出版社的漫畫繪本《六世班禪》，在戲說與描繪「偉大的愛國主義者六世班禪喇嘛」的愛國事蹟。

河北梆子《六世班禪》很像中國文革時候的革命樣板戲。那個扮演班禪喇嘛的扮演員在唱到「幾千年後還是一條河」，竟然擺出毛澤東的文革樣板戲《智取威虎山》的革命軍人楊子榮的造型。那個扮演皇帝大恩人攙扶起欲磕頭謝主隆恩的六世班禪，從嘴裡吐出一串根本聽不懂卻注明是藏語的臺詞，也是充滿喜感。我買了繪本《六世班禪》，每一頁倒不是胡亂畫就，但寫的圖說做到了「寓教於樂」，比如這樣的對話——乾隆帝：「天氣涼了，朕贈愛卿御用黑狐皮衣一件，以抵禦風寒。」六世班禪：「臣謝主隆恩。皇上萬歲萬歲萬萬歲。」編繪漫畫的人怕是清宮戲看多了。

更有一篇篇學術論文、一本本「學術著作」連續不停地問世。我還買了一本《乾隆皇帝與六世班禪學術研討會論文集》[120]，發現中國學者們嚴肅而認真地，把歷史改寫成了這樣：如「六世班禪審時度勢」，主動提出渴望覲見乾隆皇帝，「自願來京」都顯得迫不及待了，仁慈的乾隆帝也就體恤下情並仁慈地同意了，就像是為了照顧這位少數民族渴慕天朝皇帝恩惠的熱切情緒。甚至還有這樣的總結：六世班禪「他完全具備了東行入京的條件，可以一了前兩世班禪未完成的入覲之願」，說得就像是六世班禪終於通過了政審合格，可以放行進京。不只一篇論文強調，「六世班禪此次赴京覲見非為詔至，純屬本意」，這意思是說，那麼他在北京的死亡純屬活該，與皇帝無關？

還有這樣的當代政治話語：「六世班禪……為了國家的統一和民族團結的大業，主動請求進京參加乾隆皇帝七十大壽慶典」。「六世班禪大師熱河朝覲之旅是一次民族團結之旅、一次鞏固國家統一、維護蒙藏地區穩定之旅。」六世班禪「跋山涉水，千里迢迢前往承德、北京朝覲乾隆皇帝祝賀七十大壽的壯舉，成為他愛國一生的光輝頂峰，為中華民族大團結的歷史寫下了閃光的一章。……以此向世人重申：西藏是中國領土不可分割的一部分。」

並且還與五世達賴喇嘛做比較，說「東行入京面聖」的六世班禪喇嘛「對皇帝的擁護之情也超過了五世達賴喇嘛。乾隆皇帝對六世班禪進京的熱情期待和周密安排也超過了順治皇帝。對這樣一個重大事件的歷史意義的闡發，仍然有許多可以深入發揮的園地，需要我們繼續努力。」

啊哈，原來對於歷史的研究是要「深入發揮」的！這些中國學者如此不加掩飾的，是嘆為觀止。有意思的是，這二十九篇「學術論文」近四十萬字，卻對致死六世班禪喇嘛這位「愛國主義者」的天花兇手，提都不肯多提一句。這一切更是讓我的疑團解不開了，更想追問：兩百多年前那個冬天，在深不可測的帝都，來掠殺六世班禪喇嘛性命的無常，真的叫做「天花」嗎？

講真，我倒是很期待更多的地方戲湧現，比如《六世班禪》川劇版，不停變換種的川劇，在「哐差、哐差、哐差差……」的中國民樂聲中，在遮住真實面目的口罩取不下來的漫長疫情歲月中，歷史與現實不停地變幻疊合，六世班禪喇嘛不停地被獻祭！

15 作為祭壇的雍和宮及黃寺

得知新冠疫情在中國多個地方複燃，「疫情形勢非常嚴峻」，正值我特意乘地鐵去雍和宮「考察」那塊「喇嘛說」的那天，雖是盛夏八月，卻因下著小雨感覺涼快。記得一九九七年秋天去雍和宮，懷著虔誠朝拜的心態，但也感受到了另一種牽引之力，為此寫下這樣的文字：

雍和宮，總是讓人覺得似曾相識，細細打量卻又相去甚遠，但在近代歷史上，在一些具有特殊意義的場合上，它總是與西藏緊緊地連在一起。它像什麼呢？西藏的一個顯要的遠房親戚嗎？

它向來被看作是北京城中最大的藏傳佛教的寺院。這與幾百年前的清王朝有關。首先肯定是政治的原因。剛剛入關的滿人將整個中原大地置於掌中，肯定有難以一握的感覺。只有抓住那曾經也一統江山的蒙古人的勢力，一併擺出龍嘯虎吟的聲勢，方能壓住陣腳，坐穩天下。可一樣出自遊牧部落、一樣野性十足的蒙古人怎麼可能如此聽話！幸而蒙古人早就受到西藏喇嘛的感召，幾乎全部皈依了佛教。於是，深謀遠慮的大清皇帝開始大力扶持藏傳佛教，尤其在順治和乾隆兩個時期達到頂峰。當第五世達賴喇嘛阿旺洛桑嘉措進京時，順治帝以平等之禮相待，並相互贈送尊號，「達賴喇嘛」之稱即正式始於此時，皇帝則被視為文殊菩薩的化身。同時，為表向佛之心，順治帝還專門為五世達賴喇嘛建黃寺，而雍和宮，這座原為清帝的府第，也多次成為弘法的道場。

百餘年後，第六世班禪喇嘛洛桑貝丹益希進京，乾隆帝也以大禮相迎，並為此提前學習了一年的藏語，專門在承德修建與扎什倫布寺相似的須彌福壽廟，雍和宮內還特設一殿為六世班禪的休息之處，並改為藏傳佛教的寺院。

再往後，雍和宮就像那皇城裡的人們說的那樣，漸漸地是一座「喇嘛廟」了。不但用藏音誦經的僧人多起來了，還定期舉行各種密宗法事，尤以名為「羌姆」的金剛神舞頗具盛名，常常引來幾乎半城的人。

不過，那「喇嘛廟」裡的喇嘛總是蒙古人更多些。也許有人會說，可能是因為蒙古離京城近些，不像西藏，那時候一走就得好幾個月；再說，西藏人的體質不比蒙古人更適應這裡。也許是這樣的。也許。可是我的思路總會不由自主地走到以前去，一走到以前就能看見，那一開始就被政治拴在一塊兒的西藏人和蒙古人，或者說，西藏和蒙古的喇嘛。

重讀當年所寫，讓我有些異樣的感覺：既為當時初具的某種直覺和認識，也為當日並未有更深入的領悟，才察覺到自己虛擲了很多時光，以至於多年後的這次又去，我的身分成了歷史的考察者，或者說尋覓真相者。或者說，我其實是想以一種憑弔的方式來作為這篇文章的結尾。

細雨霏霏，在雍和宮的遊人與信眾都不多，但都口罩遮臉，似已成新發明的習俗。戴著口罩上香，戴著口罩磕頭，戴著口罩祈禱……諸佛菩薩了然這一切。在沒有掛牌注明的，且將柵欄上了鎖的碑亭外，舉著雨傘的我竭力地辨認著乾隆帝的「喇嘛說」：漢

雍和宮裡的《禦製喇嘛說》碑。（唯色 2021 年 7 月拍攝）

文和藏文的兩面比較明顯，滿文和蒙文的兩面已經模糊，難道是當時刻字的力度不夠？還是說歲月對某些文字更苛刻？即便很清晰，看碑文也是辛苦的事，不如看Google，不過我還是盡量地從各個角度用手機拍了照。

在端坐著金碧輝煌的宗喀巴大師塑像的大殿，塑像兩側各有一個不易注意的小法座：左邊擱置的小牌寫著「達賴喇嘛講經寶座」，右邊擱置的小牌寫著「班禪大師講經寶座」。於是我眼前閃現往昔的景象：十三世達賴喇嘛和十四世達賴喇嘛，以及班禪喇嘛傳承中的六世、九世、十世，都曾跏趺而坐於此……惆悵的感覺升起，使我仰頭嘆口氣，卻看見高高的穹頂布滿美麗的佛畫，其中最大的一幅就像壁畫高懸於天界，格外明亮，在周遭大面積的暗影中，佛陀的形象如天界光芒，呈現了一個具有永恆價值的理想世界，僅僅一瞥就能安撫在俗世中受苦不安的心。

位於最後面的萬佛閣正在維修，主供的是我每次來雍和宮都會祈祝最多的加持強巴未來佛像，是七世達賴喇嘛所贈的印度白檀巨木所雕，有「七丈金容」的形容，據說非常靈驗。與萬佛閣相對的東西兩側各有一幢傳統中式建築，取名「班禪樓」和「戒臺樓」，都是所謂的文物陳列室，常年來總是有各種展覽。這回我在這裡看見了想看見的：一個是六世班禪塑像，銀鎏金，尺寸不大，乾隆時塑。細細地看，或可能真的酷似他生前容貌。細長的雙目下有斑駁的鏽跡，像淚水長流，令人哀傷。我意識到，無論他是不是死於天花或「拉仲」，總之他無可倖免地死於某個疫病，恰與政治相關。不是死

乾隆皇帝嘎烏盒在雍和宮。（唯色 2021 年 7 月拍攝）

於天花就是死於政治，都是致人死命的疫情，我默默合十，向兩百四十一年前的這位獻祭者表達了懷念。

離這尊狀似飲泣的塑像不遠，是一個龐大的半個嘎烏盒，由於非常驚訝，我忘記細看說明，可能是銅鎏金，鑲有多枚綠松石，雕刻的花紋繁複，最關鍵是，展出並非因為製作精美，而是為了將盒子裡繪的畫，投影在下面的鏡子裡，映出的，竟是扮仁波切的乾隆像：穿黃紅相間的袈裟，戴黃色法帽，手持法輪坐在法臺上，周圍是藏傳本尊、漢地龍女等等簇擁著。乾隆這是什麼意思？他在想什麼呢？做一個龐大帝國的皇帝不滿足嗎？還想做統禦三界的君王嗎？貪心不足蛇吞象啊。結果又怎麼樣了呢？滿清帝國並未萬萬歲，他的子孫後代今何在？一切都分崩離析了，一切都喪失殆盡了，包括江山、血統、語言及「滿洲舊制」，而他這個高仿版菩薩又為他的滿清帝國守住了、護佑了什麼？甚至於他的無比奢華與精美的陵墓，在他死後一百二十九年的炎炎夏日，被漢人軍閥盜掘，遭剖棺戮屍，遺骸亂扔，這可是中國古代酷刑之最，比梟首示眾更具難以比擬的侮辱性。

這裡插段話：滿清近三百年，漢人的民族主義一直存在，只是先抑後揚。隨着滿清精英即八旗子弟的同化和墮落，皇帝們不得不依賴漢人將相，連在藏的辦事大臣安班也在後期有了漢人擔任，至滿清後期，漢人民族主義情緒在世界潮流的影響下更是水漲船高，漢人知識分子創造「中華民族」概念，漢人軍閥梟雄更是殺氣騰騰，事實上滿洲氣數已盡，世事盛極必衰即是如此。

我被這枚「乾隆嘎烏」深深吸引，往前湊近想看得更仔細，鏡子裡卻映出了自己的模糊影子，一種油然而生的荒誕感使我領悟到，雖然我或今天的我們，與兩百多年前的乾隆皇帝、六世班禪喇嘛有著世代之隔、生死之隔，但某種意義上來說卻是息息相關的，根本上我們的命運是一樣的，比如我們都是傳染病毒的受害者，我們都是傳染病毒的攜帶者，我們都是傳染病毒的無症狀感染者。我指的是人類，眾生，於六道輪迴之中周而復始，不勝其苦。

「世界依然是一個蠻荒之地，」一個正在經歷新冠疫情的義大利人這樣說[121]。一七八○年的世界是蠻荒之地，吞噬了四十二歲的六世班禪。從二○二○至今的世界也是蠻荒之地，消滅了不計其數的芸芸眾生。對於病毒（不只一種）而言，過去、現在和將來沒有什麼不同。在病毒面前，正可謂《天國之花》中引述的這句話：「好人和壞人都在毫無差別地死去。」例證之一：曾被路透社披露[122]「在中國享有重要人物的待遇」，多年來「在中國政府和統戰部的活動中都能看到其蹤影」的剛堅活佛，原為日喀則一座小寺院的喇嘛，一九六三年因世事反轉流亡印度，後定居米蘭，「是中國的常客，他在中國和高層領袖會面，並且在政府批准的宗教聚會得到招待」，這樣一個不依佛法卻依鬼神，並挾強權之威欺淩上師的人物，於去年四月十八日在義大利被新冠病毒殺死。

本來還有一個地方也應該去的：黃寺（黃廟，西黃寺），六世班禪喇嘛的意外圓寂之地，帝國皇帝的另一個劇場。確切地說是帝國的祭壇，帝國的刑場——曾經康熙皇帝在這裡凌遲處死了幫助過噶爾丹汗王的一位蒙古大喇嘛[123]。我寄寓北京多年，只去過一次，但沒能進去，作為統戰部管理的中國藏語系高級佛學院所在地，通常不許外人或閒人打擾。我在黃寺門口的接待室等候一位活佛（一個曾相識但早因異見而決裂，比俗人更俗不可耐之騙子，且如今滿臉橫肉，雙目充滿欲望，顯然相由心生），依稀記得從視窗望去，那裡面更像是禁地或黨政機關大院，「閒人不得入內」。

我試著在網上搜索了黃寺的資訊，才知黃寺如今已對外開放，稱作「西黃寺博物館」，不過僅在週六、週日開館，其餘五日是從各藏地寺院選送的仁波切和僧人們受「愛國主義教育」的時間。與黃寺一併出現的資訊是「黃寺鹵煮」，介紹是北京小吃、北京老字號，令人頓生興趣，畢竟我們還是需要美食這類真實的人間煙火的安慰。遺憾的是，攻無不克戰無不勝的疫情復燃，只好取消此行。但也沒關係，處在各種疫情中，我能接受各種不正常的狀況，同時也準備好了去被大救星「解放」後日新月異的雪域尋找香巴拉的行裝，包括六世班禪喇嘛著述的這本書：《香巴拉指南》，耐心地等待著可以回家的日子。

二〇二一年五月至八月，疫情中
寫於北京

1 班丹拉姆：（Paldan Lhamo），圖伯特、拉薩及尊者達賴喇嘛的護法神。

2《天國之花：瘟疫文化史》，唐納德・霍普金斯（Donald Hopkins）著，沈躍明等譯，上海人民出版社，二〇〇六年。

3《瘟疫與人》，威廉・麥克尼爾（William H. McNeill）著，餘新忠等譯，中信出版社，二〇一八年。

4 https://www.oeaw.ac.at/en/ikga/team/research/yongdan-lobsang

5 清宮防治天花對後世的影響https://mp.weixin.qq.com/s/t1UwNAxN6ooiQmBasRKWHQ

6《天葬：西藏的命運》，王力雄著，臺灣大塊文化二〇一八年再版。原版於一九九八年由明鏡出版社出版。

7《清世宗與佛教》，聖空法師著，《附錄一、清初三朝與西藏佛教的關係》http://www.chibs.edu.tw/ch_html/grad-th/65/65-5.htm

8《五世達賴喇嘛傳》（上），五世達賴喇嘛著，陳慶英等譯，中國藏學出版社，二〇〇〇年，184頁，235頁。

9 略論五世班禪在康雍治藏中的歷史作用http://www.tibet.cn/cn/cloud/xszqk/zgzx/2005/1/201712/t20171221_5279437.html

10《藏區政治史》：夏格巴・旺曲德典著，中國藏學出版社內部資料，一九九二年。

11 烏雲畢力格教授演講「活佛、英雄與敗寇：滿蒙檔案與歷史建構中的噶爾丹」紀要：http://mingching.sinica.edu.tw/cn/Academic_Detail/446

12 摘自《六世班禪洛桑巴丹益希傳》，嘉木央・久美旺波著，許得存等譯，西藏人民出版社，一九九〇年，337頁。

13《西藏探險》第二部第四章，約翰・麥格雷格（John MacGregor）著，向紅茄譯，西藏人民出版社，一九八八年。

14 《六世班禪洛桑巴丹益希傳》，嘉木央・久美旺波著，許得存等譯，西藏人民出版社，一九九〇年，384頁。

15 《藏區政治史》：夏格巴・旺曲德典著，中國藏學出版社內部資料，一九九二年。

16 夏格巴・旺秋德丹，又寫夏格巴・旺曲德典，Wangchuk Deden Shakabpa（1907-1989），西藏噶廈政府官員，西藏當代歷史學家。用英文著寫《西藏政治史》，一九六七年在耶魯大學出版。後更名《十萬明月：高階西藏政治史》，添補大量原始資料於一九七六年出版藏文版，二〇一〇年譯成英文版。被國際藏學界認為是「提供了大量新的資訊，包括西方學者未曾接觸過的一些文獻，可被視為這段時期西藏史的開山之作」。但被中共詆毀，並由中國藏學研究中心翻譯為內部資料《藏區政治史》，以供批判。

17 《六世班禪洛桑巴丹益希傳》，嘉木央・久美旺波著，許得存等譯，西藏人民出版社，一九九〇年，261頁。

18 落藏永旦：《誤診，或政治暗殺？——重考一七八〇年因天花而死的班禪喇嘛洛桑貝丹益希》。

19 《六世班禪洛桑巴丹益希傳》，嘉木央・久美旺波著，許得存等譯，西藏人民出版社，一九九〇年，413頁。

20 扎西德勒：（Tashi Delek），吉祥如意，通常用於相互祝福。

21 十八世紀朝鮮學者對清代西藏的觀察 http://www.tibet.cn/cn/cloud/xszqkk/zgzx/2007/3/201712/t20171221_5279260.html

22 《藏區政治史》：夏格巴・旺曲德典著，中國藏學出版社內部資料，一九九二年。

23 摘自《六世班禪洛桑巴丹益希傳》，嘉木央・久美旺波著，許得存等譯，西藏人民出版社，一九九〇年，372頁。

24 十八世紀朝鮮學者對清代西藏的觀察 http://www.tibet.cn/cn/cloud/xszqkk/zgzx/2007/3/201712/t20171221

1_5279260.html

25 據前香港城市大學教授劉漢城對歷史文獻的研究：「《章程二十九條》被中共藏學界宣稱為證明中國在藏主權的重要『法典』，但是不僅其中文原文本不存在，而是連可信的藏文原文本也不存在。」見他的著作《西藏自古以來就不是中國的一部分》597頁。

26 周燕：略論「金瓶掣籤」制度的演變 http://www.iqh.net.cn/info.asp?column_id=10939

27 落藏永旦：《誤診，或政治暗殺？——重考一七八〇年因天花而死的班禪喇嘛洛桑貝丹益希》。

28 「安班」是滿語「大人」的音譯，專指派駐蒙古、青海、西藏、新疆等地的滿洲皇帝代表，又稱辦事大臣或駐紮大臣，中文史料稱在拉薩的安班為「駐藏大臣」。

29 《西藏自古以來就不是中國的一部分》，劉漢城著，臺灣雪域出版社，二〇一九年，469頁。

30 《乾隆帝》，歐立德（Mark C. Elliott）著，青石譯，社會科學文獻出版社，二〇一四年。

31 同上，但我認為這句話有問題，不知道是原文如此，還是翻譯的問題。我的意思是，「能夠確保西藏的長久穩定」應該是「能夠確保滿清與西藏之間的長久穩定」。

32 《藏區政治史》：夏格巴．旺曲德典著，中國藏學出版社內部資料，一九九二年。

33 「十全武功」全是發生在所謂邊疆地區的十次戰役：包括「平準噶爾為二，定回部為一，掃金川為二，靖臺灣為一，降緬甸、安南各一。即今二次受廓爾喀降，合為十。」（乾隆寫《禦制十全記》）

34 轉：「佛教藝術史學者Patricia Berger很早就指出：《喇嘛說》碑文的滿、漢文版本，內容存在一些差異，其內容包括：在滿文版中，乾隆承認自己在學習藏傳佛教經典時，遭到漢人的指責；而漢文版則並無這些文字。」

35 喇嘛說：https://zh.wikipedia.org/wiki/%E5%96%87%E5%98%9B%E8%AF%B4

36 《乾隆帝》，歐立德（Mark C. Elliott）著，青石譯，社會科學文獻出版社，二〇一四年。

37 《西藏自古以來就不是中國的一部分》，劉漢城著，臺灣雪域出版社，二〇一九年，584、585頁。

38《西藏探險》第二部第四章，約翰．麥格雷格（John MacGregor）著，向紅茄譯，西藏人民出版社，一九八八年。

39 章嘉呼圖克圖，這裡指章嘉若貝多傑（1717-1786），土族人或蒙古人，藏傳佛教格魯派三世章嘉仁波切，在清宮六十餘年，經雍正、乾隆兩朝，被封國師，被認為是「乾隆皇帝最為信任的辦理蒙藏事務的高參」。

40《乾隆帝》，歐立德（Mark C. Elliott）著，青石譯，社會科學文獻出版社，二〇一四年。

41 郎世寧（Giuseppe Castiglione，1688-1766），義大利人，天主教耶穌會傳教士及滿清康熙和乾隆時代的宮廷畫家。

42 啷欽啦：（Langchan La），大象，尾碼加「啦」以示尊敬。

43 頗章布達拉，（Phodrang Potala），布達拉宮。頗章為藏語的宮殿。

44 孜廓：（Tsekor），環繞布達拉宮的轉經道。

45 夏格巴．旺曲德典對四位達賴喇嘛的去世都有提及：九世十歲時因感冒惡化圓寂；十世二十二歲時因身體虛弱、心情抑鬱而圓寂；十一世十八歲時因受涼轉為不治而圓寂；十二世十八歲時也因受涼不適，身體虛弱而圓寂。然而這也太頻繁了，而且年紀輕輕就這樣的病故也很蹊蹺。

46 即「大昭寺內供奉的一尊妙音天母化現忿怒形象的女護法神名。」

47 指「彌補祭祀虧缺以消除罪過的宗教儀式。」

48《西藏的歷代達賴喇嘛》，英德．馬利克著，尹建新等譯，中國藏學出版社，一九九一年。

49《流亡中的自在》（第二章 獅子法座），達賴喇嘛著，康鼎譯，臺灣聯經出版，一九九〇年。

50《天花、商賈和白蓮教——嘉靖年間明朝和蒙古的關係》，卡尼．T．費什著，張憲博譯。

51《西藏的故事：與達賴喇嘛談西藏歷史》，湯瑪斯．賴爾德（Thomas C. Laird）著，莊安祺譯，臺灣聯經出版，二〇〇六年。

52 即《Secret Visions of the Fifth Dalai Lama: The Gold Manuscript in the Fournier Collection Musee Guimet, Paris》，卡爾梅·桑丹（Samten G.Karmay）翻譯並解釋，一九九八年在倫敦出版。

53 《乾隆帝》，歐立德（Mark C. Elliott）著，青石譯，社會科學文獻出版社，二〇一四年。

54 新清史學派：https://zh.wikipedia.org/wiki/%E6%96%B0%E6%B8%85%E5%8F%B2%E5%AD%B8%E6%B4%BE#cite_note-3

55 《西藏的故事：與達賴喇嘛談西藏歷史》，湯瑪斯·賴爾德（Thomas C. Laird）著，莊安祺譯，臺灣聯經出版，二〇〇六年。

56 即：Misdiagnosis or Political Assassination? Re-examining the Death of Panchen Lama Lobsang Palden Yeshe from Smallpox in 1780

57 文章寫完後，給落藏永旦看過，得到他的認可和補充。

58 《西藏探險》第四章，約翰·麥格雷格（John MacGregor）著，向紅茄譯，西藏人民出版社，一九八八年。

59 人痘術，消滅天花的醫學源頭 http://www.people.com.cn/24hour/n/2013/0309/c25408-20729835.html

60 這句話見《西藏醫學》譯者前言。《西藏醫學》，日瓊仁頗且·甲拜袞桑編著，蔡景峰譯，西藏人民出版社，一九八二年。

61 《四部醫典》，（精版）宇妥·元丹貢布著，王斌主編，江蘇鳳凰科學技術出版社，二〇一六年。

62 《西藏醫學》之《偉大的醫聖宇妥·元丹貢布傳記》，日瓊仁頗且·甲拜袞桑編著，蔡景峰譯，西藏人民出版社，一九八二年。

63 《身體與靈魂：藏醫唐卡掛圖精解》，萊拉·威廉姆森等編，洛米奧·什雷斯塔等繪，向紅笳譯，中國藏學出版社，二〇二〇年。

64 這段話摘自《身體與靈魂：藏醫唐卡掛圖精解》的導言。

65 《雪域境外流亡記》（*In Exile from the Land of Snows*），約翰·F·艾夫唐（John F.Avedon）著，尹建新

譯，西藏人民出版社，一九八七年。

66《四部醫典系列掛圖全集》，編譯注釋者王鐳、強巴赤列，西藏人民出版社，一九八六年。

67 同注釋65。

68 這段話也摘自哈佛大學教授詹尼特・嘉措（Janet Gyatso）關於《身體與靈魂：藏醫唐卡掛圖精解》的導言。

69《四部醫典》（精版），宇妥・元丹貢布著，王斌主編，江蘇鳳凰科學技術出版社，二〇一六年。

70 補充，落藏永旦說：「在過去，天花和麻疹經常相互被混淆。」

71 同注釋65。

72《佛教香客在聖地西藏》，崔比科夫著，王獻軍譯，西藏人民出版社，一九九三年。

73《西藏七年與少年達賴》，哈勒（Heinrich Harrer）著，刁筱華譯，臺灣大塊文化，一九九七年。

74《欽熱諾布大師與藏醫天文曆算》，銀巴著，西藏人民出版社，二〇〇八年。

75《藏族通史・吉祥寶瓶》，德榮・澤仁鄧珠著，西藏人民出版社，二〇〇一年出版，不久被當局禁。

76《西藏醫學》之《偉大的醫聖宇妥・元丹貢布傳記》，日瓊仁頗且・甲拜袞桑編著，蔡景峰譯，西藏人民出版社，一九八二年。

77 同注釋75。

78《藏區政治史》：夏格巴・旺曲德典著，中國藏學出版社內部資料，一九九二年。

79 見德榮・澤仁鄧珠的《藏族通史・吉祥寶瓶》，517頁。

80 拉薩「勸人種痘碑」：書寫天花疫情後的種牛痘功績這段歷史 https://mp.weixin.qq.com/s/TJ[illegible]Rs[illegible]Tl9IMiijCYoKfLQ

81《西藏與西藏人》，沈宗濂、柳陞祺著，柳曉青譯，中國藏學出版社，二〇〇六年。

82 拉薩大昭寺旅遊攻略之種痘碑 http://www.bh2255.com/picture/dazhaosi-6248/

83 魯：（Klu），即棲息在江河湖海、森林沼澤、神山古蹟等地的各類神靈的總稱，被認為是地下世界（地穴和水域）的掌控者，漢語勉強譯為「龍」，但這是不準確甚至是錯誤的，事實上在中文裡沒有這一文化特質和概念。在有著苯教傳統的圖伯特文化裡，眾多生活在水土裡、岩石裡、森林裡、地穴裡的動物，如魚、蛇、青蛙等，被視為兼具好運與厄運的魯神化身。

84 從《天國之花：瘟疫文化史》讀到，許多世紀來，飽受各種瘟疫折磨的世界各地不同文化的人們，發明了無數療法來對治，比如用瀉藥或放血法來幫助天花病人康復，還有各種土療法：西非的棕櫚油等草藥用劑，巴西的馬糞粉，中世紀阿拉伯的驢油，日本的天花病人用加了清酒、米湯、紅豆和鹽的熱水洗澡，以及最奇特又歷久不衰的「紅色療法」曾在歐洲盛行，即穿紅衣服、掛紅布、裹上紅毯子、吃紅色糕點，連燈罩和牆面都得是紅色的，等等。

85 嘎烏：（Ghau），護身盒，內置有聖物等，是一種隨身攜帶的佛龕。

86 《雪域境外流亡記》（*In Exile from the Land of Snows*），約翰・F・艾夫唐著，尹建新譯，西藏人民出版社，一九八七年。

87 藏區傳染病簡史https://mp.weixin.qq.com/s/Zzp049bEZrCRQfFj7GSiLQ

88 吐蕃文書與考古：https://www.dhrgm.com/key/%E6%96%87%E6%88%90%E5%85%AC%E4%B8%BB%E9%99%B5%E5%A2%93%E4%B9%8B%E8%B0%9C.html

89 唐朝長安佛教對吐蕃佛教的影響，許得存http://www.shanxifojiao.com.cn/fxy/lb1/2011/0903/554.html

90 利美運動之研究（Study of "Rismed" Movement），蕭智隆撰（南華大學宗教學研究所碩士論文）http://nhuir.nhu.edu.tw/retrieve/21452/100NHU05183007-001.pdf

91 金城公主舞臺劇：https://baike.baidu.com/item/%E9%87%91%E5%9F%8E%E5%85%AC%E4%B8%BB/23667481

92 據文獻記載，此碑是吐蕃國與唐國為劃定界線，互不侵擾，信守和好，以藏漢兩種文字於八二三年立下的盟誓之碑。其中最著名的一句是「蕃於蕃國受安，漢亦漢國受樂，茲乃合其大業耳。依此盟誓，永久不得移易，然三寶及諸賢聖日月星辰請為知證。」

93 即《白居易致吐蕃當局書》（808-810），約瑟夫．柯爾瑪斯著，阿沛晉美譯，見《國外藏學研究譯文集》第一輯，西藏人民出版社，一九八五年。

94《天葬：西藏的命運》，王力雄著，臺灣大塊文化二〇一八年再版。

95 氆氌，（Pulu），藏人手工生產的羊毛織品，可做衣服、毯子等。

96《五世噶瑪巴以及西藏和明初的關係要略》，史伯嶺（Elliot Sperling）著，才讓太譯，見《國外藏學研究譯文集》第二輯，西藏人民出版社，一九八七年。

97《西藏自古以來就不是中國的一部分》，劉漢城著，臺灣雪域出版社，二〇一九年，191頁。

98 摘《法華經．譬喻品》。

99《發現西藏》，米歇爾．泰勒（Michael Taylor）著，耿昇譯，中國藏學出版社，一九九九年，62頁。

100《西藏探險》第三部第二章，約翰．麥格雷格著，向紅茄譯，西藏人民出版社，一九八八年。

101《跨越民族、文化、宗教：一九〇三～一九二二年美國醫生史德文在康藏地區的活動與角色》載《中國藏學》二〇一六年第二〇一六一期　趙艾東等著 http://www.iqh.net.cn/info.asp?column_id=11782

102《西康史拾遺》，馮有志編著，甘孜藏族自治州政協文史資料委員會，一九九三年。

103 中央蘇區時期怎樣開展防疫 http://www.dswxyjy.org.cn/BIG5/n1/2020/0313/c219021-31630547.html

104 埃德加．斯諾（Edgar Snow）在《紅星照耀中國》書中寫：「（一九三六年）我是到『紅色中國』去。我之所以『有點不舒服』，是因為我身上注射了凡是能夠弄到的一切預防針。用微生物的眼睛來看一下我的血液，就可以發現一支令人毛骨悚然的隊伍；在我的臂部和腿部注射了天花、傷寒、霍亂、斑疹傷寒和鼠疫的病菌。這五種病在當時的西北都是流行病。」

105《德格縣誌》，四川省德格縣誌編纂委Saymark，意為吃兵員會編纂，四川人民出版社，一九九五年。

106《進藏行醫記》，孫幼芳，二〇一四年，http://med.china.com.cn/content/pid/9050/tid/3

107 羌姆：（Cham），金剛法舞，由僧侶演示。

108 古修啦：（Kushok la），先生，現在一般指僧侶，尾碼加「啦」以示尊敬。

109 斯巴括洛：（Sipé Khorlo），六道輪迴圖或生死流轉圖，藏傳佛教關於六道生死輪迴的描繪。

110 達折多：（Datsedor），今四川省甘孜藏族自治州康定。

111《雪獅藍綠色的鬃毛》，舒雅．達著，穀響譯，臺灣眾生出版社，一九九六年。

112《白銀、刀劍與石頭：魔幻土地上的三道枷鎖，拉丁美洲的傷痕與試煉》（*Silver, Sword, and Stone: Three Crucibles in the Latin American Story*），瑪利．阿拉納（Marie Arana）著，楊芩雯譯，時報出版，二〇二一年。

113 這一節的引述皆來自《西藏探險》，約翰．麥葛列格（John MacGregor）著，向紅茄譯，西藏人民出版社，一九八八年。

114《中國皇帝康熙自畫像》，史景遷著，吳根友譯，上海遠東出版社，二〇〇五年，123頁。

115 黎吉生：即休．理查森（Hugh Edward Richardson，1905-2000），英國駐拉薩代表處負責人，被稱為「現代藏學之父」。中國把他譯成黎吉生。一九九九年，獲國際聲援西藏運動頒發的真理之光獎，表揚他對於藏學的貢獻，以及作為外國第一位駐西藏的外交使節。

116《西藏：歷史．宗教．人民》，土登晉美諾布（即塔澤仁波切）、柯林．特尼布林著，陳永國等譯，西藏社會科學院資料情報研究所編印，一九八三年。

117 摘自：Misdiagnosis or Political Assassination? Re-examining the Death of Panchen Lama Lobsang Palden Yeshe from Smallpox in 1780

118 十八世紀朝鮮學者對清代西藏的觀察 http://www.tibet.cn/cn/cloud/xszqkk/zgzx/2007/3/201712/t20171221_5279260.html

119《停滯的帝國——兩個世界的撞擊》，佩雷非特（Alain Peyrefitte）著，王國卿等譯，法文原書一九八九年初版，中文版一九九三年三聯書店出版。

120《乾隆皇帝與六世班禪學術研討會論文集》，《乾隆皇帝與六世班禪學術研討會論文集》編委會編，中國藏學出版社，二〇一五年。

121《新冠時代的我們》，保羅·喬爾達諾著，魏怡譯，上海譯文出版社，二〇二一年。

122 China co-opts a Buddhist sect in global effort to smear Dalai Lama
https://www.reuters.com/investigates/special-report/china-dalailama/

123《中國皇帝康熙自畫像》，史景遷著，吳根友譯，上海遠東出版社，二〇〇五年，64頁。

III

在岡仁波齊遇到的行腳僧
打開喜馬拉雅山門

1 那年轉聖山

二〇〇二年七月的一天，當我終於足夠接近地看見聖山岡仁波齊是什麼感覺？許多也曾見到了聖山的人都抒發過各種感受。我也一樣，在後來的文字中難以節制地抒情過。事實上當時我們忙碌得不行。面對與眾不同的聖山岡仁波齊，心情剎那激動不已，但挨肩接踵地磕完長頭後，就忙不迭從背囊中取出從拉薩帶來的經幡，還有筆。同行中的那位活佛說要在經幡上寫下自己的所求，然後拴在一起再掛起來。我們就各自為營，席地而坐，好像生怕別人看見自己寫了什麼就不好意思。其實也沒什麼，我寫的是親人名字，為親人祈福許願。不過同行中的那位官員寫的是什麼就不知道了。他 見我探頭，立即用手遮住，讓我有點尷尬。他求的是不是功名利祿？我後來猜想過。那位活佛寫的是什麼我也不知道。但我相信而不是猜想，他肯定求的是功名利祿。幾年後他倆到達了人生頂峰，我們已成俗人。當然這倒不是說聖山會滿足任何所求，我不是這個意思。

我站起身，開始拍照。我那時帶的是佳能相機，什麼型號不記得了，是用膠捲來拍而不是數碼。這讓我很快就後悔了。我正是因為膠捲拍照更優質才帶的這種相機。但我把裝了十幾個膠捲還有糖果、餅乾等若干物品的背囊交給了背夫，而她，是的，一個老家是日喀則鄉村的年輕女子，居然快步如飛。她只在中途即岡仁波齊的上半截就失出現的跟前等過我。我打開背囊，取了經幡、煨桑枝和哈達，卻忘記取幾個膠捲，更忘了叮囑她要不時停下等我，結果她又快步如飛，再見已是在山下終點處。轉山沿途的美景啊，我只拍攝了一半就因膠捲用完空嘆息，尤其那一座座狀如金字塔的山峰接連出現，而當時中國科學家批駁俄國科學家把岡仁波齊周圍的山說成金字塔正是報紙上的新聞[1]。我的意思是，我真心覺得那些山峰像金字塔，可惜空空的相機無以為憑。

如今我最後悔的是走得太快了。環繞聖山一圈五十多公里，我們從凌晨五點多至傍晚九點多，約十七個小時就轉完了。據說一天轉完意味著業力較輕，但很多人——主要是外來者——都不得不轉上兩天甚至三天，說明業力不輕，於是我就沾沾自喜，後來才覺得誰更有福報很難說。太快無法消化精神的佳餚。應該慢慢地轉聖山，慢慢地看風景；慢慢地看風景，慢慢地轉聖山；慢慢地轉聖山，慢慢地看風景……在這種時候，慢才是提升，慢才會淨化，慢才能把磕著長頭轉山的朝聖者那額頭上的傷疤，轉變成度母的第三只眼睛。可我以為我有的是機會轉山，我許願在下一個馬年——據說馬年是佛陀的本命年，也是岡仁波齊的本命年，馬年轉山會積累無可比擬的功德，依傳統藏人會許願一生至少三次來此轉山——再來朝拜，而且要夜宿聖山跟前，通宵不眠，凝視與默禱，仔細銘記聖山在星月之夜的絕世之美，卻沒想到無法實現。

並不是個人的體力或財力所限，而是受阻於不可抗力：我這個異見人士早已成了異己分子，在拉薩的每一個日子都會受到老大哥「全方位、無死角」的特別關照，根本別

聖山岡仁波齊。（唯色 2002 年 7 月 3 日拍攝）

想得到「邊防通行證」。就我懇切得近乎哀求的申請，拉薩的便衣警察是這麼回答的：「你想轉山？那是奢望！」其實並非我一人無望，各地藏人因得不到「邊防通行證」，無法通過沿途十幾個檢查站，想去轉山都是奢望。然而漢藏有別，中國各地的遊客並不受制於禁止轉山的「潛規則」，可以輕輕鬆鬆地辦到一紙「邊防通行證」，想去哪裡就去哪裡。我只好將我的兩串念珠交給從北京和蘇州來的朋友，他們要去轉山，他們很順利地辦了證件，我就讓我的念珠替我轉了山。

2 偶遇行腳僧

幸虧我當時用有限的膠捲拍到了好照片。這不是自誇，只是想說明一個奇蹟：我那時在岡仁波齊跟前拍的幾張照片，竟然在十八年後催生了這篇文章。

我是怎麼與穿絳紅袈裟、戴紅色毛線帽的行腳僧偶遇的？或者說，我有沒有走過去跟他搭話？不記得了。他是獨自轉山，一隻手拄著一根木棍，一隻手拿著一瓶像牛奶的飲料。看上去他就是一個人，並無同伴。我被他的那種說不出來的氣度給吸引了。他身形較高，鬍鬚花白，面部輪廓分明，雙目深陷有點像異族人，不過我第一眼以為他可能是康地牧人，所以一直覺得他或許來自我父親的康地老家。我給他拍了幾張照片。他沒有不願意，而是眉頭緊鎖，雙目緊盯著我的鏡頭，神情裡似有淡淡的憂傷。背景是聖山岡仁波齊，縈繞著雲霧，像獻上的哈達飄飄，又像供上的桑煙嫋嫋。其中一張照片上他的身後有一頭黑犛牛，馱著的行李剛剛放下，朝向聖山的姿態顯得恭順。還有一張照片上，他露出了笑容，頷首微笑著離去，不遠處我們那位同行活佛的綢緞長黃袍顯得十分浮誇。

那天，我們見到的岡仁波齊是這樣的：在一處起伏緩和的平地，岡仁波齊顯示的是上部分，兩邊猶如護衛的山體狀如金字塔，土黃色，沒有長出超出地表以上的植物，使得岡仁波齊猶如花瓣中的花蕊十分凸出。它幾乎整整一面的青色岩層，青色岩層間分插著由峰頂垂直而下的一道道未融化的雪線，或一道道巨大的冰槽，橫貫著一排排階梯狀的線條，形成了類似文字或圖案的神祕形狀，但那峰頂！那是什麼樣的峰頂啊！如果非形容不可，我只能說那堆積著白雪的峰頂散發著潔白的光芒，如同不計其數的佛教徒神往的曼陀羅——看看，十八年後描述聖山，我仍然激動不已，仍忍不住要奉上盡是讚美的文字。

那麼我就補充一段對聖山的簡介吧：它並非一座平常的礫岩層山體，而是超越了普通的地理意義的所在，被佛陀讚譽為「精神之極地」。位於今西藏自治區阿里地區普蘭縣境內，即圖伯特（西藏）傳統地理所指的「上阿里三圍」[2]，是岡底斯山脈的主峰，海拔六六五六米。藏語 གངས་རིན་པོ་ཆེ། 即岡仁波齊，意為雪山珍寶。梵語 Mount Kailash，意為溼婆天堂，被認為是世界的中心。數千年以來，是西藏雍仲苯教、藏傳佛教、印度教和耆那教共同信奉的聖地：苯教的發源地，藏傳佛教勝樂金剛的壇城，印度教溼婆的所在地，耆那教祖師的得道處。還是眾多河流的發源地，四條有著美麗名字的獅泉河、馬泉河、象泉河和孔雀河，各是印度河、雅魯藏布江、薩特累季河和恒河支流的上源。等等。

我也在那位行腳僧的位置上留影了兩張。我的神情就像是被攝魂奪魄，愣怔著，或若有所思著，有一張雙手合十，似乎快要哭了，以至於我忘記了與他是怎麼告別的。很可能就是依習俗，雙手向上輕搖，輕聲致謝道別，總之再也沒有見到。人的一生中，會有些事情讓你念念不忘，留下不可磨滅的印象。對於我來說，朝拜岡仁波齊的轉山之行終生難忘，時常陷入懷念與回憶。岡仁波齊啊就是珍寶中的珍寶，在岡仁波齊跟前偶遇的行腳僧總是會浮現，主要是他的眼睛，就像是蘊藏著許多故事的眼睛，讓我不禁猜測。我常常會看他的這幾張照片，隨著時光的流逝，他的形象與岡仁波齊重疊：一個人與一座山，一個朝聖者與一座聖山，這是多麼自洽的精神場域。

然而十八年後的八月，正是圖伯特高原最美好的夏季，一位名叫張洹的中國藝術家開著插上了五星紅旗的豪車，全身披掛法國名牌，如同移動的Dior廣告，奔向岡仁波齊山下，用一個裹纏絮狀物的酷似新冠病毒的球體，在風中滾來滾去，最後亂糟糟地滾入湖水中的方式，宣稱要在所謂的「後疫情時代」講述所謂的「岡仁波齊的童年」。當看

在岡仁波齊遇見行腳僧一達瓊喇嘛。（唯色 2002 年 7 月 3 日拍攝）

到這個像寺院舉行的祭祀舞蹈「羌姆」中扮演骷髏丑角的白衣男子，跳上堆在湖水中的散亂的架子上擺造型，如同目睹一個流氓不知羞恥地闖入聖地張牙舞爪，留下一堆垃圾揚長而去，實在令人憤怒，我於是在社群媒體上加入對這種文化帝國主義行為的批評，還貼出了自己朝聖岡仁波齊時拍的照片，其中就有偶遇的行腳僧的照片，作為屬於聖山子民的象徵。

但意想不到的是，卻有奇蹟發生了。

3 利米（Limi）在哪裡？

「扎西德勒，他是我的爺爺。」有人在Instagram給我留言，頭像是一個微笑著的年輕藏人。

我非常驚訝：「世界真小！十八年前，我在岡仁波齊遇見了他。那麼他現在哪裡呢？」

「感謝你拍了我爺爺，唯色啦，」他用藏人的方式對我敬語致謝，「爺爺現在加德滿都的一座寺院。」他傳來幾張照片，正是那位容貌已老，顯得慈眉善目的行腳僧，或托著缽走在僧眾行列裡，或頭戴莊嚴法冠正在修持佛事。

「你們的家鄉是西藏哪裡？」我很好奇。

「不，」他回覆：「不在西藏，在尼泊爾，我們是喜馬拉雅山民。」

一時間我沒有反應過來，這是因為我一直把照片上的行腳僧認作康巴：「你爺爺是藏人嗎？」

「我們是藏人，但是尼泊爾國籍，自從一九六一年西藏和尼泊爾劃定邊界以後，我們這裡成為尼泊爾的一部分。」

「你們那裡是什麼地方？」我似乎看到可以被命名為歷史的雲霧飄過來。

「Limi，」他說，就好像我知道似的。

「Limi在哪裡？」飄到我眼前的歷史雲霧變得濃重起來。

「在Mount Kailash的另一面，越過邊境就是Limi山谷。」他是這麼說岡仁波齊的：Mount Kailash。

「Limi山谷在一九六一年以前屬於西藏嗎？」我問。

「這怎麼說呢？」他說：「但是爺爺說當時人頭稅是交給普蘭宗[3]的，同時給尼泊爾王國交土地稅。」

「這是一個漫長的故事啊。」我覺得我墜入歷史雲霧中了。這大團大團的雲霧是白茫茫的，像一個盲區，我只好用這句話回覆。

他發了一張照片，介紹道：「這是一九九三年的夏天，從我們的邊界看岡仁波齊。

你或許聽說過有關尼泊爾與中國之間的邊界爭議，說的正是這裡。」

照片上是一位中年仁波切，十分面熟，微微躬身顯得謙恭，他身後是緩緩起伏的山坡，大片平坦的山地，綿長如鏡子的水泊，連接著比較遙遠的聖山，只露出了比較模糊的山頂。當然那形狀特殊的山頂，一眼即可認出是所有群山中的哪一座山。

我還是困惑，就說：「我想看看從你的家鄉見到的岡仁波齊。」

他說：「只能從邊界看，只能看到岡仁波齊的遠景。」他又發了一張照片，依然是比較遙遠的聖山，隔著一片波光粼粼的湖水。

我不太相信這就是他們所能見到的聖山，又問：「從你家鄉看到的岡仁波齊有這麼遠嗎？你有沒有更近一點的照片？」

他卻突然問：「這裡安全嗎？」

我愣住了。這裡？Instagram？

「應該是安全的。」我問：「你害怕什麼？怕……中國？」

有那麼片刻陷入停頓。我等候著，沒再繼續問，隱隱覺得自己不太禮貌。

「是的，有一點。」他終於回覆：「但不是為我自己，而是為我的家鄉。尼泊爾政府很窮，我們的所有物資都來自普蘭那邊，這就是我們為什麼怕中國。你看，」他發了一張照片，遙遠的岡仁波齊前是大片近乎平坦的山脈，山谷之間有長長的幾排房子，像軍營又像工地上的簡易房：「這些房子是中國人蓋的。」

「這些房子是中國人蓋的。」（利米藏人提供）

是越過邊界蓋的嗎？我不知道這些事，尚無法辨察其中的複雜性。我現在需要做的是暫停這場依靠 Google 翻譯進行的英文對話，趕快去補課。

4 有關利米的田野調查

在網上搜尋有關利米地區的資料並不多，或者說，以我的能力找到的很少。不過藏學家、人類學家梅．戈爾斯坦（Melvyn Goldstein）的文章《利米半農半牧的藏族語群對喜馬拉雅山區的適應策略》[4]算是一個概況的介紹。原文於一九七四年發表在國際藏學刊物上，中文譯文於二〇〇二年發表在《西藏研究》上，不知是全文翻譯還是節選翻譯，文章不長，但對我認識利米這個地方很有幫助。想不到這位以研究西藏近代歷史著名的美國學者很早就來此做田野調查，容我轉摘其中片段如下：

「……利米，位於尼泊爾西北部與西藏交界的一條峽谷。……利米峽谷是卡爾拉利地區的乎木拉區最遙遠的地方。峽谷由東北向西南延伸，海拔較高，四周是崇山峻嶺，峽谷內部有一條河流，居民講藏語，分住三個村莊。……從東向西，這三個村莊的名字依次為察安、阿爾之和涕爾[5]；它們的海拔高度依次為三九三二米、三六八八米和三八七一米。

「利米和尼泊爾國內的其他地方有三條小徑相連，這些小路當中只有一條完整地穿過尼泊爾全境，……另外兩條小路需要經過西藏，一條路線最為重要，因為它通到西藏的普蘭。……利米有兩條大路與西藏相連。……一年四季暢通無阻。

「冬季，利米基本上與尼泊爾其他地區斷絕了地理方面的聯繫，而利米到西藏的道路全年暢通。從某種意義而言，這種狀況象徵著利米的居民具有雙重的東方國民性。語言和文化上，他們完全屬於藏族，但在歷史與政治上，早在好幾個世紀以前，……利米就和尼泊爾有了聯繫。實際上，儘管利米在米·卡拉爾時期有向西藏繳納人頭稅的傳統，但更加重要的是在薩卡拉爾時期，利米要向尼泊爾繳納土地稅。這種彆扭的政治實踐終於隨著一九六一年中尼邊界協議的簽訂而終止，該協議把利米劃給了尼泊爾。

「利米的人口數為七百九十一人[6]，最大的村莊是阿爾之，有三百二十口人。察女久之，有兩百八十八口人。涕爾最小，只有一百八十三口人。三個村莊的村民均實行同系內婚。

「利米的生存技術包括農業和遊牧式的畜牧業，西藏廣大地區到處都可以看到：：這種亦農亦牧的生計模式。……許多家庭都有大群的綿羊、犛牛與馬，冬天在西藏放牧，夏天在利米放牧。……利米的牧民具有趕著他們的犛牛群與綿羊群到西藏過冬的傳統。這條捷徑對於維持他們的生存是必要的。然而，隨著一九五九年發生的事件，突然改變了迄今為止毋庸置疑趕著牲畜到西藏去過冬的方式。……不能隨意越過邊界使用西藏的牧場……

「隨著一九五九年的事變，舊的貿易類型遭到實質性的改變。利米的商販不再獲准同藏人自由貿易，商業活動被限制在普蘭的商業中心進行。……這樣那樣的限制嚴重地影響了傳統型的利米—西藏貿易。另一方面，印度和加德滿都大批西藏難民聚集的營地成為利米著名的羊毛和木碗的新市場。……無論如何，西藏形勢的變化已經給利米帶來損失。」

我注意到戈爾斯坦提到了利米木碗。原來享譽全藏的被稱作「阿里木碗」或「普蘭木碗」的「Phuru」是利米藏人製作的，屬於他們的傳統手藝，也是重要收入。木材特別，取自印度北部的森林，「每年十一月間，地裡的農活幹完以後，三五成群的利米男子結隊穿過達曲拉地區來到那裡。他們收集木料，製作木碗，度過好幾個月漫長的冬季，第二年三、四月間返回村莊。到了六、七月間，種好地裡的莊稼之後，他們就來完成木碗的拋光、上色和油漆等工作。一九七三至一九七四年冬天，七十個利米男子去收集木料，製作木碗，平均每個人帶回三百二十五個木碗……通常這些木碗或者是由製作者直接運到西藏去出售，或者賣給利米和木古的商販，他們再拿到印度、加德滿都和西藏其他地方去出售。」據說用這種木材製作的木碗具有消解毒素之效，而且經久耐用，不會開裂，因此價格較貴。除了木碗，他們還用當地的樺樹和松樹製作其它器具，並運到普蘭出售，「換回磚茶、工業品和中國的人民幣等商品」。

我想起我拉薩家裡就有一個「Phuru」，是從阿里轉山回來的朋友送的，母親家裡也有好幾個，也是親戚朋友從阿里帶回來的，都很漂亮，這麼說來是利米藏人的手工了。我趕緊給在拉薩的母親打電話，讓母親把我的利米木碗寄至北京，收到後用軟布擦拭，再添滿用牛頭牌攪拌機打的酥油茶，頗有儀式感地慢慢飲著，感覺跟遙遠的利米建立起了某種具體的聯繫。不過我很有可能一相情願。因為那位利米青年說：「以前印度人不知道那種樹木的用處。現在樹少了，印度政府不讓砍了。但還是有人砍樹，再拿來做木碗，不全是利米人做，如今也有印度人和尼泊爾人會做木碗。」

遺憾的是，戈爾斯坦的文章沒有提及岡仁波齊。對於利米藏人來說，那遙遙可見的聖山，往昔只要想去朝拜，應該是隨時可以去的，除了大雪封山的季節。然而「隨著一九五九年的事變」，利米藏人就跟他們的犛牛和羊一樣，也一定「不能隨意越過邊界」去轉山了。而在那之前，即便冬季漫長，岡仁波齊下面的雪會被大風颳走，露出並未枯竭的草地。利米藏人會趕著牛羊過來放牧，彷彿吃不完的草可以讓牛羊的生命得以延續。但那之後再也不能過來放牧，留在大雪不化的山谷沒有草吃，牛羊也死了很多。

我家裡的利米木碗。（唯色 2020 年拍攝）

5 他是畢生修行的直貢噶舉僧人

十八年前我在岡仁波齊拍攝的照片出現於 Instagram 和 Facebook，激起的回應不只一人。有些也是那位轉山喇嘛的後人，都很年輕，這表明他有一個大家族。有的是僧人，可能與他同一個寺院，用中文留言：他是直貢噶舉仁欽林寺的達瓊喇嘛，寺院在加德滿都。

這正是網路時代帶來的奇蹟，如果我們一定要這麼說的話。但我更認為還是具有某種神祕性和傳奇性。一位朋友看到他的照片後說：「有些人的面孔，就像充滿閱歷的書一樣。」而這本非同尋常的面孔之書，在因緣俱足的時候，被負有某種使命的閱讀者翻開了。我的意思是，我就是那位閱讀者，我還將讀到更多的內容，還會遇到更多特別的因緣。

我接著聯繫那位利米青年。

「我想寫這個故事，」我說。「你能告訴我你爺爺的名字和年齡嗎？他是什麼時候出家的？他的寺院屬於哪個教派？另外，你說他是你的爺爺，那麼你父親是他的兒子嗎？他有過婚姻嗎？對了，你的一位親戚也給了我這張照片。」我發去老喇嘛在法會上的那張，為自己急切地提出那麼多問題覺得唐突。

「哈哈，是我堂弟發給你的吧？」他笑道：「我們稱他 Mey Dachung，Mey 是爺爺的意思。他的名字是第叢堆[7]，但寫在身分證等官方文件上的名字我不知道。他屬於利米地方的叢堆[8]家族，是當地最大的家族，負責擔任村長的職務。他是四個兄弟中的第二個兒子。按照利米的傳統，第二個兒子須出家為僧，因此他從小就當了僧人，沒有結過婚。他的哥哥是我母親的父親，已去世，如今家裡還有他的兩個弟弟。整個利米地方信奉藏傳佛教的直貢噶舉教派，他現在加德滿都的Rinchenling（仁欽林）寺，去年寺院給他祝壽，為他八十歲的生日。」

感謝利米青年的耐心，回覆很詳細。他還傳來幾張照片，其中一張是我見過的達瓊喇嘛在一九九〇年代的形象，但更瘦削，而且頭髮很長，繫成多根特殊的髮辮，披掛在臉頰兩旁。一見即知，這是長期閉關修行者的典型形象，圖說是這樣介紹的：「這位修行者在嚴格的閉關靜修中度過數年。他屬於直貢噶舉傳承。雖然頭髮很長並且結成了髮綹，但他是一名持戒僧人，發誓在結束閉關之前不剪髮。他的名字是利米Dachung。」

這張照片發布在一個有關瑜伽修行者的臉書專頁，這個專頁有數百張照片和文字，介紹藏傳佛教各教派的成就者。不得不承認，網路確實了不起。我用了幾個小時，仔仔細細地閱讀了這些珍貴的成就者的非凡經歷，如同窺見一個博大精深的世界，顯示了人類在精神上的努力達到了何種深度。有許多專用術語，指向的是陌生者、他者所不知道的涵義，比如閉關者的髮辮有特殊的稱呼，藏語發音「倉乍」，簡譯為閉關禪修的髮式，並不是我們從外表見到的類似嬉皮士的形象。閉關者的藏語發音是「倉巴」，通常

達瓊喇嘛閉關修行時的瑜伽士形象。
（利米藏人提供）

位於加德滿都的仁欽林寺。（利米藏人提供）

閉關三年三月三日，有些修行者會反覆多次閉關，從而證得了悟，恰如在苦行實修中即生成就的米拉日巴尊者所吟唱的：「米拉日巴習禪定，勤生覺受與證解，圓滿二種菩提心。」這短短三句有著深奧的意義，為此我要推薦閱讀這位偉大實修者發自內心的十萬證道歌，這也是我對自己作為一個佛弟子的提醒。需要說明的是，閉關者「倉巴」與瑜伽持咒士「阿巴」是有區別的，雖然「阿巴」也會閉關禪修，但「倉巴」所遵守的要求很嚴格，有很多具體的戒律。當閉關結束返回寺院時，依佛教律部，不允許留長髮或髮辮，但也不能隨意剪去「倉乍」，須遵循專門的儀軌並舉行火供的儀式。

總之達瓊喇嘛就這樣現身了，不僅僅是我在轉山時偶遇的一個普通的朝聖者。他八十一年的人生故事肯定不凡，雖然我作為一個寫作者渴望知道更多，但他家族的後人們不一定有更多瞭解。不過他既然是聖山另一邊的藏人，我便相信他的人生並沒有經歷過劇烈的跌宕起伏而飽受折磨，這是因為他所在的環境一直還是傳統的、原有的、平穩的，並非像聖山的這邊，短短幾十年已是世事反轉，天地翻覆，人人命運劇變。

「您拍的爺爺照片是如此具有感染力，加德滿都幾乎所有的利米人都看到了，連寺院的仁波切也在他的 Instagram 分享了。」達瓊喇嘛的姪孫很開心地告訴我。

6 直貢噶舉法王：直貢絳袞澈贊仁波切

重又細看在遠遠的岡仁波齊前留影的那位仁波切的照片，我知道他是誰了。他是直貢噶舉教派的最高法王啊，直貢絳袞澈贊仁波切（Drikung Kyabgon Chetsang Rinpoche）。

與其說我認出了法王，不如說認出了法王的祖父：西藏近代歷史上的重要人物擦絨・達桑占堆（Tsarong Dasang Damdul），因才智、勇氣和忠誠得到十三世達賴喇嘛的重用，在即將面臨變化而應該高瞻遠矚的年代擔任政府高官，執掌過軍隊、行政和經濟的權力，主持建立了西藏最早的造幣廠、紡織廠等現代化工廠，尤其擅長經商。一九九年三月拉薩起義被鎮壓後，在中國士兵持槍押解下，他以雙手投降的姿勢離開布達拉宮下面的雪城，是因駐紮在拉薩河對岸的解放軍炮團，將一發發炮彈射入布達拉宮那些邊環繞的紅框窗戶而在裡面爆炸，為免於數百年的輝煌宮殿被毀，他及藏人僧俗放棄抵抗，成了俘虜，一個多月後殞命於西藏軍區關押重要人物的監牢，時年七十一歲。

法王的父親擦絨・頓堆朗傑（Tsarong Dundul Namgyal）是最早接受西方現代教育的藏人之一，也曾擔任過官職。他還是西藏最早的也是最重要的攝影師之一，用相機記錄了二十世紀初西藏社會的多樣性，為人類歷史上一個具有獨特意義的失樂園提供了無可替代的見證，呈現於名為《西藏是什麼：一位本地攝影師所見》[9]的影集，以及為父親擦絨・達桑占堆著述的傳記中。我見過他拍攝的一張照片，記錄了一九三九年秋天，當四歲的十四世達賴喇嘛從安多藏區迎請至拉薩，官員、僧侶和民眾在郊外搭起秩序井然的數百頂帳篷，簇擁著正中間全藏獨一無二的有「大孔雀」美稱的帳篷，用精美的錦緞和絲綢製成，頂置金色法輪，內供木雕寶座，並再添一頂大天篷，白色布料上繡有藍色的吉祥圖案。據《雪域境外流亡記》[10]書中記載：「若干世紀以來，這個帳篷僅用來迎請新的達賴喇嘛靈童去往首都」，猶如一幢移動的宮殿，然而如今在哪裡？一九五六年，擦絨．頓堆朗傑很有預見性地攜全家去往印度不歸，倖免了接踵而至的劫難。

直貢澈贊仁波切與祖父長相酷似，並有一種頑強的精神氣質，如同遺傳從堅毅的眼神裡透出，但他微笑的神情更多菩薩的悲憫。他於一九四六年夏天出生在拉薩，一九四八年迎請至拉薩附近著名的直貢梯寺，由攝政王達札仁波切認證為直貢噶舉第七世澈贊仁波切，得到年幼的十四世達賴喇嘛的剃度，除四歲時隨父母去印度噶倫堡短暫居住，在寺院度過了人生最初的歲月，遵照傳統上對至尊法王的嚴格教育，師從諸多高僧領受到重要的傳承教法，十歲時第一次在盛大而特別的直貢頗瓦法會上向信眾傳法灌頂。

但隨著一九五九年的事變，他的命運發生逆轉：確切地說，是那年三月的劇變之後，如同孤兒的他不得不離開寺院，由不得不離開寺院的老上師領養，成了輾轉於民間的貧寒少年；一九六〇年代，就學於拉薩小學、拉薩中學，由此學會流利中文，倒是種下未來的相關契因，而此時最能帶來快樂的，確切地說唯一能給他帶來快樂的，是足

比丁徹贊仁波切幼年從拉薩家裡去什肯貢梯寺。（Heinrich Harrer 拍攝，圖片來自網路）

球，他踢得那麼出色，是拉薩的足球明星，有「喇嘛金腿」的美名；一九六六年文化大革命席捲西藏，鑑於家庭背景及個人的特殊身分，被排斥、被監視、被邊緣化的他雖也隨著老師和同學去「破四舊」，卻是艱難自保的旁觀者；三年後和同學們一樣，成了「上山下鄉的知識青年」，在堆龍德慶縣的一個生產隊當了四年的農民，衣食匱乏，受盡磨難；一九七五年，嚴苛的政治局勢稍有鬆動，深知被打入另冊的自己永無自由，他把握時機，利用「五一」勞動節放假，獨自搭車去往定日縣，在黑夜中翻越珠穆朗瑪峰旁邊的雪山隘口，祕密出逃至尼泊爾，奔向流亡藏人的中心，即位於印度北部的達蘭薩拉，尊者達賴喇嘛為他重新舉行升座大典，從此不但獲得真正的人身自由，與旅居異國的父母和手足團聚，也重掌領導直貢噶舉的金色法印，在包括拉達克、利米等廣大的喜馬拉雅地區重振直貢教法。

多年來，直貢澈贊仁波切不懈地實踐著惠及眾生和未來的佛法事業，但實際上我們很難想像得到一個流亡者在異國他鄉的歲月，履行身負偉大傳承的法王之使命是多麼地艱辛。我們也很難體會得到在他逃出已是天翻地覆的故鄉之前，在一場場狂暴般席捲而來的赤色劫難中，當他驚聞自小生活的寺院或被當作「四舊」徹底搗毀，或成了解放軍占領的軍營時，內心會是怎樣的震驚？曾經，往昔，在宛若淨土的直貢峽谷，依藏文字母排列著三十座寺院，依傍著清涼的孝絨河坐落於高低起伏的山間。其中這四座寺院：札哇寺、羊日崗寺、直貢梯寺、直貢宗寺，曾在整整十個春夏秋冬輪流恭請年幼的法王駐錫，信眾於沿途設起香爐煨桑祝禱，僧眾於吉日跳起享譽全藏的直貢金剛神舞……

一九八五年，當直貢澈贊仁波切在印度德拉敦興建與西藏的祖寺同名的強久林菩提寺，一定是懷著重建法脈、復興教法的心力來恢復往日的榮耀。一部名為《直貢噶舉金鬘》的稀有寶典，自從回歸真正的主人，即直貢噶舉的怙主，或許一直被他帶在身邊，如同對所負使命的提醒。據瞭解，他不但創建了寺院、佛學院、尼眾寺、閉關中心，以及在世界各地多達一百多處的直貢中心，更重要的有三項傑出的事蹟值得頌揚，尤其是在已至末法時代的當今更有特別的意義：

一是在德拉敦首創數位典藏佛教圖書館，即得名於西藏歷史上的偉大君王松贊干布之名的松贊圖書館，採用現代科技保存古老的佛教經典、稀缺的西藏經典，以及敦煌文獻等諸多歷史文件，收藏近代多位藏傳佛教上師弘法錄音檔案等，以佛學與西藏文化為兩大研究和續延系統，如同珍貴的黃金傳承無中斷，更燦爛。法王本人即是歷史學者，彙編、纂注並出版了有關輝煌帝國及君王世系的重要著作《吐蕃帝國史》。

二是重現佛教聖地舍衛城（Sravasti）的榮光。舍衛城位於印度北方邦北部接近尼泊爾的鄉村僻壤，佛陀釋迦牟尼在此靜修傳法二十五年，偉大的《金剛經》正是在此經首次開示。正如《金剛經》開篇所描述的：「如是我聞：一時，佛在舍衛國祇樹給孤獨園，與大比丘眾千二百五十人俱。爾時，世尊食時，著衣持缽，入舍衛大城乞食。於其城中，次第乞已，還至本處。飯食訖，收衣缽，洗足已，敷座而坐。」但此聖地後因戰亂逐漸荒廢。西藏近代著名學者更敦群培遊歷印度等地時，所見舍衛城已成無人珍視的遺址。直貢澈贊仁波切以慧眼和悲心洞察到復興這一聖地的意義，開始籌建象徵曼陀羅的區域，其中包括彰顯永恆的佛塔、可供修習的佛堂等等，於二〇一五年創辦每年在此舉行的「舍衛城佛教文化節」，廣邀三乘佛法各個宗派的傳承人士及信眾，命名為「舍衛城大計畫」的願景顯然意義深遠。

三是在直貢噶舉傳承的重鎮拉達克[11]，位於今印度喀什米爾地區，不但修復寺院的古老壁畫和建築，還修復當地的生態環境，如種植樹木，修築冰塔以儲存冰水來緩解乾旱。我在Facebook上看到一個短短的影片，記錄的是一九七八年在拉達克的法會上，年輕、俊逸的法王剛剛結束第一次閉關，帶著欣悅的語氣說：「拉達克就像是我的家。哪裡有直貢寺院哪裡就是我的家。拉達克有直貢教派最多的寺院。我在這裡一年多，感受到拉達克人民信仰純潔，這也是因為這裡一直保持著傳統。」

讓我回到之前提及的那張照片，Instagram的圖說是：「一九九三年七月二十一日，直貢法王第一次訪問利米山谷，也可能是第一次朝拜聖山岡仁波齊和聖湖曼沙羅瓦爾，即瑪旁雍措。他來到了邊界，從那裡可以看到聖山和西藏。利米人民很高興與他們的精神領袖團聚。」很巧，那天是我的生日。其實在寫這篇文章的過程中出現的巧合很多，或者說不期而至的善緣紛至，就像是在長長的轉山路上，遇到一個個族人的幫助，而這一切如同某種授記，意在鼓勵我去瞭解更多的故事：往昔的，被遮蔽的，被忽略不計

直貢噶舉最高法王澈贊仁波切與聖山岡仁波齊。（旅上提供）

的，卻值得廣為人知的故事。我只是一個被這些故事以及與這些故事相關的一切賦予了記錄使命的藏人，何其幸運！

如同以上所記錄的法王家史及生平，主要來自於法王對我的親口講述，以及摘錄於相關著作和網路，不然我又如何能夠知道這麼多？實際上，這之前我對這些故事所知甚少，正是因為寫這篇文章，才拉開了遮擋歷史與現實的厚重布簾。感恩直貢澈贊仁波切的了知，對我贈言也是開示：「一切法是因緣而起，是佛教的根本理論。」

7「青少年活佛班」的努巴仁波切

我還見到另一位仁波切的照片，也是來到邊界遙遙朝拜聖山和聖湖，也訪問了利米山谷，時間是二〇一四年夏天。他的斑白雙鬢映襯的笑容我不熟悉，但他的法名我很熟悉：直貢噶舉教派的努巴・貢覺丹增仁波切（Nubpa Rinpoche）。

我立刻想起所謂「青少年活佛班」的往事。那是一九六三年初，毛澤東指示中共西藏自治區籌委會開辦「青少年活佛班」，目的在於培養「又紅又專」的宗教界上層人士，在拉薩的藏傳佛教各教派的十一位年幼、年輕的仁波切納入其中。一九六四年，由於十世班禪喇嘛上書毛澤東，直言批評中共的西藏政策而遭批鬥，「活佛班」的多位仁波切被打成「小班禪集團」遭到整肅。一九六五年，「活佛班」改為「自治區社會主義學院（籌備）青年班」，遷往拉薩郊區的蔡公堂寺、羊卓雍措湖進行「勞動改造」，長達十三年。

我曾在一篇有關喜德林寺的廢墟的文章[12]中寫到：「『青少年活佛班』聽上去不錯，其實是『改造思想』、『接受再教育』，這都是那個極權統治者的專門術語。比如擔任班長的熱振仁波切被認為是『小班禪集團』的骨幹，每日寫檢查，交待『反動思想』。之後，十一位少年仁波切全都集中在拉薩郊外去牧羊放牛，養豬捕魚，掏豬圈搬石頭，用『六六六』藥粉殺蟲子。因為經常挨餓，只好偷吃摻有酒糟的豬飼料，結果大都有了酒癮。就這樣，傳統上需要嚴格遵守的佛教戒律，一個個地被強迫著放棄了，破掉了。就這樣，直到一九七八年這些仁波切才被『落實政策』，安置在諸如政協、佛協之類被稱統戰的單位充當『花瓶』，但其中一些仁波切的一生已經給毀了。」

在記錄了比如熱振仁波切、達扎仁波切、達隆孜珠仁波切等幾位仁波切的一些不偏了人世間種種無常的故事之後，我由衷地表達了這樣一個心願：「希望有一天，我能書寫那十一位仁波切的坎坷今生，他們並非尋常眾生，而是代代傳承的珍寶，他們被毀損的命運意味著他們所代表的智識迫不得已的枯竭，而那才是活生生的佛法示現，比任何的當頭棒喝更為有力。」我不知道我有沒有機會能夠實現這個心願，畢竟我竭力想要說出真相的聲音太微弱，而那個擁有強權的勝利者不但聲稱毛澤東指示開辦的「青少年活佛班」取得了成功，還在極高分貝的官媒中聲稱，「這群天真稚氣的活佛……知識與道德俱增，成為西藏宗教領域和社會生活中引人注目的人物」[13]，並且至今還在繼續開辦「青少年活佛班」，以中國共產黨的要求來洗腦、馴化藏傳佛教的世代仁波切。

我注意到那個「青少年活佛班」裡沒有直貢澈贊仁波切，可當時他才十七歲，何以不在其中？我一度以為是因他的祖父「參加叛亂」、父母提前「叛逃」，所以不被允許參加，但現在才知道並非如此。一個原為直貢梯寺的仁波切，讀過中央民族學院，之後在政協當幹部，並與一個「積極分子」成婚，悄悄勸告澈贊仁波切千萬不要去「活佛班」，就在學校上學為好，以後也別去政協佛協這些地方。澈贊仁波切就說你不要講了，我知道該怎麼做。於是在辦「活佛班」之前，當局召集留在拉薩城裡幾乎所有的年輕仁波切開會，澈贊仁波切衣衫襤褸地去了，坐在會場最後。主持開會的官員不滿地質問：為什麼穿得這麼破爛？「黨的指示說要勤儉節約。」澈贊仁波切站起來回答。官員語塞，停了一下又說：明天穿上袈裟，去大昭寺講經場參加新年祈願大法會。「黨的指示說宗教信仰自由。」澈贊仁波切的意思顯然是拒絕去。官員氣得臉都漲紅了，但也沒有理由發作。第二天，澈贊仁波切趴在緊挨名為「松卻繞瓦」的講經場的房頂往下看，見年紀相仿的幾位要好的仁波切重又穿起袈裟，悶頭坐在遠遠少於往昔法會規模的僧眾中，悄悄地扔了幾個小石子，當小夥伴們仰頭張望，他用手搓著下巴譏諷道：「彭叭瓊，彭叭瓊……」意思是自作自受。當然他也就沒有再被叫去上「活佛班」了。下一次

文革結束後，「青少年活佛班」的九位仁波切在拉薩合影，左一是努巴仁波切。
（藏人提供）

的默朗欽摩（藏曆新年祈願大法會）也被取消了，直至一九八六年才嘗試恢復，三年後又被禁止至今。

那個「青少年活佛班」裡有努巴仁波切，當時約二十二歲。不過我對他的瞭解，僅與他在文革之後的某段生涯有關：一九八〇年前後，當過農夫和泥水匠的他被「落實政策」，安排到西藏自治區政協文史資料編輯部工作，不久與同事成婚。這位同事是有名的進藏紅衛兵、畢業於中央民族學院的大連女子郭翠琴。他們的婚姻至一九九二年，以努巴仁波切獨自去往印度而告終結。網上有篇據稱深度採訪過兩人的文章說，學者型的他之所以一去不歸是為了離開這位強勢妻子。但我覺得這或是一面之詞，努巴仁波切更可能是想做一個真正意義上的修行者。當他離開世俗囚籠，便去往米拉日巴瑜伽行者的閉關聖地拉契雪山禪修，並且多次閉關，長達八年多。隨著年紀增長，容顏清矍，如同經典中所描繪的得道高僧。我讀過他寫給在拉薩離世的母親的懷念文字，其中寫道：「常以輪迴無義出離心，眾生視為父母之慈心，一切所修甚深生圓法，發願報答此生具恩之，父母為主虛空有情恩。」

我認識郭女士，並且有過幾次比較深入的交談。得知她前些年去尼泊爾尋夫卻不得見，然後直奔德拉敦和達蘭薩拉，向直貢法王和尊者達賴喇嘛告狀，卻又以神祕的身分遊說從境內逃出去的藏人，追問是否思念家鄉與親人，當對方忍不住潸然淚下，就聲稱自己有辦法讓其回家，不受處罰云云——這些都是這位自稱「明妃」，並以此身分著書撰文的退休編輯親口對我說的，她還竭力勸說因寫了讓黨不高興的真實故事被開除的我懸崖勒馬，回頭是岸，而她有辦法讓我重返體制等等。總之故事多多，這裡不提也罷，畢竟她已於幾年前去世。

直貢絳袞澈贊仁波切與努巴仁波切的宗教地位崇隆，卻因世事反轉成了流亡者，如今在異國他鄉繼續弘法，是喜馬拉雅區域無數信眾的精神領袖。如同逆緣轉順緣，禍福相倚伏，這對於未來會有怎樣的啟示呢？顯然是有的。顯然已經有了，譬如直貢絳袞澈贊仁波切的努力，使得幾乎被世人遺忘的佛教聖地舍衛城重又煥發榮光。努巴仁波切不但在加德滿都主持仁欽林寺，還在拉契聖山修復閉關中心，並教導直貢教法。

8 千年古寺和大譯師仁欽桑波

我要說一說那座寺院，起先也是從Instagram看到照片，之後在相關網站看到更多照片。名為仁欽林（Rinchen Ling）的寺院已有上千年的歷史。它一直真實地存在著，存在於聖山岡仁波齊南面的利米山谷瓦爾茲村莊，存在於這裡人民的日常和精神生活中，並沒有遭到戰亂、革命等諸多天災人禍的毀壞，也未遭到自稱「解放者」的劫掠。也是以「雪域弘法者」、「傑出的建寺者」而名垂青史的大譯師洛紮瓦·仁欽桑波（Lochen

Rinchen Sangpo）所建，且為他畢生所建一百零八座寺院之最後一座，為此以他的名字命名。最早是噶當派傳承，十五世紀時改為直貢噶舉傳承，是利米山谷三個寺院中最重要的，一尊近四米高的未來強巴佛（Gyalwa Jampa）金色塑像，自寺院建成起就供奉在此。事實上，這座寺院所擁有的諸多佛像、佛經、唐卡和法物，都是千百年來的不斷積累。

於西元九五八年出生在西部古格地區的仁欽桑波，十三歲出家，十七歲由拉喇嘛（政教法王）意希沃派往印度學佛，三十三歲返回藏地，所行事業誠如藏學泰斗、義大利藏學家圖齊（G. Tucci）的名著《梵天佛地》（*Indo-Tibetica*）[14]中的講述，仁欽桑波及以他為中心的學派不僅包括本族弟子，「還有（阿里）王室迎請而來與其合作、續佛慧命、使教法久駐的印度上師」，多達七十五位班智達（智者），翻譯、校訂了一百零八部密續經典、顯宗經典十七部、論三十三部，收錄於甘珠爾和丹珠爾構成的《大藏經》中；並且在喜馬拉雅山麓那漫長的峽谷與盆地一帶，建造、修復了三百多座佛塔和一百零八座寺院，包括著名的紮達托林寺和普蘭科迦寺，以及今位於印度北方斯皮緹河谷的塔波寺，以及他在自己家鄉古格建的熱尼寺，事實上是建構了一個神聖的宗教地理之國度。

對此，圖齊由衷讚嘆在廣袤且多樣化的西部：「沒有一座古寺不在傳統上與大譯師有聯繫」，「他不僅是一位大譯師，也是遍布西藏西部的印（度）（西）藏塔寺的偉大建造者」。更令人感佩的是，不只是從事佛經翻譯和寺院建造的仁欽桑波更是了不起的實修者，他在八十五歲時得遇從印度迎請入藏弘法的阿底峽尊者（當時六十歲），竟以無比的謙恭和驚人的勇氣在西藏宗教歷史名著《青史》[15]中留下這樣的記載：阿底峽尊者讓譯師一心專修，譯師聽從，在修行室的外門、中門和內門上都依次貼下警示：「如果我心中剎那生起僅為此世的心思；為自利的心思；和凡俗的心思時，諸護法當粉碎我頭！」

而仁欽桑波最終以九十八歲圓寂之處，並非有些中文文章中聲稱的，是在位於札達縣城的托林寺內的一座毀於文革中的佛殿，名為色康，雖然據說有藏文史書記載了這個說法。另外《青史》寫是「在喀紮英根地方，示現圓寂」。看來承蒙大譯師弘法恩澤的西部多個地方，都願意擁有這份光榮，但事實指向的卻是位於利米山谷瓦爾茲村莊附近山谷的懸崖洞穴，那是專心於靜修的隱士更中意之處，仁欽桑波正是在那裡圓寂，並在該處的一座今已殘破的塔裡火化，而後將骨殖和泥土、草藥等製成數枚小「擦擦」[16]像和一尊約一肘高的塑像，珍存於仁欽林寺，並未公開宣示於世人。

必須說明的是，這明確無誤的證據來自於有過親身調查的直貢絳袞澈贊法王的講述，以及多位利米藏人的講述。透過網路與遠在臺灣的澈贊法王多次交談，讓我認識到一位當代學者型的具有現代意義的藏傳佛教精神領袖，為此由衷感激澈贊法王的慈悲和謙遜，博學與包容，耐心及啟蒙。同時，我又從相關網站找到介紹和照片，尤其是那些對仁欽林寺的外在環境、內在空間所做的圖像紀錄，更是具有無可辯駁的真實性。

二〇〇八年，直貢絳袞澈贊法王再度訪問利米地區，在舉行了淨化與會供的儀軌後，騎馬上山參訪了懸崖洞穴並留宿一夜，隨後又參訪了仁欽林寺。從一本依寺院傳統記錄珍存聖物的卷冊，即包括塑像、法器、佛具、佛塔等物品的紀錄中，找到有關大譯師仁欽桑波的骨殖「擦擦」和骨殖塑像的記載，並從寺院找出古舊的「擦擦」，及兩尊大小略有不等、形象皆為仁欽桑波的塑像，依古老檔案記錄的長度和高度來衡量眼前塑像，其中一尊完全符合，正是無比珍貴的仁欽桑波骨殖塑像，另一尊則是泥塑。澈贊法王當即要求寺院以祕密的方式珍藏骨殖塑像，以防遇竊或其它意外。如圖齊所言：「回顧仁欽桑波的生平、遊歷和事業，我們彷彿重新經歷那種精神氛圍和他所處的歷史時刻。」凝視著照片上歷經漫長歲月的滄桑，卻神情安詳的聖者塑像，我們能夠感受到這一切。

直貢絳袞澈贊法王的發現具有非常重要的意義，修正了歷史上有關法體當場消逝於空行剎土的神祕化描述，對此所持的正確態度，應該如圖齊所說：「使用這些傳記應當十分謹慎。一般來說，不能把它們當成完全的信史，……它們是宗教勸諭文學的分支」。至於前些年所謂在阿里地區紮達縣山溝發掘出土一具「木乃伊」，被當地文物部門「初步判定……很可能是西藏大譯師仁欽桑布的『法體』」[17]，據新華網等官宣報導，當地官員甚至已將身量極小如同孩童骨骸的「木乃伊」交由托林寺保管，用黃綢包裹安置

仁欽林寺供奉千年之久的仁欽桑波法體像無比珍貴。（利米藏人提供）

於一具玻璃櫃內，並對外說成是大譯師之法體，儼然已打算做成某種凸顯「政績」或另有用意的事實，而這顯然是不對的。

9 科迦寺「銀身三怙主」像之劫

千年漫長，太多無常，仁欽桑波所建的如此浩浩盪盪的佛寺塔廊，有的已圮廢，確實成了遺蹟，但許多依然存在於高天雪地，提供著曼陀羅的精神意義，是一代代信仰者的精神中心，並且，如圖齊所說：「在歷史、圖像學和美學上有著無量價值」。然而，到了世事徹底反轉的一九五〇年之後，所有坐落於全藏境內的佛教建築六千多座，在經歷了始於一九五六年的「平叛」、一九五八年的「宗教改革」、一九五九年的「平叛」及「民主改革」、一九六六年的文化大革命等連續不停的無數次革命之後，皆成廢墟，大多數蕩然無存。中共官方在文革後承認，僅西藏自治區的二七一三座寺院只剩下八座，那麼被毀的必然包括了仁欽桑波建造的寺院，如今我們所見到的實乃同名新建而已。更須強調的是，每一座寺院原本都是容納了、珍藏了、傳續了不計其數的精神與物質財富的寶庫。

譬如仁欽桑波於九九六年在普蘭建的科迦寺所主供的「銀身三怙主」像，早於科迦寺就已塑造，享譽整個喜馬拉雅區域。據出生於阿里地區噶爾縣的學者古格．次仁加布記載[18]，護持佛教的普蘭王拉德令喀什米爾的能工巧匠鑄造純銀質的文殊像，在左右兩邊鑄造黃銅質的金剛持和觀世音像，「大小等身於拉德王自己的身高。中間的文殊怙主鑄造得十分精緻，當時在印度、尼泊爾、中原和蒙古等地，無出其右者。質地如此優良的鑄像不僅十分罕見，更是聞所未聞，完成後進行了加持」，數代之後的普蘭王朗德貢，「在先輩拉德王曾建造的銀質文殊菩薩像的左右兩邊，分別鑄造了銀質的金剛持和觀世音菩薩像，與位居中央的文殊菩薩像一樣高，從此科迦三覺臥（至尊）的美名遠播千里之外。」

我雖然知道科迦寺也跟藏地許多寺院一樣在「解放」後被破壞，但不清楚「銀身」怙主」像是否安在。從網上搜到的中文訊息來看，三銀像似乎神奇地躲過了劫難，貌似完好無順，依舊是原物。只有一篇中國媒體人的文章在暢遊西部阿里，一路抒情，後語焉不詳地寫：「我問科迦寺的管理者，今天的三怙主是文革後修復的還是原來的，他遲疑了一下說，是部分修復的。」[19]可是這「部分修復」是什麼意思呢？多少殘骸算是「部分」？據說佛殿的角落擺著上世紀西方探險者拍攝的塑像照片，比較那個記者對舊照的描述與新拍的胖胖的塑像，並不一樣。

一位細心的族人翻開著名學者東噶．洛桑赤列仁波切編寫的《東噶藏學大辭典》，找到其中詞條並翻譯了相關細節：「文革中，科迦寺所供奉的『銀身三怙主』像，左右兩尊徹底毀滅，中間聖像被斬斷，上半身運至新疆，文革後尋回送歸寺院，與重塑的下半身合成一體。」英文維基百科的科迦寺詞條也有提到，不像中文維基百科一個字都不提。英文維基百科是這樣寫的：原三聖像「被中國人摧毀，只有蓮花座倖存」，「著名的聖像已消失。以帕拉造像風格塑造，表明可以追溯到西元八或九世紀。據報導，聖像被斬斷成碎片，並於一九六七年被掠走。」

王力雄在一九九〇年代的相關紀錄也提供了證據：「我後來在普蘭的科迦寺看見兩座（應為三座）高達兩米多的銀佛像，就是文革期間被銀行運走的。當時阿里地區歸新疆『代管』，佛像被運到新疆，一直放在銀行保險庫裡。直到鄧小平時代重建科迦寺才歸還回來。科迦寺的僧人給我掀開佛像的衣服，讓我看佛像銀腿上有一塊凹坑，那就是當年被砸廟者用大錘砸的。」[20]

再看位於利米地區的仁欽林寺的照片，顯而易見，唯有「解放」後劃定的邊界之外的佛教建築，依然保持著最初的風貌，這從照片上那包有鐵皮的木梯、因日晒雨淋而色彩暗沉的「邊瑪牆」，以及護法殿內掛於樑柱的諸多古老面具等細節辨認得出，這是多麼地令人傷感。曾幾何時，我們拉薩的許多寺院，日喀則地區的許多寺院，澤當地區的許多寺院，阿里地區的許多寺院，等等所有藏地的寺院原本都是這樣的完整樣貌，但他們不邀而至：當「解放者」來了，「大恩人」來了，一切都變了樣。位於利米地區的仁欽林寺恰恰相距不遠，那裡的僧眾及民眾一定深知這樣的變化意味著什麼。當科迦寺、托林寺等寺院在文革中遭遇劫難，有許多信眾冒死搶出尚未被毀的珍貴佛物聖像，悄悄翻山越過邊界，送往仁欽林寺保存，直到一九八〇年代強權者開恩允許信仰佛教時才又帶回。然而太遺憾了，如果早早將「銀身三怙主」聖像也帶往聖山的另一邊保存，那就不會有被砸毀、被斬斷的損失了。

我在Instagram還看到一張照片，是我轉山遇見的行腳僧—達瓊喇嘛的姪孫，即最初與我聯繫的那位利米青年的祖父與努巴仁波切的合影。應該是努巴仁波切遙遙朝覲聖山岡仁波齊並訪問利米山谷的那次。那位白髮蒼蒼、相貌堂堂的利米老者是當地首領桑覺，穿著紫紅色的緞子藏袍，胸前披掛潔白哈達，與努巴仁波切握手傾談。圖說寫著：「我的祖父是這個藏人社區最有聲望的人之一，……他在與中國占領的西藏繼續進行傳統的跨界貿易的同時，還幫助了許多西藏難民安全地通過邊界。尊者達賴喇嘛親自送給他一尊佛像。雖然他已去世數年，但許多人包括年輕的一代依然記得他並充滿尊敬。」

邊界的意義是如此重要，呈現的是兩邊所有一切的截然不同。比如，除了仁欽林寺在千年來完好，如今在世界享有美譽的阿基寺（Alchi），位於今印度喀什米爾地區拉達克首府列城，也是大譯師仁欽桑波所建的一百零八座寺院之一座[21]，也是僅存不多、保存完好的藏傳佛教古寺之一，尤以言語無法描述的美麗壁畫、木雕和泥塑令人矚目，被聯合國列入「世界文化遺產」。需要補充的是，阿基寺是格魯派傳承，寺主阿里仁波切的這一世是尊者達賴喇嘛的弟弟丹增確傑（Tenzin Choegyal），傳統上同時負責喜馬拉

科迦寺所主供的「銀身三怙主」像，除中間聖像
上半身，其餘為新造。（唯色 2021 年 9 月拍攝）

努巴仁波切與勇敢的利米長者握手傾談。（利米藏人提供）

雅西部的幾座格魯派寺院，不過自幼穿袈裟入寺院的他在流亡之後還俗，曾在流亡政府及尊者祕書處工作，如今與阿基寺是否有更多聯繫不得而知。記得《雪域境外流亡記》書中記載，一九五九年三月十八日傍晚，從拉薩出逃的尊者達賴喇嘛及隨從艱辛抵達一座小寺後，身著俗裝的尊者注視著堯西達孜家族中最小的孩子、十三歲的弟弟，輕喚他的小名說：「我們現在是難民了。」

如今雖然人人讚美阿基寺的永恆，連境內的藏人藝術家也出於仰慕而摹仿壁畫，但是否想過，假如阿基寺位於行政區劃的西藏自治區境內，又能否躲得過一場場的革命殺劫？人人都說自己遊歷過拉達克，當然我也很想去，但我連轉岡仁波齊的幸運都很難得到，又如何能夠獲准跨越邊界？我只知拉達克並不大，卻有藏傳佛教諸多教派寺院，包括直貢噶舉三大寺院及下屬五十多所道場，從拉薩翻山出逃的直貢澈贊法王曾在喇嘛宇茹寺學法十年，包括閉關三年多，並得到一位祕密從境內祖寺直貢梯寺艱辛來此的老僧將教法傾囊相授。喇嘛宇茹最初也是大譯師仁欽桑波建造的寺院，近千年來未遭到過人為破壞，多麼幸運。

10 文革中被炸毀的江扎寺

直貢噶舉是藏傳佛教噶舉教派中非常重要的一支，傳承歷史悠久，教法與修行獨特，擁有無數獲得成就的瑜珈修行者，以至過去有諺語稱：「不要與噶廈政府比權力，不要與噶瑪噶舉比財力，不要與直貢噶舉比法力。」其寺院及修行地在八百多年裡遍布全藏及喜馬拉雅區域，祖寺即直貢梯寺位於拉薩以東的墨竹工卡縣內，尤以直貢天葬場及藏曆猴年的頗瓦大法會（十二年一次）著名。二〇〇四年夏天我與家人去法會現場，大大小小的帳篷密密麻麻，擠滿寺院下方寬闊而蜿蜒的草地，從喇叭裡傳出高僧誦經聲，感受到強大的懾服力。我們還去了天葬場，隨排隊的信眾走向某塊特殊的石頭，背靠用哈達包裹的石頭，以示死後會來此天葬。聽說第三天參加頗瓦法會的人數達到二十多萬，雖然下起大雨，但全都默立雨中，不打傘也不戴帽，為的是無障礙地領受讓魂識出竅的灌頂。講述者說看到那種場面，感動得流下的淚水比雨水還多。

直貢澈贊仁波切說直貢噶舉傳統上尤其重視在岡仁波齊等聖山的特別修行。研究者也指出：「……直貢噶舉派在這一廣大地區始終是以瑪旁雍措和崗底斯山及周圍地區為據點。」[22]在全藏家喻戶曉的朝聖三座聖山的傳統：馬年轉位於阿里三圍的岡仁波齊，羊年轉位於衛藏四如之定日（今有部分劃於尼泊爾）的拉契雪山，猴年轉位於衛藏四如之隆子（今有部分與印度阿薩姆邦相接）的扎日神山[23]，正是直貢噶舉宗師吉天頌恭尊者在八百多年前首創，被認為是本尊勝樂金剛的身語意三剎土，據《直貢法嗣》[24]記載：「以大班智達吉雅崗巴為首的五萬五千五百二十五名僧人被派往崗底斯山去修行；以善知識雅如白扎為首的五萬五千五百二十五名僧人被派往拉契雪山去修行；以密宗師國沃且為首的五萬五千五百二十五名僧人被派往扎日山去修行。」三大聖山對於直貢噶舉的修行具有非同一般的重要意義，有諺語稱：「列松各達波直貢巴」，意思是：三座聖山的主人是直貢修行人。更有諺語稱：「山皆直貢山，壩皆直貢壩。」《直貢法嗣》寫：「的確，此時僧眾數量達到極點，在為以前修造的吉祥塔重新開光時，或舉行布薩儀軌時，僧眾的袈裟所發出的光焰，使直貢上方的天空都變成了紫色。」

傳統上，每年藏曆四月十五日的薩嘎達瓦[25]，位於聖山岡仁波齊下的塔欽（大經幡旗杆）換新並升起之前，須由江扎寺的主持喇嘛舉行特殊的法會。江扎寺是岡仁波齊周圍最早也是最重要的寺院，位於聖山南面的一條山脊上，屬於直貢噶舉教派，主持喇嘛在過去由第一祖寺直貢梯寺派來，不但要管理聖山區域的直貢道場，還要管理喜馬拉雅山麓的直貢道場，堪稱直貢噶舉在聖山的祖寺，屬寺曾達十六座之多。據直貢澈贊法王講述，吉天頌恭尊者如此授記：「你在那裡會看到那座山，形如長蛇往下去，那麼就在蛇頭建寺。」高僧吉雅崗巴遵命建寺，他也正是轉山朝聖路線最早的實踐者。義大利藏學家畢達克在《拉達克王國史》[26]中提到吉天頌恭七十三歲時，即一二一五年，派吉雅崗巴前往岡仁波齊建寺，應該就是江扎寺。

此處又稱「康江玉魯宗喀貢」，據說與更早以前的象雄古國有關，十八代象雄國王佩戴以黃金製作的神鳥「瓊」（中文譯成大鵬金翅鳥，但藏人學者認為是錯誤的，因為「瓊」與大鵬鳥是兩個完全不同的文化特質[27]）為頭飾的王冠，第一個國王的宮殿傳說就位於江扎寺所在處，也因此江扎寺的建築風格與大多數寺院不同，是以石頭壘築成宮堡的形式，或許與舊日王宮有關，相當特別，如同護衛聖山岡仁波齊的勇士。江扎寺主供一尊佛陀銅像，傳說是聖湖瑪旁雍措的魯神所贈，被譽為「阿里之莊嚴」。周圍更有諸多形狀殊異的修行洞，一代代直貢修行人在裡面，夏天修習大乘心要教法、冬天修習那若六法等，留下各種傳奇。

然而這座深藏於內轉山道的寺院也毀於毛澤東的文化大革命。與其他寺院的厄運不同，是被革命幹部帶領革命群眾用炸藥給炸毀，「完全被炸掉了，連基礎都沒了，下面只剩下磐石」。當聽到澈贊法王講述這個細節，我震驚不已。想想看，江扎寺是用厚重、堅硬的條石壘築的宮堡式寺院，這得用多大威力的炸藥才能炸掉？而這麼炸，又會對附近不遠的岡仁波齊聖山及相連的群山造成什麼樣的後果？簡直令人驚駭得不敢想下去。可能唯一的幸運是在寺院被炸之前，那尊「阿里之莊嚴」的佛陀銅像，被勇敢的某個當地人藏起來，埋在地下，直至後來寺院重建時才取出獻上。

瞭解詳情的藏人給澈贊法王寫下江扎寺被炸的情況：「是一個漢人點燃的炸藥。一個叫扎拉的藏人和一個叫益西拉達的藏人也在場。領頭的扎拉是塔欽鎮的幹部，早已亡故。當時下起了雨，炸藥燃得很慢，但突然降下雷電，引爆了炸藥，這樣就炸毀了寺院。文革結束後允許宗教信仰，一個住在塔欽鎮的藏人用土坯勉強重建了江扎寺。他叫索南，曾當過駐寺幹部。」這裡插句話，我覺得雷擊之說有神話渲染的成分。而在初次重建之後又有過兩次用石頭的正式重建。一個叫曲英多吉的當地人在印度的藏傳寺院學佛，向直貢澈贊法王請求重建，法王同意並親自去各處募款，德國的一個保護並復興傳統文化的基金會資助了很多錢，瑞士的一對熱愛喜馬拉雅自然及人文的年輕夫婦露絲（Ruth）與弗拉維斯（Flavice）多次前往聖山，與法王派去的一位名叫旺丹多吉的修行人共同協助重建，「那時候形勢沒有現在這麼緊張，我們派他協助寺院兩次重建。依照原貌，完全是用石頭重新蓋起來的，蓋得非常好」，法王讚道。於是寺院終成今天的樣貌，同時還建了一座藏醫院。

離江扎寺不遠，同樣位於內轉山道的色龍寺也毀於文革，是不是也被毛澤東的追隨者用炸藥給炸了，我還不知道，需要做更深入的瞭解。色龍寺有一位僧人叫貢覺確巴，人們稱他貢確巴，一九八〇年代重又允許為僧後，他從牧場上回來，目睹聖山前的廢墟一定痛心不已。當兩座寺院開始重建，在海拔五千多米的山脊之間，他兩邊來回跑，今天揹著石頭蓋江扎寺，明天揹著石頭蓋色龍寺，與許多參與建寺的藏人一樣，披星戴月，不肯休息……如今他九十多歲了，仍守在聖山下的色龍寺或聖湖邊的另一座寺，常年來幫助過許多轉山的窮人、落難的求生者。從傳出的照片上可見他滄桑的面容卻有靜若止水的目光。與我遇到的達瓊喇嘛相比，貢確巴喇嘛的故事更多苦難、掙扎與堅持，但我能複述的也僅僅只是一二。

內轉山道還有一處聖蹟，是位於絕壁高崖之間的「十三金塔」（司東居松），為數代直貢噶舉法王的金質骨殖塔，也毀於文革。不知是不是也被炸藥炸掉的，那些革命狂人邪性大發，以為自己定能勝天，說不定連岡仁波齊也想炸毀。澈贊法王說：「一次在與那對瑞士夫婦見面時，他們給了我很多重建『十三金塔』的照片。我問你們為何要重建？他們說這是世界上最高的建築物，也是直貢噶舉的靈塔，是您前世的靈塔。是的，這在直貢法嗣的傳記中是有記載的。不過還有一種說法，認為是古象雄國王的骨殖塔，這和我們所知道的有出入。」然而這也說明，更為古老的象雄文化在傳統地理稱之為「上阿里三圍」的許多地區，有著非常重要的印記和影響力。

實際上，神山聖湖周圍的寺院幾乎全都毀於文革甚至更早的一九五〇年代，直到一九八〇年代才由當地藏人重建，但規模都遠不如從前，而且從前的繪畫和雕塑已無跡可尋。有些寺院再也沒能重建，徹底成了廢墟，比如岡仁波齊周圍原有的寺院，至少有一座已經消失了；瑪旁雍措周圍原有的八座寺院，至少有兩座都消失了，四座屬於部分重建。但是文革中毛澤東有明確的指示，西藏七十個縣中的二十五個邊境縣（分布在日喀則地區、山南地區、林芝地區與阿里地區）不准搞文化大革命，不准搞「破四舊」也不准搞「武鬥」，可是為何在與印度、尼泊爾接壤的阿里地區，尤其是在不只藏人、更有周邊國家的各種宗教的信徒，均視為無比神聖的神山聖湖，這些革命都搞得轟轟烈烈，甚至用上了炸藥？這是為什麼？

這就像曾經坐落在阿富汗巴米揚谷內山崖上的兩尊立佛像，於二〇〇一年三月十二

聖山內轉道上的江扎寺。（唯色 2021 年 9 月拍攝）

江扎寺供奉的「阿里之莊嚴」。（唯色 2021 年 9 月拍攝）

日被塔利班炸毀。據悉，塔利班在動用大炮、坦克後，發現雕像比想像中還堅固，最終採用了炸藥徹底將大佛炸毀。兩尊巴米揚大佛建於西元六世紀，曾經這一帶有數十所佛寺、七百多佛窟和成千僧侶。前不久，即二〇二一年三月九日之夜，在被塔利班炮毀二十年後，當地民眾以3D投影的方式讓其中一尊大佛短暫重歸原地，熠熠生輝、仿若往昔[28]。固然這是佛法生動一課的示現：「一切有為法，如夢幻泡影，如露亦如電，應作如是觀。」但我們要知道的是，今天我們譴責塔利班的暴行，然而就在我們的聖地，也曾發生過跟塔利班如出一轍的暴行。悲哀的是，巴米揚大佛被炸，全世界有目共睹，而圖伯特的寺院被炸，卻至今不為人知。非但不為人知，如今檢索中文網路，對這些重建寺院的敘述，往往是：或者含含糊糊，或者根本不提，就像是從未被毀過。

說來又是巧合：我從推特上看到一幅照片，畫的正是岡仁波齊轉山路上的寺院，繪畫者是我非常熱愛的天賦異稟又兼具使命的俄羅斯傳奇人物尼古拉斯．洛里奇，他曾率領遠征隊有過長達五年（一九二三至二八年）的「亞洲探險」，主要是在中亞和喜馬拉雅地區旅行，之後他畫了兩千多幅《喜馬拉雅組畫》。仔細辨識這幅水彩畫，群山間有著宮堡建築風格的寺院及佛塔，讓我覺得似曾相識。我找出近年來遊客拍攝的江扎寺照片比較，可以斷定洛里奇畫的正是江扎寺，不過他畫的是有著八百多年歷史的江扎寺未被文革炸藥炸毀之前的原貌，較之如今重建後的主體佛殿，雖然相仿，但更為宏偉，而且旁邊還多幾幢小型宮堡。

11 聖山成了「國家4A級景區」

傳統上，必須外轉岡仁波齊十三圈之後，才能走內轉山道，也才能見到宮堡似的江扎寺，所以我於二〇〇二年轉岡仁波齊的時候，僅外轉一圈是沒有資格內轉的，自然也就沒有資格見到江扎寺。關於外轉十三圈有許多動人的民間故事，比如有個故事是說一位因口渴俯身飲河水卻痛失懷中幼嬰的婦人，遵循喇嘛開示轉聖山十三圈後，從病中欲生的苦中得到解脫，從此給後人留下這一離苦得樂的心靈藥方。當然更有殊勝的[illegible]與這個數字——即十三圈而非一圈或九圈——有關。許多朝聖者在轉了十三圈之後會[illegible]即立下誓言，各種誓言包括餘生茹素、絕不殺生等等。換句話說，既然是一心一意的朝聖者，理當尊重、遵守這一傳統，而不應該毫不在乎。既然流傳的有罔顧禁忌，徑自去探內轉山道的風景或傳奇，導致種種懲罰的傳說，或也可能不會是無稽之談。

但從網上找到的資訊看，現在內轉山道已被開闢成了旅遊線路，江扎寺成了觀聖山的觀景台之一，是所謂的「國家4A級景區」。只要花上兩百元買門票，旅遊車可以徑直開到寺院跟前，花花綠綠的遊客們在層層白塔之間晃來晃去，真的是無知者無畏啊！

記得十年前，我寫過呼籲書《請制止用神山聖湖牟利的「開發」》[29]，其中寫道：「……從岡仁波齊神山歸來的網友披露，親眼目睹在轉山道上，目前正在拓寬路基，修築公路，不久各種車輛可從塔欽直達止熱寺，並已見到豎起的電纜杆。據瞭解，總部在北京的國風集團下屬西藏旅遊股份有限公司，『承包』了西藏的神山岡仁波齊和聖湖瑪旁雍措，將其設為旅遊區。從網上查到《西藏旅遊股份有限公司二〇一〇年度非公開發行股票預案》，顯然把神山和聖湖當作了發行股票的招牌，歸之為『西藏阿里神山聖湖旅遊區開發項目』，『包括景區開發、酒店建設、環保車購置、制氧廠等其他設施建設等』，以後會有『大門、觀景台……景區機動車道等』。……今年，一項環繞岡仁波齊神山的越野賽正在緊鑼密鼓推進……承辦單位「北京極度體驗戶外探險運動有限公司」……雖然這次活動打著『慈善』旗號，但已經顯示出伸進岡仁波齊的商業之手初試牛刀。這並非無端的臆測，因為已經有諸多神山聖湖，都是沿著這個軌跡被置於了商業的砧板上。」

我在呼籲書中還寫：「在傳統上，朝拜岡仁波齊與瑪旁雍措是眾多信徒一生中不可缺少的經歷。而步行環繞神山和聖湖，是延續了難以計數之歲月的信徒朝聖方式，要的就是通過步行的『勞其筋骨』達到宗教境界的昇華，絕不需要公路、遊覽車等。相反，公路、遊覽車只是為著引來盡可能多的獵奇者，按當代文化人類學的理論，是一種『旅遊帝國主義』行為，造成的是對神山聖湖的褻瀆和毀壞。

「即使暫且不論宗教信仰者在恒久歲月中賦予神山聖湖的各種神聖性，在特定地方保持一塊神聖區域，不妄動那裡的一草一木、一山一水，是有著宗教信仰的民族在長期歷史過程中，通過文化手段形成的一種對生態的特殊保護，體現了人與自然交融的『文化環境觀』，既有效地保護了眾生共有的家園，也為人類傳統和信仰留存了一席之地，這正是屬於全人類共有的『自然遺產』和『文化遺產』，理應珍惜，更應尊重。」

當時尚在世的藏學家艾略特．史伯嶺也撰文[30]指出：「出於利益來踐踏這處宗教名勝，並不只是對藏人的又一次侮辱，對於將神聖的岡仁波齊看作淫婆的居所，而來朝拜和繞行的印度朝聖者來說，也是一記耳光。王力雄在《天葬：西藏的命運》一書中，將圖伯特描寫為一具無法移動的軀體，正無助地被瘋狂捕食的禿鷲撕裂。唯色以此來比喻在這種無恥的為利益而踐踏藏傳佛教及文化的行為面前，藏人的無助、無力。她呼籲停止為金錢開發岡仁波齊（及瑪旁雍錯）的行為。這在國際上引起了一些注意，但面對這種開發將造成的對環境與文化的災難，迫切需要更多的關注。」遺憾的是，我們的呼籲在霸道的權力和欲壑難填的貪欲面前絲毫難擋。

除了把宗教聖地商業化，並帶來令當地人難以忍受的環境汙染（前不久在微信朋友圈流傳塔欽藏人拍攝的影像，可見聖山周圍盡是塑膠袋、塑膠瓶等各種垃圾），文革後艱難重建的寺院再次、或者更確切地說是屢屢受到政治的干擾，從頗具喬治．歐威爾在《一九八四》中所說的那種新話風格的當局官宣上，可以看到駐寺幹部帶領江扎寺僧人「講團結愛祖國升國旗」的照片，鮮紅的中國旗幟獵獵招展；「寺管會主任益西拉傑同志用僧人願意聽、聽得懂、接地氣的方式」，要求大家「積極爭做『政治上靠的住、宗教上有造詣、品德上能服眾、關鍵時起作用』的先進僧人。」[31]這座僧侶不及十人的寺院，近年來的各種政治活動多多，比如「開展『加強民族團結，建設美麗西藏』主題宣講」、「開展黨的十九屆五中全會和中央第七次西藏工作座談會精神宣講」、「開展『擁軍愛民僧侶進軍營』雙進活動」等等，江扎寺太不容易了。

12 逃亡、隱匿與重逢

我又想起一個故事，與直貢噶舉的一位仁波切有關，也與聖山岡仁波齊有關。不過我認識那位仁波切的時候，他是楚布寺的年輕僧人，出類拔萃，直率勇敢。我還認識他的父親，看上去很像拉薩的退休幹部，但與他長談後才瞭解到如同悲劇史詩的故事，確切地說與聖山有關的是他。我記錄了這個故事，以《丹增和他的兒子》為題，收入改變了我的人生道路的散文集《西藏筆記》當中。於二〇〇三年在廣州花城出版社出版的這本書很快成了禁書，我也於來年被解除了在《西藏文學》的編輯職務。被認為有「嚴重的政治錯誤」的文章，包括這個故事所記錄的事實，比如描寫父子倆在尼泊爾和印度的朝聖照片這段：

「千層佛塔。萬尊佛像。菩提樹。金燦燦的轉經筒。丹增又讓我看了兩張照片。很鄭重。也很小心翼翼。一間不算寬敞、也不華麗但灑滿金色光線的屋子裡，他和仁央班登神態謙恭地侯於兩側，而被擁於中間的，正是所有虔誠的藏人最熟悉、最親切、最渴望的人——達賴喇嘛。這照片是一九九九年三月拍的。」

丹增其實也是一位仁波切，為青海省玉樹州雜多縣更那寺（噶瑪噶舉）寺主，六歲升任法座。他的家族雄踞一方，父為千戶長，母為囊謙王室公主。他有三個兄弟，兄長是直貢噶舉的加布仁波切。按說再過幾年，他的完整寺院教育就結束了，他就該在寺廟法座上履行他的弘法利生的責任了，但輪到他這個十三世的時候，他的絳紅色的命運之旅被來自外界的一股強大的、可怕的力量給斬斷了。以下是我依據他的講述，對發生在一九五八年春天及之後艱難歲月的紀錄：

「……他的哥哥突然把他從寺院裡帶出來，告訴他不逃不行了，再不逃就會沒命了，然後塞給他一支長槍和一匹馬，帶著上千名男男女女匆匆地踏上了逃亡之路。也可以說是不歸的『叛亂』之路，因為這個隊伍是邊打邊逃的，執行『平叛』任務的解放軍一路圍追堵截，緊緊跟著，一直跟到了今天的阿里地區革吉縣境內。這時候，上千人只剩下了幾十人，死的死，傷的傷，逃的逃，散的散。丹增記得他的父親常常是一個活人突然就變成了一個死人。起先他害怕得很，慢慢地也就習慣了。其實談不上習慣不習慣的，因為時刻都在逃命。丹增是後來才知道他和三個兄弟最終失散的地方叫做革吉縣的。

「這片寒冷、荒蕪而且沒邊沒際的大草原，是在一個槍聲大作的黑夜讓他們餘剩不多的人像鳥獸一樣散落開來，並吞沒或者掩護他們消失於其中的。當狂奔的丹增再也走不動的時候，他發現他的身邊沒有兄弟，也沒有經師，誰都沒有，只剩下他一個人了。他狠狠地大哭了一場。這是他一生中的第一次也是最厲害的一次大哭。然後，他擦去淚水，朝著有帳篷的地方走去，在一個比較富裕的牧人家裡作了傭人。從此，十四歲的丹增開始了他的漫長的隱姓埋名的生涯。漸漸地，人們知道的是這個男孩在隨家人朝聖神山岡仁波齊的路上，失去父母又與兄弟走散，變成了一個孤兒。」

當所謂的「解放」成為現實，「長達整整二十多年，丹增完全隱瞞和圓滿編造了個人的身世」。他當過通訊員、駕駛員、技術員，都是普通一員。他謹小慎微地，經歷了共產黨發動的一個個政治運動。文化大革命中，出於自我保護，他哪個派都不參加，也不得罪。後來，他結婚了，有孩子了，在拉薩定居下來了，「隨著歲月的推移，他開始難以遏制地思念起當初一起出逃的兄弟們。他們是死了，還是活著？如果活著，又會流落在哪裡？他悄悄地打聽著，查尋著，每一次單位組織下鄉總是最積極的一個。尤其是去阿里、那曲一帶。那一帶果然有些同鄉人。他清楚他們一定是當年失散的同伴們，但他從不去找他們。他的尋找依然是暗地裡進行著的，一切都是悄悄的，不動聲色的，他早已經習慣了這樣。就這樣到了一九八〇年，又有了一次去阿里的機會，距離神山岡仁波齊很近，有同事的一個親戚也要搭車去朝聖，可一直走到了神山腳下，那人才告訴他，他是打算翻過神山逃往印度的。丹增這次不害怕了。他直覺地認為這是他尋找兄弟們的一個機會。或許，他的兄弟們就在那邊呢。於是他委託這人幫他打聽他的失散二十多年的兄弟們。這人也答應了。然後他們一起轉山。計畫是轉著轉著就各走各的。可不曾料想，一個極其戲劇性的場面出現了。

「丹增反覆對我說這是真的，真正的，我真的就在轉山的時候，碰到了我過去寺院裡的僧人。雖然我們二十多年沒見面了，而且當年我還是個孩子，可是我們互相都認出來了。我像被電打了一樣。這是我二十多年來第一次看見我的家鄉人，還是我的寺院的人。我愣愣地站著，他也愣愣地站著，誰也不敢相信啊。他撲通一下跪倒在地、放聲哭了起來。他邊哭邊說：『祖古[32]，你只是胖了一點，還是和以前一樣。』

「這個在轉山路上遇到的僧人正是從邊界的那邊過來朝聖的。丹增說，那時候對邊境的管制不像現在這麼嚴，只要有過往尼泊爾的通行證，是允許那邊的人來這邊朝聖神山的。丹增說，這個僧人也是當年一起出逃的人，一直跟著他的兄弟們。他的兄弟們果然是逃到了印度。……就這樣，丹增終於找到了他的兄弟們。」在這個故事的最後，我為

2012 年 5 月，在青海省玉樹州囊謙縣挖出的亂葬坑裡的骨骸，當地人認為是 1958 年被殺的藏人僧俗的遺骨。（當地藏人提供）

到：「我佛慈悲。我佛終究會在適當的時候，因緣俱足的時候，讓善報或惡報示現給芸芸眾生看的。」

現在我意識到是聖山岡仁波齊給予了這一因緣俱足的時刻，使得離散的親人獲得重聚的機會。就在我打算複述這個故事的時候，意外得知丹增的兄長，直貢噶舉著名的加布仁波切，已於三年前在印度圓寂；他那離開故鄉的兒子，已在異國成為直貢噶舉新一代仁波切；丹增與妻子依然在拉薩生活，也時常返回寺院，我真心希望有一天能與他再見。

從網上檢索更那寺不多的訊息，我找到有關寺院概況的簡介，其中除了提及丹增為第十三世寺主，還提到寺院三位仁波切中的一位叫賢林祖古，「卒於一九五八年」。這個有著特殊意義的時間，讓我想起藏學家艾略特·史伯嶺的文章《死亡統計》[33]，就二〇一二年五月在囊謙挖出的一個亂葬坑裡所暴露的累累白骨寫道：「圖片非常清晰，當地人流傳這些是在一九五八年被屠殺的僧俗人士的遺骨。」他還翻拍了一九九九年北京出版的《中國藏學》雜誌有一期當中的一頁，記錄了玉樹地區的一座寺院多位仁波切，無論年長或年輕，無一例外的，全都死於一九五八年。丹增與他的兄長也正是一九五八年逃出被鎮壓的寺院。

13 我們的聖地，他們的垃圾場

前面提到過，促使我動念貼出自己當年朝聖岡仁波齊時拍的照片，包括偶遇的行腳僧—達瓊喇嘛的照片，然後引發我開始寫這篇文章，是中國藝術家張洹於二〇二〇年夏天在岡仁波齊實施所謂的「大地藝術」卻留下龐大垃圾這一事件。而他原本計畫十一月初再去岡仁波齊開啟「一個全新的項目」。用他的說法是，「一百萬面經幡將由新研發的可降解植物纖維提取物製成，它們會在展覽結束後融入土壤，歸於塵埃」。他及他的團隊在社交媒體上高調宣傳，被藏人藝術家鄺老五（索囊尼麥）注意到，提出質疑和批評，引發關注和討論。我則是在推特等牆外網站披露這一事件，並撰寫文章發表於自由亞洲特約評論，文章還譯成了藏文和英文，引起的關注和討論更為廣泛。

這裡，我要摘錄我文章中的相關部分來從頭敘述這個事件，而不是輕描淡寫地幾句話帶過，畢竟其意義非同一般。

這個名叫張洹的中國藝術家有一定的國際聲名，工作室在上海。自稱是「虔誠的佛教徒」，多麼多麼熱愛西藏，「前世是藏人，今生是世上唯一的漢人天葬師」，「DNA檢測結果顯示他擁有百分之八的藏族血統」，「藏地是他的神祕花園」等等。

去年七月中至八月底，在Dior、LV等國際商業大牌的贊助下，張洹和他的團隊駕駛著插有五星紅旗的豪車，「以拉薩為起點，穿越新藏線，一路西行直抵中印邊界，展開創作之旅」，所呈現的畫面是：豪車上插著鮮豔的五星紅旗，在高原的風中招展，一路飄揚，如同護旗人的表白，更是國家意志、權力符號的沿途宣示、烙印。他首先在聖山岡仁波齊那裡實施了大型裝置作品，自稱是「帶著某種『諾亞方舟』的使命」，創作的「母系宇宙星體」。

且不說「諾亞方舟」的基督教概念與作為藏傳佛教、印度教等宗教聖地的岡仁波齊聖山完全不相干，也不論「母系宇宙星體」的說法容易讓人聯想到有「宇宙大將軍」之稱的獨裁者金正恩，從外形上看那個巨大的球體狀作品——直徑在二十米以上的巨大圓形金屬架，圍裹著像塑膠又像織物的白色不明材料，並裁成條縷、紛紛揚揚——簡直酷似新冠病毒的形狀，尤其從半空中俯瞰就更像了。

在名為「岡仁波齊的童年」的影像中出現了一匹表情哀傷的馬，穿法國名牌Dior白色服裝的張洹騎在馬上，又下馬驅趕著大群溫順而慌張的羊，去追逐、簇擁那個狀如新冠病毒的球體。背景是聖山岡仁波齊那獨特的山形默然矗立。球體在風中滾來滾去，露出下面安裝的小輪子。張洹猶如狼奔豕突，喘著氣跑來跑去，還突然抓了一隻羊羔抱住，小羊竭力掙脫。球體的內部似有部分燒焦了，黑乎乎的，張洹鑽進去躺下。難道這是一個熱氣球嗎？但從影像中沒見到像氣球那樣飛起來，而是外表撕扯得亂糟糟的，在草地上滾動著。最後這個破爛的「諾亞方舟」滾入了湖水中，漸漸沉陷。張洹則站在堆在湖邊的零散的架子上擺造型。不知道岡仁波齊下方的這個湖是什麼湖。也不知道變成了垃圾的「諾亞方舟」是不是一直浸泡在湖水中？當地的生態環境部門真應該去檢查一下，如果這樣的垃圾還不會產生汙染，那麼什麼叫做汙染？

而這個以岡仁波齊的童年為題，用文風浮誇且矯揉造作的文案凸顯無神論者自我張狂的虛偽，實則並不珍惜聖地的曠野、水泊與生靈的影像所展現的場景，恰如文化批評家愛德華·薩伊德（Edward W. Said）所言：「帝國主義……是一種地理暴力的行為。」

岡仁波齊本身是四大古老宗教的聖地，理所當然，出現在這個神聖的精神場域的，應該是包括藏人和印度人在內的信徒。但是，如今可以進入這裡的，可以圍聚在這裡的，既少有藏傳佛教徒，也幾乎沒有印度教徒，也即是說，這些宗教信徒在這個聖地是缺席的。可在場的是什麼人呢？正是像張洹這樣的文化帝國主義者。他們占據了聖地的每一個角落。他們肆虐，他們跋扈，他們任性地修改歷史，隨心所欲地重述這裡的故事。事例之一：大言不慚地講述「岡仁波齊的童年」，卻連岡仁波齊的藏文名稱都寫錯了，沒有比這個更搞笑的了。

在這裡，原住民、信仰者的缺席與外來者、非信徒的占領所構成的對比是觸目驚心的。從張洹在岡仁波齊拍攝的那個「諾亞方舟」影像，作為配角或陪襯出現的羊群和馬被他驅使著，這是一個耐人尋味的隱喻。當然他有紅印護體，財大氣粗，羊群和馬都不算什麼，如果他想要，還可以安排無數身穿節日盛裝、手捧潔白哈達的「藏族翻身農奴」，圍著他和他的「諾亞方舟」載歌載舞。

張洹的這趟「西遊」與其說是「創作之旅」，不如說是國際商業大牌的廣告之旅。另一個名為「Dior穿越青藏高原」的影像，展示的是張洹在一片廢墟的殘牆上懸掛起Dior的時尚服裝和廣告橫幅。但這片廢墟在之前是什麼建築？又是怎麼淪為廢墟的？顯然都不被他關注，反而興奮地喊道：「在老定日，在珠穆朗瑪峰腳下的老定日，我們發現了古城池！」

聲稱熱愛西藏宗教文化的張洹對西藏的歷史與現實是多麼地無知啊！什麼叫做「古城池」啊？西藏歷史上正式的、有規模的、堅固的建築物，除了作為政府機構的宗堡高高地位於山頂，如布達拉宮和日喀則宗堡，就是作為宗教場所的寺院和佛殿分布於開闊區域或僻靜處。從影像中看到的殘垣斷壁及相連的、散落多處的殘垣斷壁，或有可能是往昔的輝煌寺院。那麼這座寺院是如何成為廢墟的？

必須指出，西藏寺院淪為廢墟的歷史並不久遠，並不「古」，基本上都是在一九五〇年以後，即被渾身Dior的張洹高舉的五星紅旗所代表的權力「解放」之後，在一次次革命中化作廢墟的。這方面，做過西藏文革歷史的調查與研究的我是有發言權的。如我在前面所提及的，一九七六年，即文革結束後，西藏自治區境內原有的二七一三座寺院僅只剩下八座。這也就是說，整整二七〇五座象徵文化寶庫的寺院，或被解放軍的炮火或被紅衛兵的鋤頭夷為了廢墟，至於其中所積累的難以估量的物質財富，如佛像法器佛具畫作等等，我們今天已經知道去了哪裡，歸了何處，入了誰的私囊。

就在張洹表演所謂「後疫情時代下的」時尚大秀的這裡，原本是衛藏地區宗教積澱、文化傳統非常豐厚的地域，並不只是因為擁有世界最高的珠穆朗瑪山峰而聞名。藏語定日的地方在歷史上湧現過許多了不起的大成就者，建立了各教派具有影響力的寺院多達幾十座。然而這些寺院以及位於城中心之山頂的宗堡，在一九五九年之後的「平息反革命叛亂」和一九六六年之後的「文化大革命」中全被摧毀。雖然在一九八〇年代有四十多座寺院得以重蓋，但規模遠不如從前，迄今殘牆斷垣遍布山野。定日最著名的協格爾曲德寺如今仍有一半是廢墟，如同大塊大塊的傷疤不忍目睹。

可笑的是，為了渲染這個秀場是如何地表現了「東西方時尚文化的碰撞融合」，張洹不但將這片廢墟說成是「古城池」，還將他用Dior服裝和廣告橫幅占領的殘牆斷壁胡謅成「一座遺世而獨立的百年烽火臺」。這是多麼地無知卻狂妄，混亂且荒唐！事實上，標榜「忠於自由和自我」的張洹根本無視、也毫不關心西藏的歷史和現實的苦難，無非是消費西藏，僅此而已。影像中，渾身國際名牌兼具強國身分的這位藝術家，輕浮地嬉笑著，手腳並用拚命攀爬廢墟的動作，似乎欲將最後殘餘的歷史見證推倒，令人厭惡和心寒。

當張洹公布他跑到聖山岡仁波齊實施「大地藝術」事件，連續數日，激起推特、臉書、新浪微博等社群媒體的熱議和批評。比如曾在西藏十二年的香港作家Pazu Kong（薯伯伯）評論：「藏人一生也未必能取得邊防證前往一次，漢人卻能肆意把聖地變成遊樂場，世界荒謬，莫過於此。……以藝術為名踐踏聖地，匪夷所思的思維模式。為何在如此嚴控的地區，卻容許這等荒唐的『藝術裝置』？如何定界線？誰能定界線？」曾多次去過西藏的作家唐丹鴻評論：「這是靠資本與權力的便利，以『大地藝術』做包裝的，野蠻無恥的商業項目。殖民者們挪用操弄殖民地文化元素，通過令人作嘔的矯情來褻瀆，本質是集體作惡。……張洹與Dior、LV等品牌互相需要，即便沒有張洹，也會有李洹、王洹與這些品牌合謀，以『藝術』之名汙染損害自然環境和精神場域。只是在正常國家不易為所欲為，而有專制權力的加持，他們才能製造這麼無恥狂妄的垃圾。」

在這一惡劣的「藝術」事件於牆內和牆外的網路公開後的第四天，阿里地區生態環境局作出了答覆，表示對這個「大地藝術」專案「予以回絕」，張洹方面則趕緊表示「將放棄這一想法，不會組織實施」。顯然將這類事件公諸於世是非常有必要的，不然極有可能的是，這位中國藝術家會攜帶他的新材料製成的「百萬經幡」，手舉五星紅旗與Dior橫幅，在聖山岡仁波齊再次大擺他的秀場。當然，在這片土地上，也就是他和他這樣的人享有如此恣意妄為的特權，他們這次不去，下次可能還會去。

14 與利米相關的中尼邊界協定等

我最先結識的利米青年與學者戈爾斯坦都提到了一九六〇年代中尼兩國簽署的邊界文件。這是否與一九五九年的拉薩抗暴起義、尊者及十多萬藏人的流亡，以及更早的，一九五〇年的中國軍隊進入拉薩有關？應該是有關的。一九五〇年代的重大轉折之變，事實上也導致了喜馬拉雅一帶的國家和地區相應的、系列的、甚至是巨大的變動。

Instagram上有一張照片，拍的是直貢噶舉教派供奉的本尊及護法女神阿企秋吉卓瑪（Drikung achi chokyi drolma）的唐卡繪畫。在面如皎月般美麗但眉宇間充滿閃電般威力的女神像的下方寫著：護法女神承諾保護和照顧直貢噶舉寺院及其追隨者，在一九六〇年代尼泊爾和中國劃定邊界期間，中國人要求利米人歸附，於是利米的三個村莊集會向女神請示，糌粑團占卜的結果是留在尼泊爾。

當我寫到這裡，很湊巧地，從推特上讀到一位尼泊爾學者於二〇二〇年十一月三日發表的文章[34]，關於尼泊爾—中國邊界的歷史回顧與當前動態，並著眼於兩國不斷變化的政治局勢的分析，令我獲益匪淺。文章開頭即寫：「尼泊爾與中國西藏自治區一千四百一十四公里邊界的社會、政治和經濟動態在尼泊爾鮮有認真研究。部分原因是，邊境大部分地區由崎嶇荒涼的喜馬拉雅山地貌組成，阻礙了人類活動。然而，在過去五年裡，尼泊爾—中國雙邊關係的範圍已從傳統的安全問題擴展到包括從物質基礎設施到人員及貨物跨境流動的新興趣。更多的資金和新技術已使更大的連通成為可能。」

文章概述了歷史上尼泊爾與西藏的關係，如十七世紀的三次戰爭、十八世紀的兩次戰爭和十九世紀的一次戰爭，一七九一年那次戰爭很有名，遭受兇猛的廓爾喀人掠洗的西藏向滿清國尋求幫助，乾隆皇帝派大將福康安率軍幫助平定，在滿清官員的監督下，尼泊爾和西藏簽署條約，同時尼泊爾每五年一次向北京派代表團並送禮物。在一九一二年之前，尼泊爾與中國的官方關係主要通過駐藏大臣。

到了毛澤東派軍隊占領西藏，雙邊關係由藏尼變成了中尼。以前的藏尼條約全被廢除。西藏的政治動盪也直接影響到北部邊界和跨境移動。這指的是一九五〇年代中後期各地藏人的反抗和流亡，主要以康地藏人組成的「四水六崗衛教志願軍」[35]，曾在被尼泊爾吞併的木斯塘王國境內多年堅持抗擊，最終在以中尼為主的強大力量的聯合圍剿下悲壯結束。

文章寫到：「在西藏自治區的動亂和難民潮中，尼泊爾和中國於一九六〇年簽署《尼中邊界協定》、一九六一年簽署《尼中邊界條約》，正式劃定了邊界。」這甚至使得邊境之間牲畜遷徙的傳統線路受到限制，使得牧場管理和牲畜的繁殖出現了新問題。

「尼泊爾與中國的邊境沿線有六個主要的入境口岸……在一九六一年和一九七四年的早期條約的基礎上，二〇〇二年兩國簽署了一項協議，允許居住在邊境三十公里以內的尼泊爾人使用『特殊公民』證件進入某些中國邊境城鎮，而無需護照或任何其他正式旅行證件。該規定使許多邊境居民能夠通過貿易找到工作。」

文章提到了聖山岡仁波齊，是指尼泊爾充當連接印度和中國之間的橋樑，依朝聖路線，即沿尼泊爾西北與西藏自治區的邊界延伸到尼泊爾—印度邊界。印度朝聖者進入尼泊爾境內後，乘坐直升飛機飛抵邊界，再過境進入普蘭去朝拜聖山聖湖。

文章還提到了利米山谷：「最近發生的一起事件涉及邊界界樁的臨時消失，以及在胡姆拉縣利米山谷上方拉帕查附近出現的中國建築」，但中國方面聲稱那是在「中國的普蘭縣境內……新建的一個邊境小康村，今年（即二〇二〇年）五月開始施工，目前已接近完成」[36]。經搜索，原來路透社等媒體在九月間報導過相關事件，指中共軍人越過邊界兩公里，占了地，蓋了九或十一棟房子[37]，其場景正是達瓊喇嘛的後人發給我的那張山谷間出現簡陋房子的照片，但尼泊爾當地長官和尼泊爾外交部長卻都矢口否認，稱中方並沒有犯界……顯然邊境上暗流湧動啊。

我的書架上有本發黃的書：《中國西藏地方的涉外問題》[38]，一九八五年由中共西藏自治區黨委「內部發行」，感覺像是牛皮紙印的。作者是一個名叫楊公素的中共外交官，曾任中共西藏官員、中國駐尼泊爾大使等，也被中共官方稱其為「著名藏學家」。

這裡插個八卦，這個人實際上另有一個名字是本名，卻在一九四一年加入中國共產黨後，「冒用」在大學期間奇異失蹤的同學楊公素的名字，正是民國名人也是很複雜的歷史人物楊度的兒子，而他從此就將他人的名字用了一輩子，這也實在是詭異得不同尋

1960 年 4 月，周恩來和陳毅訪問尼泊爾與尼首相（左四）合影。（圖片來自網路）

常。[39]在這本書裡，他寫道：「尼泊爾在西藏享有特權已達百年。……在藏尼邊境接壤地區，尼牧民隨意過境放牧，個別地方甚至逐漸被尼方占去視為尼國土地。」不知道這「個別地方」是不是包括利米。

楊公素提到了利米，但稱是中尼邊界的「爭議問題」：「中尼邊界西部的尼米（即利米）地區，面積估計一千兩百平方公里，居民原為藏族，約百餘戶，分布在三個村莊裡。歷史上，該區居民向西藏阿里地區普蘭宗納稅，每年繳納二十六點五盧比。一八五六年藏尼戰爭後，尼泊爾政府開始干涉尼米事務，認為尼米是屬於尼方領土。後來逐漸形成尼、藏雙方共管該地。約在西藏解放前十餘年，西藏地方政府曾與尼泊爾政府交涉，雙方同意，承認尼米的居民是藏人，應向西藏交稅，但地方則是屬於尼泊爾的領土。以後該地一直歸尼方控制。」

而利米地區，據楊公素寫，正是一九六〇年的中尼邊界協定，將其與多個有藏人世代居住的地方「劃歸尼方」。

15 木斯塘王國及尼泊爾比蘭德拉國王的往事

尼泊爾學者的文章對木斯塘的提及，讓我想起多年前在拉薩，一位僧人借給我一卷錄影帶，是美國探索頻道（Discovery Channel）一九九四年製作的紀錄片 *Mustang: The Hidden Kingdom*。我第一次見到木斯塘這個掩蔽在尼泊爾的小王國，說的是藏語，穿的是藏服，信的是藏傳佛教，並有藏語名稱「གློ་བོ」（洛沃，Blo-bo），曾被圍剿並被封鎖近三十年：小小的堡壘似的王宮；寒酸的但有著拉薩貴族風度的國王和王后；破舊的卻沒有遭遇革命摧毀的寺院；昏暗的光線中難掩古老壁畫的絕美光芒；貧窮的不乏快樂的百姓；深夜篝火邊神祕「雪人」的故事；枯瘦的老僧繪聲繪色講述野獸怎麼吃人；尊者達賴喇嘛的聲音在木斯塘的寺院和空中迴盪著……

影片主要講述的是：當木斯塘終於獲得開禁，尊者派一位高僧仁波切代替他去那裡，希望讓佛光再次照耀那裡，並應木斯塘國王的懇求帶回當地孩童，在流亡藏人努力保持西藏傳統文化的學校裡得到教育，延續傳承。兩個被選中的男孩興高采烈，他們的母親為分別流淚。騎馬，坐車，乘直升飛機，一路迢迢抵達達蘭薩拉，尊者爽朗地笑著，給兩個孩子摩頂，問他們的名字和年齡，給他們剪去一縷頭髮。最後，兩個孩子在各自父親惜別的目光中，走進明亮的、奔跑著許多藏人孩子的學校……

影片最令人動容的是，當那位仁波切在離開木斯塘的路上騎馬至山頂，眺望遠方——看不見邊界的那邊正是西藏，是他還在青年的時候就不得不離別的故鄉。幾個也是流亡身分的年輕僧人懸掛起祈願的五色經幡。天高雲淡，山風颯颯。仁波切久久地佇立，用濃重的康區口音嘆道：「西藏的土地，我們的家鄉……是這樣地美麗啊！內心很激動，看見家鄉的風景，所有的諸佛菩薩與祈禱文從心裡自然湧出……我們的家鄉，令人驚訝地美麗啊！」說完，他的淚水奪眶而出。他竭力地壓抑著，終究失聲痛哭。長達一分多鐘的鏡頭裡，只有年老的仁波切忍不住抽搐的雙肩，忍不住放聲的哭泣和祈禱。年輕僧人神情凝重。遠方，西藏的山川疊嶂，西藏的江河流淌，永誌不忘……

我還看過兩、三部黑白紀錄片，比較短，畫質模糊，應該是一九六〇—一九七〇年代拍攝的，有關「四水六崗衛教志願軍」以木斯塘為基地的游擊戰……我在一篇題為《拉薩的大人物廁所》一文[40]中寫過：

「一九七三年十二月九日，毛澤東接見『中國人民的老朋友』尼泊爾比蘭德拉國王，向這位『中國人民的老朋友』警告說，如果不想辦法關閉部署在木斯塘地區的流亡西藏游擊隊基地，就會派中國軍隊直接採取行動。與圖伯特西部相連的木斯塘地區本是有著藏人血統、藏文化傳承的小小王國，卻被尼泊爾吞併，也成了一個悲劇性的失樂園，但當時還算擁有自治權，能夠接納稱得上是同胞的流亡藏人自一九五九年三月逃亡至此，依靠美國中情局越來越少的支持艱難反擊，最後悲壯終結：先是一九七二年的中美建交讓這份脆弱的支持戛然而止，比蘭德拉國王的隨之屈服，導致十多年來以游擊戰術給中國不停製造麻煩的許多喪失家園的藏人死於非命。這些事，是不能忘卻的。」

「四水六崗」的領導人 1966 年在木斯塘的合影，左起第五人為宗喀·拉莫才仁。（Jamyang Norbu 提供）

不過我對這段歷史的敘述過於簡單。當我重又打開《雪域境外流亡記》這本堪稱我最早的反洗腦讀物，仍清楚地記得最初的閱讀震撼是如何地粉碎了那個「農奴翻身得解放」的神話。有意思的是，這本書是一九八七年在拉薩翻譯出版，當局聲稱「以備批判」，未料大受歡迎，藏人爭相購買傳閱，甚至迅速傳遍全藏地，於是很快成了禁書，卻完全擋不住在民間私下流傳。而一九八九年在康區達折多，從黨培養「少數民族精英」的民族大學畢業的我，就職於黨的報社，正走到命運的十字路口：是做權力的宣傳喉舌，還是做一個盡量說真話的寫作者？恰在這個關鍵時刻，這揭示真相的記錄之書出現在我的面前，足以顛覆因被洗腦而被格式化的三觀。後來我常常反覆閱讀，也悄悄傳給信任的朋友閱讀，以至於這本書成了我所有藏書中被翻閱得最破舊的一本。然而每次重讀，比如讀到這些文字（相當複雜、無法簡述的歷史糾結與悲劇，這裡我只能擇選寥寥幾段），百感交集，仍一時難以平復：

「毛澤東一九七三年十一月（應為十二月）在北京會見尼泊爾國王比蘭德拉時，當面威脅國王，如果國王不關閉西藏游擊隊基地，他將直接採取行動。比蘭德拉在威脅面前屈服了，……尼泊爾與中國祕密協調策劃，如果康巴人企圖撤退進入西藏，人民解放軍則從康巴人的左翼驅趕他們。

「……當形勢在朝著對峙急劇升級時，達賴喇嘛親自進行了干預。他作了二十分鐘的錄音講話，要求國防自願軍和平解除武裝，……這些康巴指揮官幾乎毫無希望地打了二十年的游擊戰，與地球上最大的國家作對，……他說：『我從來未向中國人投降過，我又不能違背達賴喇嘛的命令。此時此刻，我們應該全部返回西藏，寧可在那裡的戰場上戰死，也不在恥辱中貪生。』……幾天之後，帕村自刎倒地。其他兩名軍官隨後效法，自殺身亡」。

「……達賴喇嘛的講話錄音帶，從一個營地轉到了另一個營地，在高音喇叭裡多次播放，因此一隊隊馱畜，馱著武器朝南而去。當尼泊爾得知康巴人的決定之後，它立即推翻了實行交換式解決辦法的諾言。尼泊爾派兵進入木斯塘，開始了搜捕行動。全部自動解除武裝的游擊隊都遭逮捕，被押送到焦木桑鎮，而他們的土地和財產則遭到沒收。這種兩面派手法的消息，很快傳到旺堆將軍的耳裡。旺堆帶上四十名精銳的警衛部隊和游擊隊的文件跑了，他騎馬奔向西面，奔波於尼泊爾與西藏之間，他企圖最後跑到兩百英里之外的印度邊界去，人民解放軍已經在等候他。在兩個星期的時間裡，中國人兩次出擊，將康巴人攆回了尼泊爾；而尼泊爾人的一次伏擊，又將康巴人趕回了西藏。

「……比蘭德拉國王親自向參加木斯塘戰鬥的幾十名尼軍官兵頒發了獎章和獎金，宣布了晉升令。在加德滿都市中心的洞尼克爾廣場，支起了一個大帳篷，裡面陳列了旺堆的護身符、手錶、戒指、步槍、茶碗，好奇的尼泊爾人在這裡排隊數日，就是為了觀看這位游擊隊領袖的遺物。在這些物品旁邊，還陳列著來自木斯塘各個藏軍營地的許多其他東西，有望遠鏡、無線電和輕武器。在洞尼克爾廣場的南邊，也就是中心郵局的正對面，是加德滿都的中心監獄，這裡關押著拉姆次仁和服從達賴喇嘛投降命令的六名康巴領導人，他們在這裡度過了七年萎靡不振的時光，直到一九八一年國王大赦，他們才終於獲釋。」

讀到這裡，我不禁低聲自語：或許可以把二〇〇一年六月一日比蘭德拉國王和王后被親生兒子槍殺，甚至同袍血親也遭奪命的驚天血案，看作是一種慘絕人寰的現世報應，但也令人唏噓。

同時，由拉姆次仁（應為宗喀・拉莫才讓，Tsongkha Lhamo Tsering）這個名字，我聯想到他的兒子丹增索朗（Tenzin Sonam），住在達蘭薩拉的電影人，於二〇〇八年二月與身為印度人也是電影人的妻子瑞圖薩仁（Ritu Sarin）及攝製組，非常不容易地來到北京，為正在拍攝的紀錄片《烏雲背後的太陽》（*The Sun Behind The Clouds: Tibet's Struggle For Freedom*）採訪了我和王力雄，還拍攝了為八月在北京舉辦的奧運會修建的鳥巢體育館，當時還在施工。一見面，丹增索朗就送給我幾本厚厚的書，介紹說是他的父親在流亡歲月中著述的回憶錄，那是一套用藏文著述的叢書，多達十二卷，是對西藏當代歷史至關重要的紀錄。

宗喀．拉莫次仁是安多宗喀地區的藏人，「四水六崗衛教志願軍」非常重要的領袖之一，少年時代去南京學習，中文非常好，藏文則是在流亡之後並在尼泊爾的監獄中進一步學習的，當然他再也沒能返回故鄉。丹增索朗的另一部紀錄片是關於他和妻子曾去過父親的老家，見到父親的兄弟，彼此之間幾乎語言難通，但他們帶他到山上的一排家族墳地，流淚指著一個空處說，這是留給他流亡在外的父親的墓地。多麼令人傷感的場景，然而這已是漢化的葬俗……

念及丹增索朗與我各自的人生，此刻我意識到：我們的父輩既是同族人，卻又是敵對的軍人；而我和他成了友人，並且都是流亡者（是的，我認為當我因寫作而被開除出體制時，我即從此成為流亡者），他有家鄉歸不得，他所在的流亡聖地我卻去不成，尤其是在二〇〇八年三月發生於全藏地的抗議之後，更是沒有來往的可能性，兩代藏人的命運正是西藏近代史的部分縮寫。

在網上搜尋相關訊息時，我看到一張以前沒見過的照片，是一九七六年六月五日比蘭德拉國王抵達拉薩，受到時任西藏黨政軍第一把手的任榮滿面笑容的熱情迎接。實際上比蘭德拉國王的每次到來都是非常重要的國事訪問，當然最有名的是攜王后與毛澤東會見的趣聞。據毛澤東的英文翻譯章含之回憶[41]，當毛見到漂亮的王后，握手時拉著她的手久久不放，王后的手被毛拉了那麼長的時間，「在場的人包括國王都不敢笑，也不

北京日報

毛主席语录

我们坚决主张，一切国家实行互相尊重主权和领土完整、互不侵犯、互不干涉内政、平等互利、和平共处这样大家知道的五项原则。

毛主席会见比兰德拉国王艾什瓦尔雅王后

会见自始至终在亲切友好的气氛中进行。毛主席满面笑容地迎接尼泊尔贵宾，同他们长时间地握手，进行了一小时四十分钟的谈话

卡尔基外交大臣、苏巴大使，周恩来总理、王洪文副主席等参加会见

比兰德拉国王和王后应邀出席文艺晚会

观看革命现代舞剧《红色娘子军》

李先念、吴德等陪同观看演出 尼泊尔贵宾游览长城

周恩来总理同比兰

在诚挚友好的气

1973 年 12 月 9 日，毛澤東會見尼泊爾比蘭德拉國王、王后。（圖片來自網路）

敢提醒毛，只是年輕的王后十分尷尬。事後，我們猜想是在國王訪問之前，有人向主席談及王后年輕、端莊、美麗，主席很想親眼一見。」比蘭德拉國王來拉薩之前在成都停留數日，離開時作為毛澤東接班人的總理華國鋒專門到機場歡送，其中還有時任四川省革命委員會主任的趙紫陽。

比蘭德拉國王在拉薩的每天活動都是報紙頭版。據新華社報導[42]，當時還特意安排尼泊爾貴賓「觀看了拉薩市民兵的軍事表演。……參加表演的藏族、漢族、回族和布依族（還有布依族？）男女民兵，為貴賓們表演了高炮對空中活動目標射擊、步兵打空降、步兵排射擊以及步兵班和單兵對抗射擊等軍事項目。……表演結束後，參加表演的男女民兵列隊高呼『中尼兩國人民友誼萬歲！』」在如此聲勢浩大的陣仗前，不知道比蘭德拉國王有沒有受到震懾。其他活動還有：「尼泊爾貴賓遊覽了布達拉宮」；「參觀了西藏革命展覽館」，目睹了「把封建農奴社會的舊西藏變為社會主義新西藏的光輝歷程」；「遊覽了哲蚌寺、羅布林卡」；「參觀了具有一千三百多年歷史的古代建築大昭寺」（其實大昭寺正是吐蕃君王松贊干布為從尼泊爾娶的王妃赤尊公主所建）等等。在文藝晚會上，「曾到尼泊爾訪問並受到過已故國王馬亨德拉陛下親切接見的著名藏族女歌手才旦卓瑪和獨唱演員常留柱，懷著激動和喜悅的心情，用尼泊爾語分別演唱了《中尼人民情誼長》、《中尼友好歌》。」

當尼泊爾貴賓於六月九日離開拉薩，「拉薩各族人民身穿節日盛裝，聚集在街道兩旁。……青少年們吹響竹笛，打起腰鼓（據說是陝北腰鼓），歡跳民間舞，高唱友誼歌。人們揮動彩帶，不斷高呼口號，熱烈祝賀比蘭德拉國王訪問我國四川、西藏地區取得圓滿成功，衷心祝願中、尼兩國人民的友誼萬古長青。」如今寄寓臺灣的流亡藏人索朗多吉對此回憶道：「那時，我二哥在拉薩中學念書，他們也要排隊迎接，用尼泊爾語言來歡呼。我雖然還小，卻記住了這段歡迎詞，至今沒忘，可能發音不一定準，但至今這段歡迎詞還印在腦海裡：『蘇嗨達，蘇嗨達，嗨迪嗨，嗨迪嗨，瑪哈噠啦比蘭德拉！』」另一位藏人也回憶說：「記得居民們在大昭寺前的街道兩邊迎接時，我也跑去看熱鬧，也看到了尼泊爾國王。」顯然這個訪問在當時的拉薩是多麼地轟動，而如此隆重款待當然是對比蘭德拉國王所做的貢獻給予的回報。

對了，楊公素的書中[43]也提到過木斯塘，是以「中尼配合掃清尼境內康藏叛匪」為題寫的，摘錄其中重要幾句：「中尼兩國於一九六四年協商，如何配合剿滅這股匪徒。尼方乃不斷地向中方提供該股匪徒活動情況，向居住在尼境內其他藏族『難民』散發中國政府印刷的大量招降傳單。這些傳單起了一定的分化作用，將死心頑固的叛亂分子孤立起來。尼政府並限制叛匪活動，阻止運送糧食彈藥，同意中國軍隊在一定條件及地區進入尼國境向叛匪發動攻擊，尼泊爾軍隊也採取一些軍事行動加以配合。這樣，在中尼雙方配合下，於一九六四年六月終於把盤踞木斯塘的康、藏叛匪全部肅清。」不過他寫的這個時間有誤，並不是一九六四年，而是一九七四年，他的記憶出錯了。

然而如今的木斯塘連自治王國都不是了，原本十四世紀建國，十八世紀被尼泊爾兼併，二〇〇八年被廢除，成了尼泊爾的一個縣。八年後，被廢黜的木斯塘國王在加德滿都去世，曾經擁有比較完整的自我的一頁成了過去。也任由他人紛擾，在疫情前上了無處不去的中國遊客的攻略名單，卻以「中尼邊境上最後的祕境國家」作為旅遊廣告詞。

16 利米山谷是「西藏之外的西藏」嗎？

出於想更多地瞭解包括利米在內的喜馬拉雅地區，我網購了這套叢書：《環喜馬拉雅區域研究編譯文集（一）——環境、生計與文化》、《環喜馬拉雅區域研究編譯文集（二）——佐米亞、邊疆與跨界》[44]。主編郁丹，雲南民族大學環喜馬拉雅研究中心主任（其實多年前我們認識，那時他在中央民族大學工作，但漸漸脫離聯繫也已多年，畢竟我是不便接觸的「敏感人士」），在序言的第一句即介紹叢書是「由中國國家社會科學基金項目『一帶一路戰略背景下環喜馬拉雅生態與文化多樣性研究』」支持，想必意在回應中國政府對被命名為「環喜馬拉雅區域」的國家和地區的深謀遠慮。當然兩本書精選的文章都是學術力作，包括多所國際知名人學學者的相關研究。

其中有篇文章[45]批評了美國人類學家斯坦・芒福德（Stan Mumford）在他關於二十世

紀八十年代後期對佛教和薩滿教的研究中強調的：「一部關於西藏村落中藏傳佛教的完整民族志，只有在西藏邊境下方喜馬拉雅邊緣的尼泊爾才可能完成，但在西藏之內是不可能的。」認為像斯坦．芒福德這樣的「在尼泊爾和印度做研究的民族志學者，試圖將他們的主要研究對象定位在藏傳佛教的文化世界中」，「把『尼泊爾』降級並歸屬於『喜馬拉雅邊緣』，而不是一個在政治上一直延續的民族國家，這表明了去除國家邊界的期望。」

我沒有讀過斯坦．芒福德的著作《喜馬拉雅對話》，但因受到這段批評的啟發，繼而對正在寫作的這篇文章關涉的諸多話題，有了更為慎重的思考和盡力深入的瞭解，認識到在論及聖山岡仁波齊南邊的利米地區，斯坦．芒福德的觀點應該是對的。最有力的理由是：在近代歷史的激烈進程中，此地不同於西藏，並未遭到毀滅性質的改變，而是仍如從前，保留了並延續著屬於西藏文化的傳統，這應該與邊界的劃分、所屬有關。當然在尼泊爾境內的藏文化地區不只利米，更有木斯塘等地。需要聲明的是，我並非人類學者，既沒有過對利米等地區腳踏實地的田野調查，也沒有過從方方面面去研究利米等地區與西藏的關係，我僅僅是出於對岡仁波齊的奉信和熱愛，並對由岡仁波齊引發的、延伸的故事有興趣而已，主要是人與命運的故事，而且我記錄的故事也僅是浩如煙海的故事中極少的一些，所以在表達相關看法時若有差池或不妥，還請海涵，權當個人之見。

我關注了幾個利米人的 Instagram 和 Facebook，諸多圖片、影像及說明如同打開的窗戶，讓我得以窺見深掩於喜馬拉雅山麓裡的利米地區，確實在諸多方面表現出「西藏之外的西藏」，無論日常生活的衣與食，精神生活的信仰與儀式，以及語言與文字，神話與儀式，歌舞與配飾，婚俗與葬俗，建築與裝飾，農牧與貿易等等。許多場景我都很熟悉：冬季大雪封山封路，一片白茫茫，新年洛薩來臨了，達瑪鼓敲響了，而這正是嘎爾，即俗稱「西藏宮廷樂舞」的重要樂器，自五世達賴喇嘛起，來自上阿里三圍的嘎爾樂舞及樂器，出現在供奉著獅子寶座的頗章布達拉，向尊貴的依祜主達賴喇嘛奉獻妙樂，被喻為如雲供品，為此成立樂舞隊，專門為政教法王及政府服務，從此具有了高級的禮供意義。隨著達瑪鼓的鼓聲，祟利米男子穿藏袍，戴哈達，莊重地起舞。接著是踢踏舞，劍舞，舞蹈和旋律中有對傳統的尊重和繼承。而在古樸的寺院庭院，可以見到村民男子扮成出征武士的舞蹈，儀容裝束和舉止姿態，亦仿如吐蕃時代的迴光返照；可以見到僧侶的金剛法舞「羌姆」，所佩戴的面具更拙樸，所持舉的法器有劍、骷髏碗等，所展示的舞姿比如今在聖山這邊寺院的法舞更有古舊感。

還有放牧時的犛牛毛編織的黑帳篷和婦女做酥油的場景。還有用糌粑做的日常食物和法會祭品，這個細節很重要，對於藏人來說，由青稞炒熟磨製而成的糌粑，在藏人的文化中象徵民族屬性，意味著民族認同，如果問你「吃不吃糌粑」，如同問你是不是藏人，堪稱作為自我的糌粑。另外，糌粑除了是藏人的主食，還具有宗教的功能，我在一首詩中寫過：「當糌粑用作食子／糌粑就是人與神共用的食物／當然這些神靈是本土的／屬於自己而非他者／或者叫做措，或者叫做朵瑪[46]。」

分布在利米山谷的三個村莊，各自擁有一座歷史悠久的寺院：除了位於瓦爾茲村的仁欽林寺，還有位於梯村的昆仲袞寺，位於藏村的培給林寺。三座寺院都是直貢噶舉傳承，寺主皆為正當盛年的森給滇真仁波切，他因此也被稱為「利米祖古」，同時他還是尼泊爾的多波等藏人地區寺院的寺主。他於一九八一年出生在邊界這邊的普蘭縣，如同在今中國行政區劃裡的藏地適齡兒童要有的學校教育，他也上了小學，因而有了通曉中文的基礎，畢業後考上設在漢地的「西藏中學」卻未去，而是遵循與生俱來的更重要的使命，翻越雪山，抵達印度，得到直貢絳袞澈贊法王的認證，原來是八百多年前吉天頌恭尊者的大弟子森格益西的轉世，恰與利米等地有深厚法緣，並在仁欽林寺圓寂。

我在YouTube上找到了森給滇真仁波切在二〇〇八年去利米的影像，看到我熟悉的行腳僧達瓊喇嘛滿面喜悅地為他牽馬，看到身著傳統服飾的婦人代表當地人民莊重地向他獻供，看到供奉著古老佛像（其中有一個懸掛在柱子上的金色面具，讓我覺得有古象雄的風格）的古老佛殿對他敞開，實在令人感動。當我聽到森給滇真仁波切談及他最新的計畫，是在仁欽林寺右邊的山上蓋十五間閉關房，蓋好之後他會去閉關一至兩年，我彷彿看到古老傳承的河流是如何地注入了新的生機，依靠永不枯竭的精神之水的滋養而存活的當地眾生，又使得這一可以稱之為「西藏之外的西藏」的生態長久存在，也即是說，精神領袖與信奉者之間是靈與魂、血與肉的生命關係，如果忽略或者無視這一關係，不是過於輕率就是另有用心。

又比如位於瓦爾茲村的千年古寺仁欽林寺，我們僅僅目睹圖片和影像，就可以獲得一個真切的認識：即經典上記載的、傳說中頌揚的不曾中斷的金鬘傳承，被這座寺院展現並喚起對久遠時代的記憶。我似乎看見了放棄王座出家的贊普後裔意希沃決意捨命，用贖身的黃金迎請印度的佛法上師[47]；似乎看見了拉喇嘛絳曲沃恭迎偉大的阿底峽從印度帶來了「修持佛法的四種共同基礎」，即比黃金更寶貴的「四共加行」。尤其是，出生於古格王宮下的小村莊的大譯師仁欽桑波畢生獻供，最後在利米這片高山深谷裡獲得了永世的存在：不只是精神意義上的存在，那尊用他的骨殖與當地泥土所塑的造像提供了類似骨血傳承的隱喻，更具有不可否認的說服力。

設想一下，假如利米地區當年劃給了西藏這邊，那麼一場場革命的風暴勢必難擋，難躲浩劫的仁欽林寺、昆仲衮寺、培給林寺或可能蕩然無存，或可能徒剩空殼。就像我前不久讀過的一本書，《拉薩市古地名名錄》[48]，彙集了拉薩一帶的寺院、塔、碑、老房子等上百處，但讀了很傷心　因為這些古蹟大都在一九五〇年代之後，主要是在文化大革命中被摧毀或被損壞，以至於編撰者都不好意思過多提到文革，不然通篇滿是毀於文革，那顯然太刺眼，於是換個說法，如「目前已修復」、「八〇年代恢復維修」之類，卻不提為何要「修復」、「維修」的原因。

17 利米人的身分認同

我們當然也不能誇大「西藏之外的西藏」這一說法。就利米地區而言，首先，面積不大，依傍河流和地勢而分布的三個村莊共約一千五百人，靠近普蘭的梯村與另一頭的藏村的村民更善於經商，但如人類學家戈爾斯坦所觀察到的：「隨著一九五九年的事變，舊的貿易類型遭到實質性的改變」，而新的商業貿易方式受到國與國之間跨境流動的影響，其實並不容易進行。出於改善生活品質的需求，有不少戶人家遷移到加德滿都，甚至更遠的紐約，也有不少戶人家去往邊界另一邊的普蘭經商或打工，位於中間地帶的瓦爾茲村遷移出去的很少，家家戶戶仍延續著傳統，一年四季的許多活動都以仁欽林寺為中心。

其次，利米地區劃歸尼泊爾已半個世紀，歷史上也與尼泊爾有較多的接觸，不可能沒有受到尼泊爾方方面面的影響。比如，我在利米青年的社交媒體上，雖然看到更多的是當地人所展示的圖伯特成分，但在歡度新年的聚會上，他們也會隨著尼泊爾的音樂自如地跳起尼泊爾舞蹈。第三，畢竟這裡是村莊，缺乏教育的提高，地理條件也比較單一，也因此只能作為「西藏」的某個很小的局部而存在，畢竟有著廣泛意義的多衛康及更多藏地，是不可能被小而又小的利米代表的。並且我也相信，利米人自己從未有過「代表」或「象徵」的想法，他們更多的是歸從與歸屬，並帶著親密的感情。

據森給滇真仁波切介紹，利米地區的方言與邊界另一邊的普蘭地區的方言基本相同，兩邊的人相互溝通，毫無障礙。「比較而言，普蘭地方因為過早開發的緣故，傳統已經比較淡化；利米地方可以說至今保持著標準的、以前的藏人的狀態。」森給滇真仁波切的聲音爽朗，藏語基本上是拉薩話，漢語帶有臺灣漢語腔調，應該是受到了他眾多的臺灣弟子的感染。

我與幾位利米青年有過文字交流和語音聊天。他們都會英文和藏文，甚而至於他們說的藏語比境內不少地區如安多和康地藏人說的藏語更易懂，是標準的拉薩話，還帶敬語。這能看出他們所受的教育，據知在直貢絳袞澈贊法王的安排下，利米不少孩童在尊者達賴喇嘛的妹妹，被尊稱為「阿媽啦」的吉尊白瑪（Jetsun Pema）夫人負責的西藏兒童村就學。這幾位利米青年都是當地精英，來自有名的家族，他們都對身為藏人的身分認同毫不猶豫，完全接受。這也是當地人的一致認同。本地人自己的認同才是最重要的，包括民族認同、信仰認同、語言認同、飲食認同等等，而絕不能以他者的評判為準。儘管在當今，因為詭譎多變的時局的影響，對身分的認同或有可能趨於複雜化。

在我看來，利米人的認同感更重要的是與信仰有關：這體現在他們所信奉的直貢噶舉教派及諸多仁波切，如直貢絳袞澈贊法王、努巴仁波切、森給滇真仁波切；也與他們本土的喇嘛有關，如與我在崗仁波齊有一面之緣的達瓊喇嘛，如當地仍遵守家庭若有三子或二子即送一子出家的傳統，可謂家家戶戶都有為僧之人。存在於此地無數世代的古老寺院和靜修洞穴等，更是具有強大的凝聚力，布滿日常生活中的具體細節。所有這些都編織成一條非常結實的紐帶，把當地人民與西藏／圖伯特的精神緊緊地繫在一起，哪怕他們走到再遠的地方，就像澈贊法王講述的，有個利米人過去為僧，後來還俗經商，如今在紐約生活，擁有優渥的生活，卻覺得精神上遠不如過去富足，因而更緊密地依戀家鄉及寺院。

還有一個非常重要的因素，我必須一再重複：無論聖山以北，還是聖山以南，無與倫比的岡仁波齊矗立在那裡，以一種突出的、美麗的也是最重要的地理標記，即以本尊勝樂金剛的身剎土成為藏傳佛教徒的精神故鄉，以魂山的本質成為雍仲苯教信仰者的精神故鄉，這種觸及靈魂和輪迴來世的地理景觀而形成的神聖景觀，在漫長歲月中實際上是邊界兩邊眾生的共同身分。住在紐約的利米青年仁欽啦發給我的這首流傳當地的古老宣歌正是這一表達：

只要還有一口氣，就要朝拜諸聖地；
只要還有一口氣，就要朝拜岡仁波齊。
只要還有一口氣，就要朝拜諸聖地；
只要還有一口氣，就要朝拜瑪旁雍措。

利米藏人的宣舞延續古老傳統。（利米藏人提供）

只要還有一口氣，就要朝拜諸聖地；
只要還有一口氣，就要朝拜科迦銀身三怙主。

有意思的是，我從Instagram看到一個小影像，是幾個利米藏人在普蘭縣某座新房上畫畫，他們一邊畫著藏式圖案一邊哼著西藏民歌，這個場景就像拉薩或其他藏地所常見的，這時傳來一個過路者的漢語，四川話，很大聲，房子上也出現了中文，於是某種違和感陡然強烈。

18 什麼是「宣」？

必須要說明一下什麼是「宣」。據研究西藏歌舞藝術的藏人學者丹增次仁的著作《西藏民間歌舞概說》[49]介紹：「『宣』是象雄語，歌舞之意。宣是藏族一種古老的女子歌舞，有著獨特而華貴的服飾，優美而動聽的歌聲，典雅而穩健的舞步，多在民間或宗教慶典場合表演。平時不能輕易欣賞到……宣主要流傳在阿里地區的紮達、普蘭、日土、噶爾縣。」也即是：宣主要流傳在傳統地理意義上的上阿里三圍地區，即今日喜馬拉雅山麓的邊界兩邊。

據記載，宣有三千多年的歷史，在象雄王室迎請苯教祖師辛饒米沃且的時候，在古格王朝擁有上千僧侶的托林寺舉行盛大法會的時候，在拉喇嘛絳曲沃派遣三百個白衣騎手迎請阿底峽尊者抵達上阿里三圍的時候，在大譯師仁欽桑波建成科迦寺並演示金剛法舞的典禮上，「人們跳了宣」。類似的場景以繪畫和文字記錄在古格王宮遺址的紅廟大殿殘缺不全的牆壁上，迄今仍可辨析，證明宣顯然是一種宮廷禮儀樂舞。

又據研究西藏音樂的藏人學者更堆培傑的著作《西藏音樂史》[50]介紹，宣的產生與苯教有關。當辛饒米沃且執掌雍仲苯教時，在頻繁舉行的苯教祭禮以及慶典場面中，載歌載舞，鼓號齊鳴成為必不可少的主要歡慶形式。苯教經典《不朽之言》中寫：「在辛饒米沃且至尊前，有的人在跳宣舞，有的人在跳卓舞，有的人在跳嘎爾舞，有的人在唱歌。」這裡插句話：作為讀者的我，很喜歡這樣的敘事方式，有一種特別的詩意。

《西藏音樂史》中有一首名為《吉祥的王尊請上天》的十三類宣舞歌曲：

「說上十三層是天界嗎？是天界！
問天界的天女喜歡什麼呢？喜歡什麼？
天女喜歡鼓舞嗎？
天女歡喜了鼓舞啊！

說中間十三層是兇暴界嗎？是兇暴界！
問兇暴界的父母喜歡什麼？喜歡什麼？
兇暴界的父母喜歡鼓舞嗎？
兇暴界的父母歡喜了鼓舞啊！

說下十三層是魯神界嗎？是魯神界！
問魯神界的母神喜歡什麼？喜歡什麼？
金色的魯神喜歡鼓舞嗎？
金色的魯神歡喜了鼓舞啊！」[51]

從歌詞中可見苯教的上中下世界觀。從舞姿上，圍成圓圈或半圓圈的舞者是沿逆時針方向移動，這正是苯教傳統，因為苯教的禮敬方式之一即是逆時針方向，與佛教的順時針方向不同。苯教歌詞的美麗是我們今人無法想像的。南喀諾布仁波切在《苯教與西藏神話的起源——「仲」、「德烏」和「苯」》一書中介紹了多首經文或卦辭，細細讀來，回味無窮。雖然這本著作最初是用藏文寫成，之後譯成義大利文，再譯成英文，而我讀到的是從英文譯成的中文，但仍能感受到深邃的奧義和美妙的韻味，比如其中一首

古格王宮遺址壁畫上的宣舞。（圖片來自網路）

長歌的這幾句：

「……布穀鳥在上方鼓翅懸停，
魯神的黃鳥也鼓翅懸停，
柳樹在中間隨風搖擺，
魯神的黃柳也隨風搖擺，
魯神的黃腹鹿也在漫步，
周邊有布穀鳥和隨風搖擺的柳樹，
我們把黃腹鹿作為禮物敬獻給魯神之主，。
嗦！嗦！
有了敬獻給魯神的替身俑，
願能開釋救贖……」

丹增次仁先生強調：真正的宣有時間和地點的規矩，不能隨意表演；真正的宣有嚴格規定的舞姿，強調的是緩緩地移動，即「膝部的屈伸，腿的抬落，上身的前後擺動」，「動作比之歌詞少、簡單，但其韻味較難掌握」；並且，宣分兩種，一種叫「交宣」，雙手在身後搭在相互的腰部；一種叫「頓宣」，雙手在身前相互交握。當在為尊者高僧和高階貴族表演時，舞者雙手嚴忌在身前相互交握，而須置於身後，以示禮敬；舞者的裙擺絕不能揚起，忌諱激起灰塵，對高貴者不恭。但在民間聚會的時候，就沒有約束，兩種姿勢都可以。然而宣的功能，主要是以歌舞來敬供佛法僧三寶，喜悅各方神靈，表達的是虔誠、祈福和吉祥，具有神聖的禮儀性，並非相互手牽手的民間歌舞那種以娛樂為目的。

今有說法稱宣舞十三種，宣歌二十五首，有「古格十三宣」、「普蘭十三宣」之稱，「其實很多舞蹈都有『十二』種的說法，如嘎爾十三、諧欽十三等等，應該是習慣語，而不一定確實有十三種」，丹增次仁先生指出。另外，宣的表演者，傳統上為氏系傳承，有的藝人還身帶胎記，為的是強調血緣關係。許多年前，普蘭宗細德村村長的女兒仁欽瑪，正是宣的傳人，嫁與利米地區大家族的男子，帶去了宣歌二十五首，而那個家族正是我在岡仁波齊前遇到的行腳僧達瓊喇嘛的家族，也因此直到如今，十三種宣舞與二十五首宣歌都完整地延續下來」。利米地區的歌舞種類多，如宣、嘎爾、果諧、諧欽、拉姆、羌姆等，因為地處偏僻，與世隔絕，既沒有受到外來文化的影響，更沒有遭到外來革命的強暴，所以都是原生態，都是傳統延續，從未有過中斷，代代相傳，幸莫大焉。

利米青年仁欽啦又給我傳來兩首宣歌的歌詞，除了前面那首與科迦寺銀身三怙主相關的，還有一首譯成中文如下：

「在雪山的左邊，
僧寶手持蓮花。
對所有的遊牧眾生，
祈願菩薩護佑。
對所有的六道眾生，
感恩悲憫垂視。」

就歌詞內容來看，眾生已有了對佛教的崇信，這是因為阿里三圍地區乃藏傳佛教進入後弘期的主要之地，正如圖齊指出：「西藏西部對西元一〇〇〇年左右的佛教復興起著重要的作用」。圖齊還如此熱烈地讚美大譯師仁欽桑波時代：「這是西藏西部無比輝煌的時期，如今穿越斯比蒂或古格乾涸的山谷或荒原時，或許無人能夠想像西元一〇〇〇年左右，在這些零星分散的寺院或遺世獨立的禪房中曾凝聚過如此熾烈的生命，曾成就過對藏人文化影響如此深遠的功業。這是一個非凡的時代，印度的高僧大德並非不屑於救度其藏人昆弟，後者滿懷虔信和熱忱，沿著家鄉陡峭的山脈而下，毫不猶豫地面對喜馬拉雅山口的艱難險阻，無悔於炎熱潮溼的印度平原所招致的種種苦難，成為文明的信使，佛法的弘傳者。」

《青史》也寫：「佛法在阿里的出現早於衛藏。……後弘期藏地密法的弘揚，比前弘期更為興盛，這多半也是大譯師的恩德。」自然這也意味著信眾的廣大，以及信仰在精神世界和日常生活的深厚積澱。

19 試看今日聖山兩邊的「宣」

一九九三年夏天，直貢澈贊法王第一次去利米時，在古老的仁欽林寺接受了當地人的宣舞供奉。從一段約四分鐘的影像可見，十三位身穿絳紅的用羊毛織成的氆氌裙袍並披皮毛拼接繡片的斗篷、頭戴形狀特別的頭飾並佩珠寶銀制嘎烏的婦女，在達瑪鼓緩慢、單調而莊嚴的伴奏中，她們交叉握手在身後並緩緩起舞，與古格遺址的紅廟大殿壁畫上的宣舞完全一致；她們朝著法王微微垂首並緩緩吟唱，對法王不辭辛勞的親臨，賜予利米地區從未有過的殊榮充滿感激。

不只一次領受過宣舞的供奉並對宣舞有研究的澈贊法王強調：宣在表演上最大的要求是不能有很多的身體動作，在悠長而重複的歌聲中，基本上就是前後緩慢地輕搖，上下緩慢地起伏，其實更似一個合唱隊。森給滇真仁波切也說，小時候在老家普蘭的村子裡，見到過女性長輩們邊緩緩唱歌邊緩緩跳宣，但不怎麼愛看，因為太慢了，又很長，小孩子們都坐不住。

二〇一五年十一月，在直貢澈贊法王創辦的首屆舍衛城佛教文化節上，「來自尼泊爾、不丹、錫金與拉達克的各喜馬拉雅區域的不同民族信眾，展示了各地的傳統文化藝術」[52]，其中就有來自利米地區的宣。十四位利米婦人依舊如故，以類似古老壁畫上的裝束和姿勢，向來自各地的信眾和佛教僧尼莊嚴奉上宣的歌舞。佛陀在菩提伽耶的樹下降魔成道的圖片投影於舞臺背景，熠熠生輝，如同是給一代代傳承者的加持和祝福。一些流亡異鄉的老人喜極而泣：「以前幼年時在家鄉見到過、聽到過宣，眼前的所見所聞與往昔完全一樣。傳統沒有失去，感念不已，也因此更加思念故鄉的親人和故鄉的一切。」甚至從普蘭來的人們也感動而泣，認為利米人完整地保持了宣的傳統。

而在聖山的這一邊，被冠以「宣舞的故鄉」的阿里地區，宣於近年獲得了中國的「國家非物質文化遺產」的稱號，唯一一個在過去的舊時代跳過宣舞但記不全宣舞的八十多歲老婦其米卓嘎，獲得了「傳承人」的稱號。看上去，宣得到了自「解放」以來前所未有的重視，卻又矯枉過正，以至於無論是在紮達縣，還是在普蘭縣，宣舞的普及幾至氾濫：編成了小學生的廣播體操在學校操場跳，編成了藏人大媽們的廣場舞在當地廣場跳，並且把這一地區的民間舞種都一併統稱為宣。更有藝術團的美人們，服飾華麗，妝容漂亮，將改編之後的宣跳給「援藏幹部」和軍人看，跳給到此一遊的獵奇遊客看。

「現在的宣已經很誇張了」，出生於普蘭的森給滇真仁波切感嘆。是啊，有著三千多年悠久歷史的宣，已被改編得就像是如今許多人活在手機美顏的網路世界裡，忘卻了自

西藏電視台「2021 春節藏曆新年聯歡晚會」上的宣舞。（網路影片截圖）

己的本來面貌。

我從西藏電視臺播出的「二〇二一春節藏曆新年聯歡晚會」上看到一場令人目不暇接的宣舞，表演者來自阿里地區各縣藝術團及西藏大學藝術學院等，在以聖山聖湖和古格壁畫的影像作為絢麗布景的舞臺上，表情嫵媚、眼波流轉的美人們舞姿之奔放，動作幅度之大，甚至高高地抬起了大腿，不由得讓人很是佩服，竟將傳統宣舞幾乎改編成了大腿舞的編導們。據說編導們的理由是，這麼改「具有現代感」，動作大一點，音樂快一點，就有了現代感。可是真正意義上的宣，就是不能這麼改的。純屬無知的編導們只顧著媚俗，卻辱沒了自家世代相傳的寶貝。

如果是藏人編導，不知道今天還需不需要學習被認為是「重要的藏族舞蹈理論經典著作」的《知識總匯》？由十九世紀的藏傳佛教「利美不分宗派運動」的代表人物貢珠·雲丹加措、噶瑪噶舉第一世蔣貢康楚仁波切所著述的，薈萃西藏傳統文化的巨著《五巨寶藏》中的《所知藏》即《知識總匯》，囊括了語言學、因明學、工巧學、天文學、醫學和藝術等知識，其中對包括宗教與世俗的舞蹈有「舞蹈九技」的教導，並有「五戒」的叮囑：「雄壯兇猛的舞蹈，過多的搖動會失誤。傲慢柔軟的舞蹈，過多的做作會失誤。伶俐輕便的舞蹈，過多的慌忙會失誤。緩步慢速的舞蹈，過多的懶散會失誤。」[53]

當然，如果現今的舞蹈編導認為這是陳腐之見，既不現代不時尚也不能抓住觀眾的眼球，那我也就只好攤手自嘲：好吧，你們開心就好。儘管我沒有學過「舞蹈九技」也不擅歌舞，但懂得對傳統的尊重，也有著起碼的審美，還知道這一點：能夠稱作「宣」的傳統歌舞，根本上是需要的循守舊而並不需要改革創新的，否則就沒有必要列入「非遺」。

從晚會上這個被稱作「甲・萱」的節目所使用的樂器可以聽出，達瑪鼓與素吶的主要樂器變得不重要，而它以前沒有採用過的樂器，包括中國樂器、西洋樂器成了最強音，這是為了表示文藝革新的現代和進步嗎？歌唱也變得不是主要的，而成了很次要的，一改類似合唱隊的原貌，呈現的是眼花繚亂的舞蹈。我很期待影像中出現歌詞的字幕，畢竟宣歌二十五首，哪怕採用一首也是寶貴，卻出現的是這兩行翻譯成中文的歌詞字幕：「勝似金銀珠寶的吉祥雨露降大地，豐收在即樂開懷。」顯而易見，文藝工作者們從幾乎全是表達宗教信仰的傳統歌詞中，找不到所需要的對世俗生活的讚美。據瞭解，傳統宣歌並沒有這樣的歌詞：毫無古老歌謠的風格和韻味，所謂「樂開懷」之說土得掉碴。而且對「豐收」的期待分明是農耕社會的景象。但這樣的歌詞倒是會讓天天聲稱給西藏帶來了幸福生活的領導們滿意，以為是讚美其政績，自然會「樂開懷」。

從中國官宣上看到這樣一種敘事：「阿里宣舞是僅存於阿里地區的舞蹈種類，被列為國家非物質文化遺產名錄……在此之前，宣舞曾面臨著嚴峻的考驗，幾乎瀕臨消失。」[54]「歷經千年的歲月，宣舞如今已經快要淡出世人的視線。……歷經千年時斷時續的傳承，『十三宣舞』的『宣甲』日前已無一人在世。……解放前，格魯離世，桑傑卓瑪逃往印度。整個藏區，能夠跳出『古格十三宣』的便只剩卓嘎一人。……由於多年鮮人問津，宣舞服飾如今基本無處可尋。只有托林村一戶名為『仲窮』的宣果後代還存有一套真正的宣舞服。『十三宣舞』的歌詞、曲調和動作也在千年之間散佚了大部分。卓嘎依稀只記得宣舞中的六段。」[55]然而，這樣的敘事是很有問題的。

並非因為千年歲月漫長才造成了宣舞瀕臨消失，根本不是這樣；同樣的時光流逝，何以聖山岡仁波齊另一邊的利米地區的宣舞就沒有消失呢？另外，所提及的桑傑卓瑪又為何要在「解放前……逃往印度」？難道不是與一九五九年的所謂「解放」，而成千上萬的藏人被迫逃往異國他鄉有關嗎？對歷史事實的選擇性記憶、有意識遮蔽，既不誠實又分明透著狡猾。

至於這樣的報導更是對傳統的篡改和否定：「在卓嘎當年被迫為達官顯貴們跳舞的托林寺，她的徒弟們手挽手為賓客們送上來自遠古的舞姿與歌聲。」[56]不知道是什麼樣的賓客會有資格在托林寺觀賞遠古的宣！當卓嘎的徒弟們模仿壁畫上的宣輕歌曼舞時，當曾經的古格王室和喇嘛尊者被一個個缺乏審美與風度的官員遊客取而代之時，在文革中無數佛像被毀而今空空蕩蕩的大殿前，某種隔世感是真的被隔世了，再也回不來了，徒剩下如同一地雞毛的荒謬。

那位連宣舞種類也記不全的傳承人，以「翻身農奴」的口吻「憶苦思甜」，稱自己年輕時身為「農奴」學習宣舞並非心甘情願，「當時農奴每家每戶必須出一位婦女，去官員那裡學習跳舞。除了選定的人，別人都不能跳宣舞，因為它是一種宮廷舞蹈。學起來倒不是很難，但是我很害怕，因為如果學不好就交不了差。交不了差的話，就要當那些官員的小妾，受到這樣的懲罰。」[57]可是另一篇報導又寫：「卓嘎二十歲時，一次偶然的機緣，她撞到『十三宣舞』的最後一位舞者格魯和她的女兒桑傑卓瑪正在院子裡練舞。美妙的舞姿和精緻的服飾令卓嘎著了迷，便央求她們盡相傳授。」[58]

看來這位唯一僅存的傳承人需要黨的文藝幹部來格式化一下她衰老的記憶，總不能這麼自相矛盾地戲說自己卑微的人生吧。

20 也是一種「傳統的發明」

真心建議今天的阿里地區或西藏自治區的歌舞團體，懷著真誠學習的願望，去往利米地區向利米藏人學習正宗的宣，而不是腦洞大開地各種新編。就在聖山的另一邊，古老的宣一直存在著、延續著，會宣的舞姿與歌唱的女性不少，會用達瑪鼓和素吶為宣伴奏的男性也有。並且，更重要的是，依然是在寺院感激賜福、祈求護佑的法會上和民間寄望新年的儀式上才能看到宣，而這不正是宣作為宮廷禮儀樂舞的本質嗎？

我與一位藏人學者討論時，他無奈笑道，「我們這邊的宣舞已經成了變異的宣舞」，還說各地的傳統舞蹈在今天被變異的不少，如「納西鍋莊」、「舟曲踢踏」等等。所謂的變異，也即是對原本的歪曲，也即是將自己的文明奇觀化，來迎合、取悅和滿足他者的想像，這其實跟諂媚權力、諂媚流俗有關。具體地說，一方面迎合旅遊觀光業，迎合以中國遊客為主要遊客的趣味，將原來的習俗變成了表演；一方面，也是更主要的是，在西藏，由於一切都是政治至上，任何都是政治第一，所以還要迎合官員的趣味，將表演變成宣傳，以至於今日推陳出新的宣，成了一種「傳統的發明」。

當然我理解不少以極大的熱忱投入其中的本族知識分子，他們的本意並非要將自己的傳統奇觀化。我太知道他們有多麼擔心本族的諸多寶貝，在與其說現代化不如說殖民化的潮流中消逝，為此付出各種努力予以留存，其中被證明是最有效的方式，即借力當局：不但要得到當局的明文允准，還要得到當局的金錢扶持。然而當局絕不會只有付出不要回報的，甚而至於是要為我所用的：在這個「交易」中，當局才是最大贏家，基本上也是唯一的贏家。也因此，我們可以看到的是，宣是怎麼變成了名義上的宣。而在這個過程中，一些本族人的努力反而很糟糕，他們投其所好卻用力過度，結果適得其反，雖然得到了讓宣及類似的傳統生存下去的可能性，但變得不倫不類，反倒成為了在殖民狀態下的，由本族人完成的「殖民創造」。

某種傳統的發明，意味著發明傳統的人，或者說允許發明某種傳統的人，是有所圖的。類似今天的宣等「傳統的發明」甚至令人不安，是因為當局在這個過程中，實質上更意在取得一種比話語權更大的權力。以宣為例，今天有資格判斷、界定什麼是宣的人，並非當地人，而正是當局。他們可以說哪些歌詞適合唱或不適合唱，哪些舞姿可以改編或不用改編，這都是他們說了算。即使他們不懂，也自有善於揣度他們心思的某些當地人曲意逢迎，或主動篡改。然後，他們會標榜自己才擁有宣的「正統」身分，甚至是唯一的「正統」身分，來取代、遮蔽利米等地的宣。

這讓我想起幾年前在讀《傳統的發明》[59]一書時認識到，之所以會產生傳統的發明，意在對抗時間來獲得某種權力，這應該是最主要的目的。似乎是，今日發明的傳統古來有之，那麼現在是什麼樣，過去就是什麼樣，將來當然也一樣。被發明的傳統意在建立發明者所需要的過去，從而掌握現在和未來，這是一種企圖主宰時間、擁有時間的野心。就像一個奇特的現象和悖論是：在天朝這樣一個對傳統並不在乎，毫不珍惜，百年來所做的一切不是「破舊立新」就是「推陳出新」，卻好像特別沉醉於對「非物質文化遺產」的「發掘」、「命名」和「保護」。各種名目繁多的「非遺」、「文創」層出不窮，卻都成了「傳統的發明」，「新發明的奇觀」，目的是展示帝國的皇恩浩蕩，賜予各地古為今用的良機，然而事實上呢？

比如，在對待被聯合國教科文組織列入「世界文化遺產」名錄的大昭寺及其周圍環境，雖然早在二〇〇四年的「第二十八屆聯合國教科文組織世界遺產委員會大會」上，就做出了若干項有關拉薩的決定，提到了保護拉薩老城區的必要性，並強調：「應停止拆除歷史性傳統建築，……任何有必要復建的建築物應當符合這個地區的歷史特徵……」但近些年來，對拉薩老城區的改造動作卻非常大，幾乎年年都有各種名目的浩大工程，比如：拆除一座座老房子；遷走一戶戶原住居民；遷走原本屬於轉經道相關部分的所有攤位；改建重寫歷史的紀念館如「清駐藏大臣衙門」、「更敦群培紀念館」；將舊日的拉薩市政廳朗孜廈設成「愛國主義教育基地」；在轉經道上開「必勝客」和「肯德基」；以環境保護為名，將一個個傳統煨桑爐拆除重築，用一把把鎖給鎖住，等於就是形同虛設的擺設；在大昭寺廣場西側的藏式房屋上，除了完善軍警的崗哨，還增加了一面帶有文革風的狀如中共黨旗的語錄牌，畫著中共黨徽，用藏漢文寫著這個時代的最高指示，也是歐威爾《一九八四》的新話：「四講四愛　講黨恩愛核心　講團結愛祖國　講貢獻愛家園　講文明愛生活」。等等。

而在二〇二〇年的疫情中，大昭寺前突然出現了兩座龐大的中國式碑亭，以及到處密布的崗哨、安檢門和偽裝成轉經筒的攝像頭，以及到處插滿的大大小小的五星紅旗等，使得這「新發明的奇觀」越發凸顯意識形態化和商業化並重的主題公園，以至於：生活在拉薩的藏人、從各藏地很不容易來到拉薩朝聖的藏人，是這個主題公園具有異域風情的觀賞物種；原本具有宗教和傳統意義的地點成了舞臺布景和遊客的取景位置，而不得不掛出多塊懇求免打擾的告示牌；那些身穿舞臺化的「民族服飾」、將轉經筒等佛教用具當做道具，或模仿滿清駐藏大臣的戲裝隨處自拍，他拍的中國各地遊客，已經很

大昭寺前的兩座中式碑亭，建於疫情期間。（藏人提供）

干擾本地人的生活，卻並不以為有何不妥，顯得既無教養更無公德心，反倒成了轉經道上的主人。從不少照片和影像上可見，那些在佛殿門口矯揉造作留影的遊客，明明眼看著藏人老者沿著一圈置有轉經筒的小路走過來，卻不懂得讓路；如果真的不懂，那不是蠢就是壞，但關鍵還不是讓不讓路的問題。

看似迷戀本地風景和文化的遊客其實是名副其實的新殖民主義者，其旅遊帝國主義的行為所蘊含的力量也是毀滅性的。推特上有這樣的評論：「中國遊客在旅行時也不會放過民族沙文主義，或者說他們的旅遊就是侵入性的民族主義本身，而旅行本該是個人的、愉快的、不需要給當地人帶來困擾的，獨獨是中國人，常有拉著別人的美好家園共沉淪的意思，蝗蟲過境一般踐踏了還覺得是拉動了消費，給了當地人飯吃……」

回到宣的話題，我要說的是，真的很討厭舊瓶裝新酒那種把戲。我相信，隨著時間流逝，聖山兩邊的宣可能會出現鴻溝似的分野。而我們最後可能會懷著類似於劫後餘生的幸運感，輕聲嘆道：幸虧還有利米的宣始終存在，才會讓世人知道什麼才是真正的宣。

21 流亡者的命運及老大哥的魔力

隨著對喜馬拉雅地區的逐漸瞭解，我意識到圖伯特民族的流散，可能不只是指一九五九年隨尊者流亡異國的族人，還可能包括分布在喜馬拉雅地區的藏人。一夜之間，他們在各自的家鄉被阻擋在矗立著嶄新界碑的邊界之外，成了處在「跨境」之間卻並不容易「跨境」的邊民，神山聖湖等諸多聖蹟雖近在咫尺，卻是從未有過的遙不可及。

正如康乃爾大學人類學系的一位學者撰寫的文章（是對尼泊爾水利發展、水電建設以及對喜馬拉雅水電狀況所做的研究）中說：「……這些住在中尼邊境的尼泊爾居民中的大部分人都持有中尼邊民證，他們可以持此證跨境去中國西藏進行區域貿易或探親：這已是喜馬拉雅邊境地區之間流通的歷史模式的一種當代演繹。」而且，鑑於「近期中國在尼泊爾的投資模式和『跨越喜馬拉雅的握手』即跨界基礎設施建設的項目」，「這些村落裡的居民對於自己周圍環境變化的速度感到既興奮又擔心。」[60]

利米地區的藏人也同樣持有「中尼邊民證」，也同樣面臨著令他們「既興奮又擔心」的變化。但必須說明的是，利米藏人的「邊民證」只能在普蘭縣內使用，普蘭縣之外的地方是不能去的，包括聖山聖湖。如果遇到特殊情況關閉邊界，那麼「邊民證」也是無效的。不過我須謹慎地討論流亡的話題。比如對於利米藏人，不應把他們看作是流亡藏人。畢竟他們生活在自己的家園，沒有失去自己的家園，也沒有背井離鄉，飽受流亡之苦。即便他們當中的很多人去往其他地方包括普蘭謀生，但是他們的根依然在利米，而那裡依然沒有改變多少：沒有被外來者「解放」，目前連中國遊客都沒有。

然而他們所信奉的宗教領袖，如直貢絳袞澈贊仁波切與努巴仁波切的故鄉都是拉薩，卻在人生的中途不得不逃離拉薩，從此不歸。如果不是因為遭遇劫難，他們一定不會去往鄰國度過餘生，所以他們才是真正的流亡藏人。而且，後來還有從故鄉去往異鄉的年輕流亡者，如敬安仁波切和森給滇真仁波切，也是新一代的流亡藏人。從某種程度來說，他們的教法是隨著他們的流亡而流亡，並惠及了喜馬拉雅山麓守著小小家園的族人，以及更遙遠地方的異國有緣人，這就像是命運的一種奇特的安排。這樣的流亡命運未來會有怎樣的軌跡，還需要研究者和關注者予以更多的觀察。

就邊界而言，邊境地帶的邊民之間的日常生活：親屬關係，宗教社群，貿易區域等等，一直維繫著相互間的網路。這個網路古來有之。這是一種超越了地緣政治的網路，更多的與人性和信仰有關，如今卻日益受到干擾。一位朋友說，尊者達賴喇嘛前些年每次去拉達克舉辦法會時，都會有邊界另一邊的藏人悄悄過來接受灌頂，但他們會帶有歉意地解釋，由於不得不遵從官員的命令，使得他們不得不驅趕牛羊進入拉達克牧場。另外，由於地理等客觀條件的限制，包括利米等地方的邊民的生活物資實際上大多來自中國。有張照片上，小商店裡出售產自中國和尼泊爾的各種小商品。有張照片上，有中國的水瓶、康師傅速食麵。有個影像：村民在農田收青稞，犛牛三三兩兩，拖拉機上寫著中文，是中國出產。還有個影像：新年聚會的桌子上擺著中國飲料：茉莉清茶；嗯，曾經有個盛夏我也愛喝這個飲料。當地人自製的青稞酒也擺在桌子上。有些器具來自印度，如鋁鍋和水壺。

隨著某種依賴程度的加深，使得某種壓力也漸趨逼近。又一次聯繫最初接觸的那位利米青年，我開始小心翼翼，擔心自己的直言不諱會給他造成困擾。我不便提到他的名字，因為他擔心會帶來麻煩。我無法想像這會是怎樣的麻煩：會被越境「喝茶」嗎？可是我們之間並沒有談過任何不宜談論的敏感話題。我主要是打聽他祖父的弟弟，他稱之為「波啦」的爺爺，即我在岡仁波齊偶遇的行腳僧達瓊喇嘛。我主要關心的也就是他，以及由他蔓延開來的一個個故事。

利米青年的憂慮是我非常熟悉的憂慮，我在許多藏人那裡感受到過，其實我自己也有類似的憂慮。我們都會把「瑟瑟其」（小心）當做彼此的叮囑和告誡，並不敢暢所欲言，而是說著說著戛然而止，說著說著就此別過。說到底，我們都害怕老大哥。老大哥的陰影如同有著無所不能的魔力，可以隨意跨越任何一種「界」，無孔不入。但我還是很意外，想不到竟然連邊界之外的藏人，尼泊爾籍的藏人，也會如此提心吊膽。

是因為貧窮的原因嗎？畢竟尼泊爾的貧窮很有名，連基礎設施的建設都匱乏。利米地區處在大山中的峽谷地帶，時常面臨自然災害的威脅，這會讓當地百姓憂慮。二〇一九年三月就有報導[61]，氣候變遷下，融冰形成的冰川湖可能引發「冰湖潰決洪水」，而對千年古寺仁欽林寺造成威脅。報導稱：「氣候變遷不僅會危害有形的宗教資產，也會破壞無形的文化景觀。失去被受尊重的傳統，也可能嚴重衝擊、孤立這個偏遠的社區。」由衷地祈盼慈悲而威猛的護法女神阿企秋吉卓瑪繼續護佑利米及其藏人。

位於利米山谷的仁欽林寺有千年之久，文革中保存了從邊界另一邊祕密帶過來的許多珍寶。（利米藏人提供）

犛牛和馬依然是利米山谷裡的主要交通工具。（利米藏人提供）

22 特別的「愛」給特別的你

說來又是巧合，就在這篇文章的寫作中，一位朋友給我傳來一本翻譯成中文的電子書《來自北京的祝福：流亡逾六十年的藏人，要如何面對後達賴喇嘛時代的變局與挑戰》[62]，作者是美國記者、作家葛瑞格．布魯諾（Greg C. Bruno），他很早就與流亡藏人接觸，深深了知流亡者或難民的困境。這本書的書名很長，所謂「祝福」是諷刺，引述的是尊者達賴喇嘛回答作者的提問：「極權政府到處施加壓力，即使在美國亦然。我認為印度和尼泊爾正受到來自北京的某些『特別祝福』，這一點很清楚。而尼泊爾的情勢不是很安定，不是很穩定。他們有許多問題。因此，中國的壓力、中國共產黨的壓力，更加有效力。」這本書是有關西藏今天及未來的深度分析和思考。作者關注到的諸多問題，有些可能在以前並沒有被研究者觀察到。不過有一點：我與閱讀了此書的朋友一致認為，中文書名的「祝福」如果換成「恩賜」可能更貼切，一是尊者達賴喇嘛藏語表達過類似的意思，說的是藏語的「恩賜」；二是今天在全藏各地鋪天蓋地的宣傳語中就有「講黨恩」、「感黨恩」等等，當局無時無刻不在提醒藏族人民，他是大救星，他是大恩人。

對尼泊爾方方面面非常熟悉的作者，在書中第四章「砍頭殺鵝」中寫了不少讀起來令人嘆息的故事。還寫道：「……尼泊爾是亞洲最貧窮的國家之一，尼泊爾人極度依賴國際救濟和援助。……國際貪腐監督組織『國際透明組織』早已把尼泊爾列為全世界最容易受賄的國家之一。然而，腐敗和付錢買訊息、逮捕偷渡到尼泊爾的無證件藏人，並不是北京向其喜馬拉雅鄰邦推動其西藏議程，『祝福』加德滿都的唯一方式。受到二〇〇八年全球經濟危機的影響，以及隨之而來財政影響力上升的鼓舞，北京找到新的方法來誘導原本不支援它的政府，對西藏人的訴求進行誹謗。在二〇〇七年九月的一份聲明中，中國駐尼泊爾大使館甚至承認它的禮物帶有條件。」一位尼泊爾官員告訴作者：「中國，他們非常強大，施加很大的壓力。」

讀完這章，我好似對尼泊爾境內的利米地區及民眾的現狀和處境有了更多瞭解。同時回想起沒有中國護照的我曾有過一次跨過中尼邊界的經歷。那是一九九〇年代中期，時任《西藏文學》雜誌編輯的我陪同來自北京的《中國海關》雜誌的編輯，從拉薩到樟木海關，期間還跨過了友誼橋，去往對面的巴爾比斯小鎮待了數小時，可他們好像就是為了去喝五糧液、吃中餐。接待者是中方的工程人員，我忘記是修路築橋還是做什麼的了。我一看是這樣的宴會便悄悄離開了。好不容易過境一回，我可不能把短短的幾小時交給依然說中國話聊中國事的中國人。我獨自在巴爾比斯小鎮閒逛，被一個個小雜貨店吸引。不一會兒，一個瘦瘦的尼泊爾員警跟在我的身後，可能是怕我跑到不遠處的車站，搭上去加德滿都的公共汽車溜之大吉吧。我交給他一百元人民幣，讓他幫我換尼幣，因為我迷上了那些小鋪裡當地人自己編織、自己染色的織物。尼泊爾員警笑容可掬

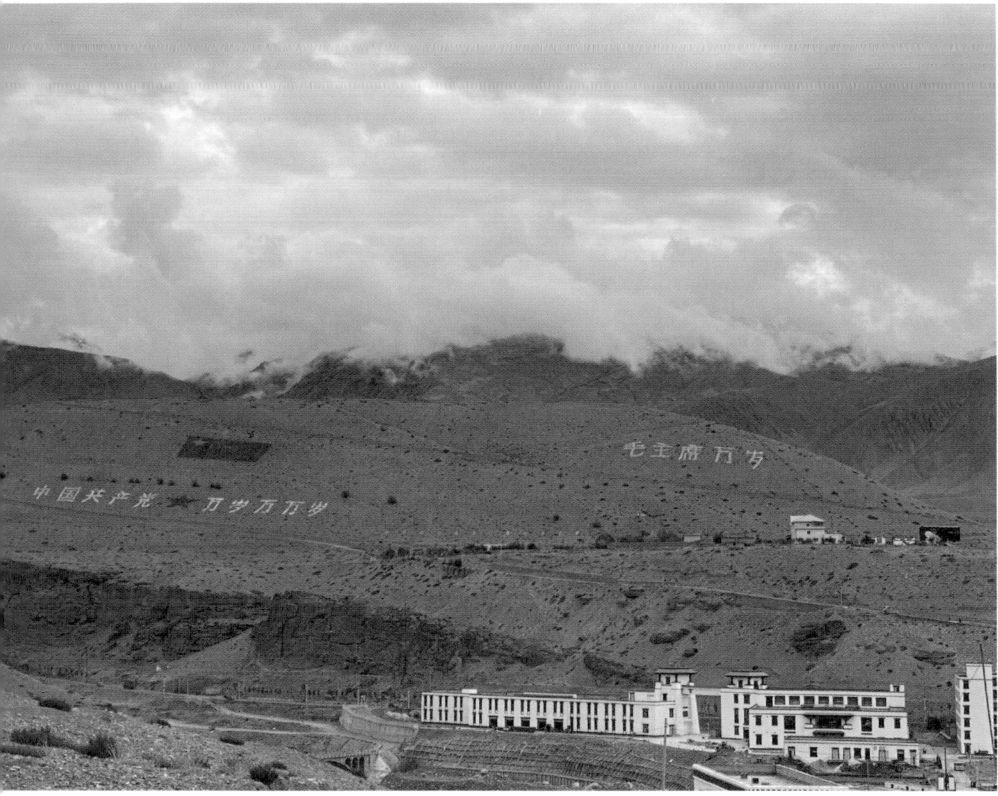

普蘭縣山頭的標語。（唯色 2021 年 9 月拍攝）

地，立即給了我七百尼幣，但後來，中方的海關同志告訴抱著一堆五顏六色布料的我，他少給了我至少四百尼幣，這尼泊爾小員警厲害。不過我倒也不計較，畢竟那些布料做了窗簾門簾很好看。

比尼泊爾小員警厲害的更有許多習慣貪腐的官員。聽說尼泊爾官員時不時會乘飛機抵達吉隆口岸，在中國的星級酒店享用感官之樂。世上並無免費的午餐，有沒有與某某某建立起諱莫如深的交易，我們誰也不會知道。至於是不是因此而有了變化，也只能由已被報導的事實略知一二，如關閉尊者達賴喇嘛在尼泊爾的辦事處，限制尼泊爾境內流亡藏人的活動，甚至會抓捕，以及在接壤西藏的邊界上默許各種異常事態的進行等等。前不久讀到的報導是法國世界報記者這樣描寫濃妝豔抹的中國駐尼泊爾女大使：「……中國女大使在這裡火力全開：發放獎學金，發放疫苗，為工地開工剪綵，出席中國模式研討會，與尼泊爾政治人物挨個見面……」[63]當印度的疫情在二〇二一年四月間突然惡化、肆虐、失控，並危及周邊原本弱勢的國家時，尼泊爾只能越加依賴中國援助，如後者所說，「尼泊爾是中國的友好鄰邦和戰略合作夥伴」，而這個關係當中誰是老大或老大哥，全世界都懂的。

強權者的野心其實從來就沒有停止過。不斷地進入、進入，並很誇張地炫耀自我，施展誘惑，比如在邊境一帶蓋房築路還配上燈光秀，其實是一種「攻心術」。二〇一九年夏天我在中國東北的中俄邊境、中朝邊境都見到過更富麗堂皇、更喧鬧閃耀的做秀，暴發戶的得意溢於言表。同樣，在靠近尼泊爾、印度、不丹等國的邊境上，興建以脫貧為由並負有「守土固邊」重任的近千個「邊境小康村」：新房子，五星紅旗，藏漢移民。儘管統一設計、專項補貼的「邊境小康村」可能更像是一個個波將金工程：堆砌著毫無美感的混凝土建築貼著瓷磚，堆積著一個個垃圾堆，淨是塑膠盒塑膠袋在風中亂飛，從大喇叭裡傳出用藏語和漢語高分貝地宣講最高指示，夾雜著紅色歌曲甚至嘹亮的軍歌，一首接一首，盡可能無遠弗屆地占據所有的空間。一位當地的朋友講，還有這樣的遷移方式：在寒冷的冬季，當對方軍人暫時撤離，這邊就派藏人村民過去，搭個簡易房之類，以表示這是「自古以來」就屬於自己的地盤，同時可以得到三百塊錢的獎勵。

BBC報導中國還突然聲稱位於不丹東部的野生動物保護區是中國領土，這讓「不丹這樣的小國如坐針氈」[64]。紐約時報也報導中國在不丹領土上建了一座村莊，一百多人搬進二十多幢新房子，升中國國旗唱中國國歌等等。[65]藏學家羅伯特·巴內特（Robert Barnett）更以翔實的調查和研究撰寫長篇報導《中國正在另一個國家的領土上建設整個村莊》，於二〇二一年五月七日發表在《外交政策》[66]，鄭重指出「自二〇一五年以來，在不丹一個神聖的山谷深處修建了一條以前未被人注意的道路，多個建築物和軍事哨所。……這涉及比過去中國在陸地邊界上所做的任何事情更具挑釁性的戰略。……還涉及另一個方面，它具有更大的敏感性：在不丹及其人民具有特殊宗教重要性的領域。」與此同時，還有報導稱中國政府將在阿里普蘭、日喀則定日、山南隆子等地建機場，而這些地方都是與印度和尼泊爾接壤的邊界。也有報導提及中國在靠近邊境的江河築壩斷流，引發鄰國憂慮。另外，去年在邊界發生的中印雙方的軍事衝突更是全球關注的焦點。

從中國的一個論壇網站上，看到有人以深知內情並胸有成竹的口氣這樣寫[67]：「不急劃界不等於消極等待，過去中方就是用『恢復放牧』和『設立林場』來『劃界』，……現在也是這樣，……實行邊民守邊、牧民守邊的措施，就是用行動『劃界』，在洛扎縣這樣的例子很多，山南市將十戶二十人遷至色鄉公漳浦邊防哨卡旁，十戶二十人遷至扎日鄉龍拉，二十戶遷至拉康鎮歐江，十戶遷至邊巴鄉桑布拉等通外山口或邊境一線，同時成立了基層黨政組織。這次引起洞朗對峙的原因，就是中方從『多卡拉山口』到『庶』之間修公路，因為印度人明白，修公路也是用行動『劃界』。那就讓這些行動：移民、設村莊、建林場、修公路等等，越來越多，作實中方的實際控制。到那時，劃不劃界又有何妨。」最後這句話簡直豪氣沖天，不，匪氣十足。

23 瘟疫時光中的某種救贖

當二〇二〇年這漫長、特別卻又流逝極快的疫年接近尾聲時，我坐在中國南方的一個人工池塘的旁邊寫這些故事。這個池塘不大，是在一座被中國文人墨客歌詠描摹的名山附近。池塘裡有不少魚，是那種觀賞魚，色彩斑斕。有一條大魚，金色的，可能已經年老的錦鯉。牠與我建立了友誼。其實是因為我每天會帶些麵包來餵牠，牠便記住了我的聲音和身影。我每次走近池塘，牠再遠也會遊過來，絲綢似的兩鰓像翅膀一張一合，忽閃忽閃，如同與我打招呼。有時牠會游到林木叢草投到水面的陰影裡，伸展身體如一把劍，靜靜地浮游著，我也會靜靜地看著，心裡生起對萬物有靈的感激。

恰如這篇文章的標題，之所以我寫下這些故事，緣於二〇〇二年在聖山前偶遇的行腳僧—達瓊喇嘛。我說過，他的形象和聖山重疊，成了我那次轉山之行非常深刻的記憶。德國電影大師荷索（Wener Herzog）的紀錄片《時間之輪》（*Wheel of Time*）拍攝了那年轉山盛景（他還去印度的菩提迦耶和奧地利的格拉茨，拍攝了尊者達賴喇嘛主持的兩次時輪金剛灌頂法會）。我描述過其中的鏡頭：

「蒼茫的雪域大地。綿延不絕的雪山。坐在搖搖晃晃的卡車上的牧人、農民和僧侶。一步一個等身長頭的牧人、農民和僧侶。但更多的不是絳紅色的僧侶，而是面目黝黑、牙齒潔白的牧人和農民。

「『塔欽』（經幡柱）高高地樹立起來了。滿山遍野的信徒們在歡呼。煨桑。拋灑隆達。供奉糌粑。然後念著『堅熱斯』（觀世音菩薩）的、『卓瑪』（度母）的、『絳白央』（文殊菩薩）的、『多吉甚巴』（金剛薩埵）的、『古汝仁波切』（蓮花生大士）

在聖湖瑪旁雍措前舉行儀式的印度教徒。（唯色 2002 年拍攝）

的真言心咒轉山。這是屬於民間的儀軌，從雪域的山山水水當中土生土長的儀軌。

「有一個鏡頭難以忘懷。一個磕著長頭的女子經過一條小河，她沒有跨過小河才又磕頭，反倒雙手合掌舉過頭頂，從頂到額再至胸前，繼而緩緩跪下，跪在水中的石頭上。奔流的河水，仍然是她和她身後的女子，她們的朝聖之路。

「最後的鏡頭。遠遠地看岡仁波齊，果然如同一尊坐著的佛。拍攝的角度是特別的。是從瑪旁雍措這邊拍攝的嗎？還是從崗仁布欽下面的哪條河？不，應該是瑪旁雍措，在我的記憶裡是這樣的。波光粼粼的水，竟像無數盞燃燒著火苗的燈朝著聖山。像祖拉康的千盞酥油供燈朝著諸佛菩薩。但這火苗不是紅色的，而是藍色的。當火焰的純度達到極限，就會轉變成藍色，是這樣的吧？」

我當時轉山也遇到了來自各地的信徒，其中有不少印度教徒。一位拄著木棍的印度婦人出現高山反應，行走艱難，我跟她聊過幾句，導遊翻譯她的話說，即便是死了，也是幸福的解脫。一位白鬍鬚漫長編成了辮子的印度老者穿長長的黃袍，與他合影時，他突然伸手在我頭頂像是要摩頂，嚇了我一跳，當然現在回憶覺得美好。有十多人圍坐在聖湖瑪旁雍措前舉行祭祀儀式，由一位女祭司似的美目女子主持，並將取來的湖水分發眾人時也贈予我一掬，還在我的眉心間抹了一點紅。這一切都表明聖山及聖湖是圖伯特與印度共用的文化和精神的象徵。

在寫作與回憶中，聖山岡仁波齊如同某種救贖，在遙不可及的遠方日益清晰。我的意思是，十八年之後，由於名為新冠病毒的瘟疫肆虐，整個世界深受其苦。這裡略舉幾個事例：疫情中，尼泊爾卡爾納利省宣布關閉其沿中尼邊界的陸路口岸，「其轄區希爾薩雅犁口岸對應中國西藏自治區普蘭口岸。普蘭口岸是西藏西南部對外貿易往來的主要口岸，歷史上也是印度教徒朝拜岡仁波齊山的必經之路。」[68]疫情中，各地藏人朝拜聖山的轉山願望仍舊難以實現，受困於跟疫情一樣厲害的邊防嚴控，一些利米人仍在普蘭市場做生意，但不被容許走得更遠。疫情中，距離聖山很近的、與印度接壤的邊界，發生奪去中印雙方軍人生命的血腥衝突，並在各自國家掀起強烈風波，而在爭端最前沿各自都有藏人士兵相互對峙；普蘭縣城的山坡上於文革時代用石塊壘砌的「毛主席萬歲」，被中國遊客拍攝後紅遍中國網路，以至於旁邊又新添了更多的巨型口號，如「中國共產黨萬歲萬萬歲」，還有中國軍隊的紅軍旗和紅五星。

疫情中，八十一歲的達瓊喇嘛固守在加德滿都被關閉的寺院中。從有關加德滿都的影像中見到戴口罩的人們在繞著巨大的佛塔轉經。有一天，他的姪孫傳給我一張照片：戴眼鏡的臉上綻放溫暖的微笑，長長的白鬍鬚與絳紅、明黃相間的袈裟輝映出靜修者的榮光，背景是懸掛唐卡的佛殿，「這個大流行把寺院關了這麼久，喇嘛爺爺都胖了，」他的姪孫笑道。我感動他的細心，讓年輕僧人給喇嘛爺爺拍照是個好主意，我確實想看見他的近況。有一天，我又收到一張照片，是幾個親戚晚輩終於能去寺院探望時給喇嘛

達瓔喇嘛在疫情中的寺院。（[illegible]）

爺爺拍的，笑容依然，眼神明亮。我很喜歡這兩張照片。我更希望在山那邊的寺院以他習慣閉關修行的方式安度瘟疫時光的達瓊喇嘛，能知道我因他而寫的這些故事，並且，我很想對他說：噶真且（感謝您），喇嘛啦！

疫情中，遷往臺灣的直貢澈贊法王度過了全球無數信眾於線上虔誠祝禱的七十五華誕，原本計畫在舍衛城舉行的不分傳承、不分教派的佛法學習及佛教文化節只得暫時取消。但對於我卻像是一個意外的恩典，得到了與法王通過網路交談的機會，使我得以繼續補充、豐富這篇越寫越長的文章。而疫情中，恰恰是在疫情中，我觀看了直貢澈贊法王數年前在位於加德滿都的仁欽林寺，向信眾傳授頗瓦法的影像：深夜，我遵照法王的開示，觀想金剛亥母及頭頂的諸佛菩薩，第一次確切地得知「頗瓦」其實就是魂識的搬家，在死亡來臨時，魂識從這個軀殼搬遷至精神意義的家園中，那麼，今生的現在，此刻，就要做好讓靈魂搬家的準備。

疫情中，我無法返回故鄉拉薩，只能寄寓於或受困於異鄉，但明白這並不只是因為一種瘟疫所致。我寫於病毒最初蔓延時的長詩《時疫三行詩》開頭即寫：「沒有一個地方不淪陷／沒有一種瘟疫不可怖／不，更有他疫遠甚於此疫」。然而疫情太漫長，人們從起先的驚懼漸漸地習慣，甚至因為人類這種生命特有的忘性而淡漠了已經發生過的吞噬與毀滅，以及並未消失的危險，反而過起了只圖肉身快活的幻覺時光，並不把無常當做至關重要來認真對待。更堪憂甚至不可原諒的是，那些掌握權力或者圖謀權力的政客，在漫長迄今的疫情中本應該做好各種防範，卻把心思都付諸於私欲，而對民眾的福祉毫不在乎，以至於疫情或蔓延或捲土重來，他們不是束手無策就是到處甩鍋，這實在是悲哀。

有一天傍晚，我一如往常邊散步邊念經，同時戴著耳機用手機聽書，在重聽波赫士（博爾赫斯）的小說時，聽到我曾讀過的這段仍然感動不已：「……在世紀的過程中，山嶺會夷平，河流往往改道 帝國遭到變故和破壞，星辰改變形狀。蒼穹也有變遷。山和星辰是個體，個體是會衰變的。我尋找某些更堅忍不拔、更不受損害的東西。我想到穀物、牧草、禽鳥和人的世世代代。」[69]什麼才是「更堅忍不拔、更不受損害的東西」呢？世間萬物，成住壞空，唯有精神和信仰才會永存，這可能就是聖山岡仁波齊給予我們的啟示。我想起去往岡仁波齊的朝聖路上，信徒用地上的石頭堆砌一簇簇小小的石堆——這是每條朝聖路上都會出現的景觀，而這與靈魂的去向有關——這是路標，使得死後的魂靈不致迷失；這是住所，讓趕路的魂靈得以休息。人的生命，眾生的生命絕不是只有一生只有今世 須得為來世積累福報，而不是什麼都用盡，或趕盡殺絕，不給他人活路也即是不給自己活路。

聖山岡仁波齊自有各種形象：春夏秋冬各有不同，一日內每個時刻也不一樣。我意外地發現，瑞士探險家奧古斯特·甘瑟（Augusto Gansser）在一九三六年七月三日扮朝聖者拍攝的岡仁波齊，與我在二〇〇二年七月三日朝聖時拍攝的岡仁波齊，不同年卻同月同日，正好相隔六十六年整。從照片上看，他那時的聖山幾乎全白，那是雪；我這時的聖山只有峰頂雪白，通體青色。比奧古斯特．甘瑟更早十年，有個在印度當公務員的英國人拍攝了岡仁波齊。比他更早，偉大的地理學家、探險家斯文．赫定（Sven Hedin）這位瑞典人於一九〇七年考察了岡仁波齊，拍攝了朝聖者及身後遠處的聖山，也素描了近在跟前的聖山。據說那個英國公務員甚至想登頂，但因暴雪突降而未果。更有奇特的傳說稱後來有俄國人攀登過，卻急劇地衰老、死亡。中國人也覬覦聖山，就像那個口吐「後疫情時代的自我救贖」等等蓮花泡沫，卻在岡仁波齊留下垃圾的中國藝術家竟要講述「岡仁波齊的童年」，可他連自己卑賤的童年都無從說起，又有什麼資格來說聖山的童年？如果他非要說，還不如去說說他自己掙扎在那個豬圈裡的一生。

不過他給自己添加的「天葬師」這個標籤，即他對自己的這一認證倒是恰如其分：西藏躺在世界屋脊之巔，所謂的「天葬師」以藝術的名義操刀凌遲，而他所依憑的權力與資本正是他手持的兩把刀，一把刀刻著五星紅旗的圖案，一把刀刻著Dior的標籤；狂風凜冽，遮天蔽日的禿鷲貪婪地撲過來撕咬、分食著西藏，恰如這句西藏諺語：神佛所在，妖魔亦雲集。象徵四大宗教眾神居所的聖山岡仁波齊雖然靜默屹立，卻不等於沉默忍耐，而那些在所謂的「後疫情時代」的「自我救贖」表演，越誇張越似妖孽，更是為這個凌遲西藏的「藝術行為」的時間性賦予了特殊的意義。

幾位與我有過交談的利米青年都沒去轉過岡仁波齊，不是不想去而是根本就無法獲得過境的許可，但說起聖山都非常親切，就像是說起家中的至尊之寶。肯定是這樣的，岡仁波齊原本就是他們的共同身分，我們的共同身分。又如同我的朋友Pazu Kong（薯伯伯），在拉薩開過多年的風轉咖啡館卻不得不因不可抗力放棄的香港人，以獨自轉過聖山的經驗對我說：「我覺得轉山時最大的感受，是幾千年以來，從苯教或更早時候的人類，大家看到的岡仁波齊都是共同的記憶。」

除此，聖山還為周圍所有眾生提供了強大的精神庇護。僅僅看到聖山的身影，哪怕只是遠遠一瞥，也已經能夠得到心靈的慰藉，這尤其被聖山的北面和南面的人民視為得天獨厚的福報。實際上，住在南面峽谷的眾生真的獲得了保護，那座存在了近千年的仁欽林寺即是這種保護力量的具體象徵。

24 寫這麼多的故事有什麼作用？

最後，我要補充的是　寫這篇文章的經驗在我的寫作經歷中是少有的。原本兩個月完成的兩萬字初稿，現在寫成了六個月才完成的近六萬字。圍繞聖山以及在聖山遇見的行腳僧，交織但突變的歷史，具有象徵意義的地理備受政治的干擾，族人流離的命運和竭力衛護的信仰，以及更為險峻的當下等等故事不斷迭出。我每日傾聽、搜尋、整理，補充，感覺被這個好似自動生長的長篇文章給套住了，讓我忍不住感嘆：這篇越寫越長的文章就像一圈轉不完的轉山路，恰如朝聖路。

在路上出現了許多意想不到的經歷，包括意外相遇的善緣，尤其是諸多善知識慈悲施與我的種種幫助；與此同時，為填補個人在歷史、地理等方面的空白，我閱讀了二、三十本書籍和大量文章，這一切都讓我深深地感悟到，我確實是再一次回到了朝聖岡仁波齊的轉山路，而這次，我走得很慢，很慢，真正地領略了獨一無二的風景。與自然風景不同的是，這是布滿了悲歡離合的命運風景，卻也不全是絕望的低谷甚至悲慘的地獄，我反而看到了救贖得以實現的未來，那是經歷了「頗瓦」之後無數堅定的勇士們終究會抵達、並會永遠守衛的精神極地，任何野蠻力量都奪不走。

然而我寫了這麼多的故事：我去過的地方的故事，我沒有去過的、今生說不定也很難去成的地方的故事；我見過的人物的故事，我沒有見過卻聽過聲音而非常熟悉的人物的故事；好人的故事，霸凌好人的惡人的故事……又有什麼作用呢？我的意思是，寫了這麼多故事，我卻無法對所關注的一切給出意見或建議。

很顯然，能夠解決問題的人，在世俗中常常是手中有權力的強人，但他們通常會製造更多的問題，甚至是社會災難和自然災難。如政治學、人類學學者詹姆斯·G·斯科特（James G. Scott）以審慎的態度和中間的立場所說[70]：「作為新秩序的設計者……他們的共同點是特別希望使用國家的權力為人民的工作習慣、生活方式、道德行為、世界觀

在路上看見聖山岡仁波齊猶如繪畫。（唯色 2021 年 9 月拍攝）

帶來巨大的烏托邦式的變化。」「一個受到烏托邦計畫和獨裁主義鼓舞的、無視其國民的價值、希望和目標的國家，事實上會對人類美好生活構成致命威脅。」

說到底，寫故事的人不可能是解決問題的人。雖然西藏古代將「故事」或者說包括了各種敘事形式的史詩、傳說、寓言和趣聞軼事等，即藏語的「仲」（故事）看得非常重要，甚至於，「仲」是治國、治理王政的重要方法之一，而我只是一個以「仲」即故事為生、類似「仲肯」（即說唱藝人）的記錄者，僅僅希望趕在一切未消逝之前，將所知道的一些故事一一講出來而已。確切地說，我是這樣一個「仲肯」：永遠對地方、人物有興趣；永遠對往昔及懷舊有興趣。說到底，我更似一個收集者或者收藏者，就像我在疫情中、在北京的霧霾天氣中寫的一首詩：

願意是這樣一個收藏者：
收藏老照片的裂痕但不做任何修補
收藏深夜來不及熄滅的餘燼
留著最冷的明天生火取暖
收藏失蹤者不敢大放悲聲的飲泣
那或是尋找曾經活過的證據
收藏不可告人或者無可告慰的祕密

那通往人性的深淵可能是救贖之道……
但不願意收藏愚蠢，那些執著的
拒絕智慧的，卻自鳴得意的愚蠢
比作惡多端還無可救藥，很難原諒

就在這篇收藏了許多故事的文章將要完成時，現實中的我又來到最初動念寫作的地點：正值春夏之交依然林木蔥綠的人工池塘。卻傷感地發現，能聽出我聲音的那條大而絢麗的錦鯉已經消失了。很多魚都消失了：斑斕的，灰黑的；大的，小的。連我上次離去時特意去超市買來放生的九條普通的魚也沒有了。只剩下五、六條錦鯉，不大不小的，當我撒下麵包末，牠們飛快地游來，倉促地搶食，驚慌地游走或沉潛，甚至聽到腳步聲稍重，也會倏忽不見，完全與過去不同。這期間，牠們經歷了什麼樣的遭遇呢？我大概想像得出，肯定與人有關。這讓我悟覺到無常的迅速、無情及無處不在，譬如不只給一地一國而是給全世界帶來災難的病毒竟發生了變異，以至於疫情復燃，不但奪走成千上萬的生命，更令喜馬拉雅山麓陷入危情……這時，池塘周圍傳來了鳥叫聲，靜下心來仔細聽，聽出了好幾種鳥叫聲，就像是對永遠不會停止的希望的表達。

二〇二〇年十一月至二〇二一年五月，疫情中
寫於屯溪、北京和屯溪

1 即二〇〇〇年六月九日的中國報紙《參考消息》。

2 據義大利藏學家圖齊（G.Tucci），「上阿里三圍」最早被認為是瑪域（即拉達克）、古格（範圍比今天所說的古格更廣大）和布讓（即普蘭，包括古格以東至瑪旁雍措的區域）等地區。據藏人學者古格・次仁加布，十七世紀末，在西藏甘丹頗章政府的文告中，所指的「阿里三圍」為普蘭（雪山環繞之地）、古格（岩山環繞之地）、日土（湖泊環繞之地），範圍已大大小於當年。

3 普蘭宗：即普蘭縣。「宗」為藏語的城堡，後為西藏政府的基礎行政區，相當於縣。

4 見中國西藏網：http://www.tibet.cn/cn/cloud/xszqkk/xzyj/2002/3/201712/t20171221_5281161.html 譯者為堅贊才旦。

5 正如「利米」的中文音譯又寫「里米」，「察安」又寫「藏」，「阿爾之」又寫「瓦爾茲」，「涕爾」又寫「梯」，我在後面會提到這三個村莊，以利米人的口音，採用的是「藏」、「瓦爾茲」和「梯」的寫法。

6 據瞭解，如今所有利米人包括分佈在加德滿都、紐約及普蘭等各地的，約一千五百人。也有與其他地方的人通婚。

7 他寫的是藏文ཤར་གྲོང་སྟོད。

8 他寫的是藏文གྲོང་སྟོད，和英文Drongtoed。

9 即*What Tibet Was: As Seen by a Native Photographer*，一九九〇年出版。

10《雪域境外流亡記》(*In Exile from the Land of Snows*)，約翰・F・艾夫唐著，尹建新譯，西藏人民出版社，一九八七年。

11 據畢達克的《拉達克王國史》寫，一二一五年拉達克國王是直貢噶舉創始人吉天頌恭尊者的施主，「從那時起拉達克國王們於直貢巴的影響之下，他們在拉達克的主要中心是今天的喇嘛宇茹」。喇嘛宇茹據說是拉達克最古老的寺院，最初由仁欽桑波建造。拉達克現在有三座最大的直貢噶舉寺院：喇嘛宇茹、皮央寺、強久林寺，下轄五十多座小寺，分布在許多村莊中。

12 即《喜德林廢墟》。喜德林位於拉薩，屬熱振寺在拉薩的佛殿，毀於一九五九年的鎮壓、文革及文革之後，近年來拆除廢墟，仿舊時重建，卻是一座空房子。

13 中國西藏網：毛主席指示開辦大昭寺下密院裡的少年活佛班。http://www.tibet.cn/cn/religion/201804/t20180426_5798109.html

14《梵天佛地》，原著題名Indo-Tibetica，圖齊著，上海古籍出版社，二〇〇九年。所引述見《第二卷 仁欽桑波及西元一〇〇〇年左右藏傳佛教的復興》。

15《青史》（全稱：《青史：西藏雪域佛法如何出現和傳播的故事》），廓諾．迅魯伯（1392-1481）著，郭和卿譯，西藏人民出版社，一九八五年。

16 擦擦：（tsha tsha），古象雄方言，是藏語對象雄語的音譯，意思是「複製」，指一種模製的佛像、佛經或佛塔等。

17 新華網：西藏阿里「千年木乃伊」身分基本確認二〇〇四年十一月十三日：http://tech.sina.com.cn/d/2004-11-13/1311458749.shtml

18《傳奇阿里》之《阿里史要》，古格．次仁加布著，中國藏學出版社，二〇一四年。

19 轉自國家地理中文網二〇一九年三月五日，作者孫敏，審閱古格．次仁加布等。

20《天葬：西藏的命運》，王力雄著，臺灣大塊文化二〇一八年再版。

21 但據畢達克的《拉達克王國史》，阿基寺真正的建造者是一個「古老而有影響力的貴族家族」的人所建，「沒盧家族」的叫「阿基巴」的人所建。

22《西藏文史資料第九輯》中《西藏西部拉達克地區的直貢噶舉派》，伯戴克著。

23 扎日神山轉山路線，今山頂轉山路在西藏境內，山底轉山路在印度境內，但也會因時局變化而不得不變化。

24 《直貢法嗣》，全稱《了義佛法心要怙主大直貢傳承法源・金鬘》，由直貢・丹增白瑪堅參著述於一八〇三年，克珠群培譯，西藏人民出版社，一九九五年。

25 薩嘎達瓦，（Saga Dawa），藏曆四月即藏曆星象二十八星宿之一氐宿出現的月份，在圖伯特天文曆算中稱「薩嘎達瓦」，鑑於此月與佛陀釋迦牟尼所實踐的佛教事業相關，被認為在此月「行一善事，有行萬善之功德」，包括持戒、守齋、獻供、轉經、禮拜、布施、放生。藏曆四月十五日最重要，被視為是化身佛釋迦牟尼誕辰、成道和圓寂的日子。

26 《拉達克王國史》（950-1842），畢達克著，沈衛榮譯，上海古籍出版社。

27 見《苯教與西藏神話的起源——「仲」、「德烏」和「苯」》，曲傑・南喀諾布著，向紅笳、才讓太譯，中國藏學出版社。

28 BBC中文網：塔利班摧毀的阿富汗巴米揚大佛以3D形式回歸 https://www.bbc.com/zhongwen/simp/world-56342787

29 請制止用神山聖湖牟利的「開發」。http://woeser.middle-way.net/2011/07/blog-post_2345.html

30 Kailash: An Appeal http://www.rangzen.net/2011/07/14/kailash-an-appeal/ 中譯：關於神山的呼籲 http://woeser.middle-way.net/2011/07/blog-post_15.html

31 網信普蘭（2020.12.3.）：普蘭縣江扎寺管會開展黨的十九屆五中全會和中央第七次西藏工作座談會精神宣講 https://mp.weixin.qq.com/s/3cevdcW7Jc8_i4czoxJ0Wg

32 祖古：（Tulku），化身，轉世者。指藏傳佛教的轉世高僧，漢譯活佛是錯誤的。

33 《The Body Count》，http://www.rangzen.net/2012/09/14/the-body-count-2/。中文譯文《死亡統計》，http://woeser.middle-way.net/2012/09/blog-post_28.html

34 Samar Sjb Rana：Considering the Nepal-China border https://www.recordnepal.com/considering-the-nepal-china-border

35 四水六崗，（Chushi Gangdruk），本是地理名詞，「四水」指金沙江、瀾滄江、怒江、雅礱江，「六崗」指擦瓦崗、芒康崗、麻則崗、木雅繞崗、色莫崗、澤貢崗，是古代藏文典籍中對康區的統稱。一九五七年五月以康地藏人為主的藏人，在拉薩成立以此名代指的政治組織，意在反抗進入西藏的中共及軍隊；一九五八年六月成立下屬的「衛教志願軍」；一九五九年轉移至尼泊爾北部的木斯塘王國繼續遊擊戰；一九七四年在中尼圍剿下最終結束使命。

36 環球網：中國侵佔尼泊爾領土了？https://finance.sina.cn/tech/2020-10-17/detail-iiznezxr6410091.d.html?fromtech=1&from=wap

37 德國之聲：中國侵佔尼泊爾領土？兩國官方均否認 https://www.dw.com/zh/%E4%B8%AD%E5%9B%BD%E4%BE%B5%E5%8D%A0%E5%B0%BC%E6%B3%8A%E5%B0%94%E9%A2%86%E5%9C%9F-%E4%B8%A4%E5%9B%BD%E5%AE%98%E6%96%B9%E5%9D%87%E5%90%A6%E8%AE%A4/a-55493826

38 《中國西藏地方的涉外問題》，楊公素著，中共西藏自治區委員會黨史資料征審委員會，一九八五年。

39 見維基中文百科：https://zh.wikipedia.org/wiki/%E6%9D%A8%E5%85%AC%E7%B4%A0

40 這篇散文提到了一九七六年中共西藏官方給訪問拉薩的尼泊爾比蘭德拉國王蓋廁所的佚事，見我的散文集《絳紅廢墟》，臺灣大塊文化二〇一七年出版。

41 《跨過厚厚的大紅門》，章含之著，文匯出版社，二〇〇二年。

42 人民日報電子版：比蘭德拉國王在拉薩觀看軍事表演和文藝演出阿沛・阿旺晉美等陪同觀看表演和演出帕巴拉・格列朗傑等陪同觀看演出（1976）https://new.zlck.com/rmrb/news/AOAAL2XW.html

43 《中國西藏地方的涉外問題》，楊公素著，中共西藏自治區委員會黨史資料征審委員會，一九八五年。

44 這套叢書由學苑出版社二〇一七年八月出版。

45 這篇文章在叢書（二），即《喜馬拉雅中心區在「佐治亞」嗎？》，作者是Sara Shneiderman。

46 「措」（Tso）與「朵瑪」（Torma）皆為用酥油和糌粑做的供品。

47 藏人學者古格・次仁加布對此有不同看法，認為用贖身黃金迎請阿底峽到古格而在外域捐軀的不是意希沃，而是拉喇嘛絳曲沃的哥哥絳德王。他批評十四世紀中期以後的藏史記載有誤。

48 《拉薩市古地名名錄》，拉薩市民政局編，西藏人民出版社，二〇一八年。

49 《西藏民間歌舞概說》，丹增次仁著，民族出版社，二〇一四年。

50 《西藏音樂史》，更堆培傑編著，西藏人民出版社，二〇一一年。

51 中文版對這首宣歌的翻譯有遺漏也有錯誤為此對照藏文版的這首宣歌重新做了翻譯。在此特別感謝直貢絳袞澈贊法王在我的恭請下做了完美的中文翻譯。另外最後一段中文譯成「龍界」，我改成「魯界」，是因為漢語的「龍」與藏語的「魯」實際上是兩種不同的文化特質。

52 舍衛城佛教文化節官方網站：http://www.greatshravasti.com/cn/

53 轉自藏人學者丹增次仁在《西藏民間歌舞概況》對《知識總匯》的介紹。

54 中國西藏網：全國政協委員洛桑山丹：請到阿里瞭解真實的阿里故事 http://kbtv.sctv.com/xw-qxxw/201703/t20170310_3319176.html

55 西南線上新聞網：西藏阿里：千年古格宣舞亟待搶救 http://www.cdsf.org.cn/a/index/26131.html

56 人民網：西藏五十年：十年宣舞舞翩躚（組圖）http://politics.people.com.cn/n/2015/0819/c70731-27487543.htmlm

57 同上。

58 國際線上專稿：藏地之美：雪域高原上的千年「宣」舞（高清組圖）http://news.cri.cn/gb/42071/2015/0/28/8171s5083448.htm

59 《傳統的發明》，霍布斯・鮑姆著，顧杭等譯，譯林出版社，二〇〇四年。臺版書名為《被發明的傳統》，貓頭鷹出版社，二〇〇二年。

60 《環喜馬拉雅區域研究編譯文集（一）——環境、生計與文化》書中的《水電國公民：尼泊爾水利發展前沿中的地域性與能動性》一文，由康奈爾大學人類學系奧斯汀・洛德（Austin Lord）撰寫，159頁。

61 氣候變遷衝擊尼泊爾山村 藏傳佛教千年古剎陷險境 https://tw.news.yahoo.com/%E6%B0%A3%E5%80%99%E8%AE%8A%E9%81%B7%E8%A1%9D%E6%93%8A%E5%B0%BC%E6%B3%8A%E7%88%BE%E5%B1%B1%E6%9D%91-%E8%97%8F%E5%82%B3%E4%BD%9B%E6%95%99%E5%8D%83%E5%B9%B4%E5%8F%A4%E5%89%8E%E9%99%B7%E9%9A%AA%E5%A2%83-230100329.html

62 這本書原名 *Blessings from Beijing: Inside China's Soft-Power War on Tibet*，葛瑞格・布魯諾（Greg C.Bruno）著，中譯本二〇二〇年由臺灣時報出版。

63 法國廣播電臺（25/04/2021）：法國報紙摘要：干預與政治宣傳 對尼泊爾而言中國會是下一個印度嗎？

64 不丹薩克滕：在中印衝突中躺槍的野生動物保護區 https://www.bbc.com/zhongwen/simp/world-55082424

65 Beijing Takes Its South China Sea Strategy to the Himalayas https://www.nytimes.com/2020/11/27/world/asia/china-bhutan-india-border.html

66 China Is Building Entire Villages in Another Country's Territory：https://foreignpolicy.com/2021/05/07/china-bhutan-border-villages-security-forces/

67 漫談中印邊界（十三）中不邊界的背後：http://www.pinlue.com/article/2018/09/1514/477189100918.html

68 據報導，關閉口岸的時間是二〇二〇年三月七日。

69 《阿萊夫》之《神的文字》，波赫士著，王永年等譯，上海譯文出版社，二〇一五年。

70 即《國家的視角：那些試圖改善人類狀況的項目是如何失敗的》，詹姆斯・C・斯科特著，社會科學文獻出版社，二〇〇四年。

IV

五世達賴喇嘛的祕密願景及其他

1 黃金手稿

首先強烈吸引我的是這些繪畫，被認為是第五世尊者達賴喇嘛的祕密願景，集合在一本翻譯成英文並於一九九八年在倫敦出版的書中（書名超長：*Secret Visions of the Fifth Dalai Lama: The Gold Manuscript in the Fournier Collection Musee Guimet, Paris*）。作者或者說譯者兼研究者是著名藏學家卡爾梅・桑丹（Samten G. Karmay），旅居歐洲的藏人。據介紹，這本書包括八十七幅圖伯特傳統風格的繪畫，為雙聯畫和三聯畫，總共含有八百八十六個象徵物，有的一幅繪畫上就能容納多達四十八個象徵物，主要用金色、銀色，及微妙的綠色、藍色和紅色，在純粹黑色的背景上完成。

非常遺憾找不到這本書哪裡有售（聽說很貴）。我在Google上找了很久才找到其中的幾頁圖片。這些繪畫完成於十七世紀中期，其景象源於五世尊者的夢境，那麼應該是一種禪修夢境，由此獲得的是一種類似於伏藏中的極品——極祕伏藏，藏語發音央德，而非尋常夢。聽說住在拉薩的藝術家嘎德的組畫《黑經書》，靈感即來自於五世尊者的這部祕密願景。嘎德或許有這本書，時時翻閱，賦予他創作的衝動。我有點遺憾沒看過當代藝術家如何描畫自己世俗夢境的「黑經書」，不過我相信不會覺得陌生，這個人世間沉陷在五毒與八風製造的各種糾結之中，我們都感同身受。

找不到更多相關資料，尤其是中文資料幾乎無。我這幾天在閱讀上下卷的《五世達

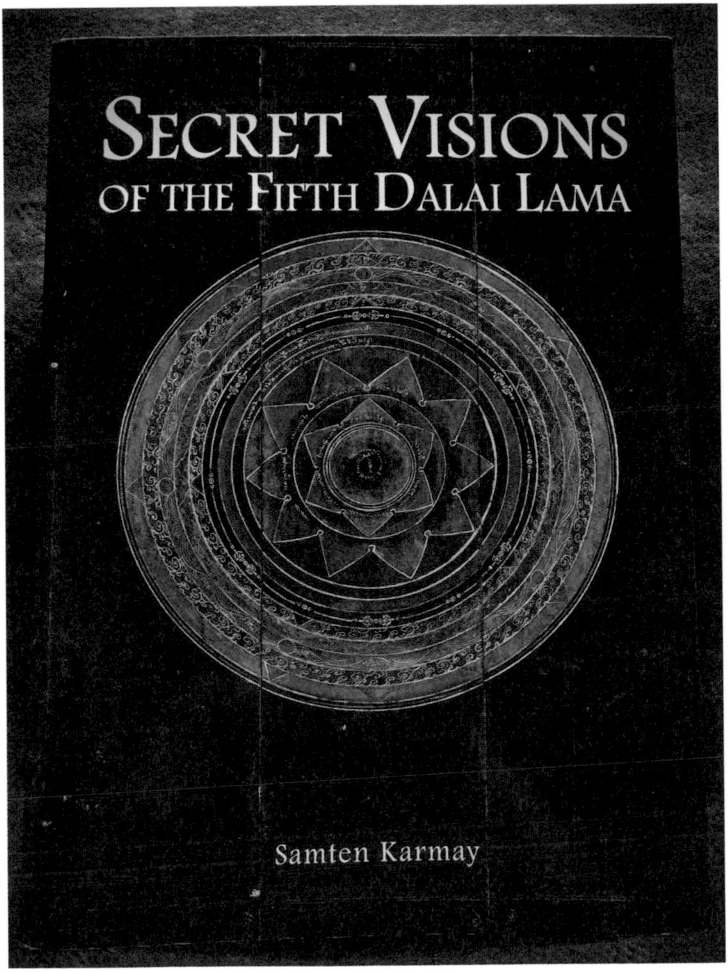

這就是譯成英文並於 1998 年在倫敦出版的「黃金手稿」。（唯色 2020 年拍攝）

賴喇嘛傳》[1]，讀到建造布達拉宮各佛殿的佛像及壁畫這章，正是這句話促使我開始了一次看似偶然卻應是必然的尋找之旅：「在一些學經僧人的請求下，我打算寫一部《祕傳》，……向桑耶寺大護法和大梵天呈獻了供品，求神護佑。」

有份介紹稱五世的祕傳「主要是圍繞夢境、覺受和對前世記憶的描述，……揭開了偉大的第五世那豐富的內在世界」，而他的寫作意在「引導無知者和那些希望描摹極樂世界的人」。與祕傳相配合的，應該就是現今俗稱「黑經書」的繪畫，數百年來從不予公開。然而這些文字和繪畫構成的應是一部儀軌指導書，不然引導之說從何談起？當然這不會是普通的宗教儀軌，而是具有甚深密意的重要儀軌。或者說，是五世尊者在靜默中履行一個個儀軌，敬奉一次次會供，漸趨一步步圓滿的心路歷程。也因此，這部祕傳有一個譬喻美好的名字，稱之為「黃金手稿」，以顯示其格外寶貴的質地。

不過我只能認識到這些。即使這整本書裡的所有文字和所有圖畫被我看見，我也完全無法領悟哪怕其中一個象徵物的意義，更不可能描述五世尊者如同進入另一個維度空間的祕密願景。我僅僅是為之入迷，就像是不可測的晦暗生活突然有了一線光芒。而且這線光芒是有香味的，前年夏天我在朝聖阿尼瑪卿的長途上依稀聞到過：

走近阿尼瑪卿的心臟，
奇異的香味陣陣飄來。

草的香味？花的香味？都不太像，
似乎比尋常的香味更多一些不同，
但一路上並沒有聞到過，
是奉上外內密三種會供時散發的香味嗎？
只是我的鼻子已無法分辯，
反而更習慣人為的、工業的香味，
像香水、香精等等，我說過
我是個被他者的文明異化的人。[2]

從找到的圖片看，應該說繪畫那部分屬「甘露黑茹嘎唐卡」即簡稱「黑唐卡」的繪畫風格。據說「黑唐卡」的顏料是「按泡製湯藥的規矩配色而成的」，不但比彩色唐卡更加光采奪目，更顯得很有力量，就像一位西方研究者描述的，如同「神靈從宇宙那可怕的夜色中現身，且熊熊燃燒著。」需要說明的是，「黃金手稿」裡的繪畫，並不是如唐卡繪在布或紙上，而是刻畫在木炭般漆黑的木板上，再加以敷色和印刷。但印了多少部，一無所知。

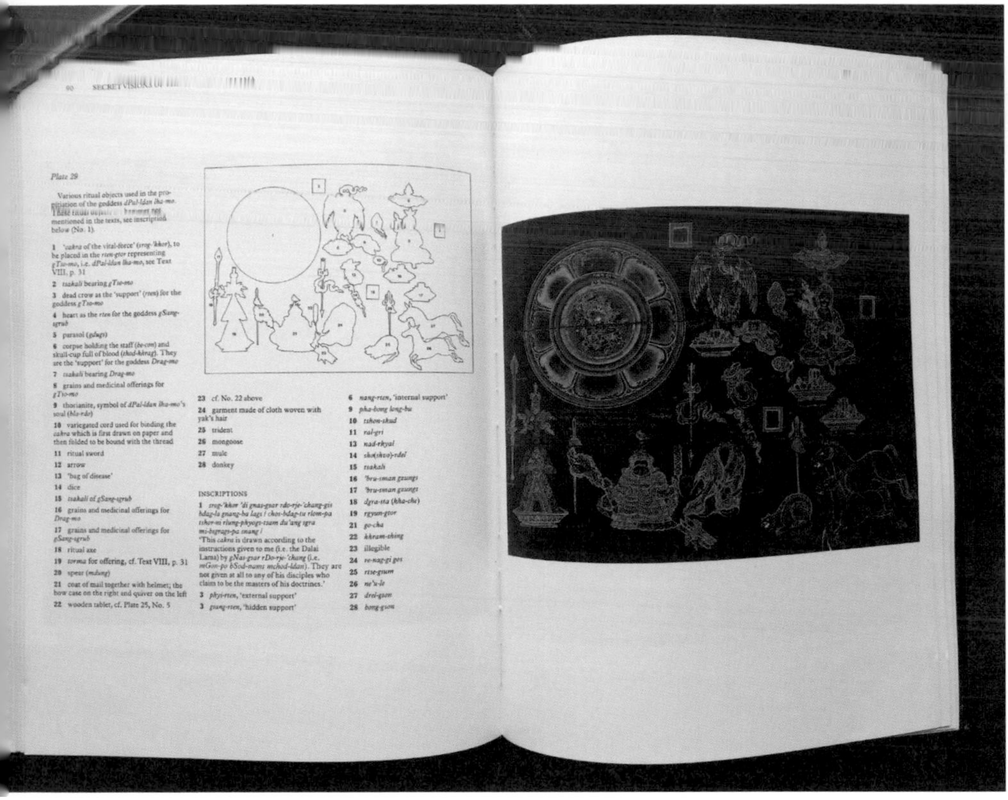

「黃金手稿」裡的圖畫。（唯色 2020 年拍攝）

2 偉大的五世

五世尊者阿旺洛桑嘉措以「偉大的五世」留名於世。正如十四世尊者的長兄塔澤仁波切（Taktser Rinpoche）的評價：「對藏人來說，五世達賴喇嘛是以其精神和塵世的偉大而著稱。」[3]他除了卓越的政治成就，借蒙古人的勢力統一圖伯特全境，還是佛學家、史學家、醫藥學家、天文曆算學家。他畢生奮勉，造詣深厚，在他此世六十六年的生涯中著有三十多部佛學、史學等著作，如名著《西藏王臣記》即是他在二十七歲時完成。

五世尊者還是非凡的建築學家與藝術家。他仔細地設計哲蚌寺的壁畫繪製，具體到選擇哪些聖賢的事蹟作為壁畫的內容。在重新修築布達拉宮時（如《西藏王臣記》[4]裡寫：「在紅山那裡，築起三道圍城，然後在圍城當中，修起了堡壘式的宮室九百九十座，又在紅山頂上修起一座來湊足千座之數」），所有的佛殿形式及滿殿的壁畫多由他設計。始建於七世紀吐蕃君王松贊干布時的布達拉宮，曾遭雷擊與火災，只存一、兩座佛殿。而五世尊者及他圓寂後的攝政第司．桑傑嘉措用了整整五十年，重建成今日我們所見到的雄偉規模，被視為是圖伯特的重要象徵。一六九三年，供奉五世尊者靈塔的紅宮建成，於是每年盛夏的好日子，會在布達拉宮朗傑紮倉外牆上懸掛兩幅巨幅彩緞唐卡以示紀念，從此成為傳統。兩幅唐卡繪畫的是無量光佛、毗盧遮那佛。最後一次展佛是一

在布達拉宮五世達賴喇嘛靈塔前的九世尊者塑像。（唯色 2021 年 10 月拍攝）

九九四年夏天，而那之前即一九五七年有過展佛，這期間整整三十七年被佔領者強行中斷。然而，有一首拉薩民歌從未消失，一直這樣頌唱：布達拉，佛之樂園，觀世音的宮殿。從南到北，從西到東，在這塵世上，矗立著頗章布達拉。

除了通曉梵文和蒙古文，五世還是一位非常傑出的詩人，不但撰寫研究古印度梵語詩歌理論《詩鏡》的重要著作《詩鏡注釋．妙音歡歌》，對後人講究辭藻和韻律的詩歌創作影響深遠，在《西藏王臣記》裡可以讀到他的諸多詩篇，其中有一首是頌讚偉大的君王松贊干布所立的十六條規訓：

「罪惡頑強，它是黑暗，遮蔽了山地的藏疆。
清淨善業，它是陽光，又如飲酪骨做的金剛。
陽光破黑暗，金剛摧頑強，即是那十六條規章。
這樣的善業，光輝燦爛，照耀著四海各方。」

十四世尊者達賴喇嘛這樣講述五世：寫作風格獨特，優美而簡潔。尤其是自傳，不但非常清澈，而且很幽默。作為一個人，更是有趣，生活從不豪奢，「是個非常單純而謹慎的人」。平時所穿的簡樸袈裟洗至褪色，徒步前往大小昭寺禮佛從不騎馬，連隨從僧侶熬茶，他都親手分發茶葉，不會多給一把。

十四世尊者說五世再在意的是把佛教當成改造人類心靈的手段，而非空虛的儀式和虛假的虔誠，為此批評一些虛偽的格魯派僧人：「如果只在頭上戴頂黃帽，就能弘揚宗喀巴的教誨，那就太容易了。但實際上我發現許多人兩手空空，因為大師的教誨已經失傳了。」[5]

圖伯特歷史學家、噶廈政府高官夏格巴．旺秋德丹在《十萬明月：高階圖伯特政治史》（中國譯為《藏區政治史》）的第七章，即是關於五世尊者的生平成就。其中寫道：一六四二年藏曆四月五日，「達賴喇嘛阿旺洛桑嘉措登上了由無畏雄獅舉起的高大金色法座」，作為鼎助者也是大檀越的汗王固始汗，「把東自打箭爐，西到拉達克的土地、村莊和人民，全都供養為法座的屬民。」對了，夏格巴先生引述一位大德的話也很重要，讚頌五世：「外從格魯派，內修薩迦派，又從心裡崇奉密教寧瑪巴，以這種極大的智慧吸引了許多僧俗弟子追隨，大行之妙善無與倫比。」

3 供與施的關係

我如痴如醉地沉浸在偉大的五世尊者的故事裡。這故事有他的祕密願景，也有他的世間成就。我因此而獲得某種療癒，在這個特殊的充滿不安的時刻……是的，我指的是身陷在一個瘋狂的末日般的世界，人人都因看似突如其來，實則必然降至的瘟疫而驚懼不安，更有相當多的生命就像野草，不，就像韭菜，被不只眼前這一種瘟疫的各種瘟疫的大鐮刀，毫不留情地割去，既飛快無比又無聲無息。我差不多整整一個月足不出戶，我的害怕比不害怕更多，我的悲慟只為不計其數的無辜而蒙難的眾生，以至於終日惶惶且忿忿……幸運的是這幾天終於能夠平靜地讀書和寫作了，感恩觀世音菩薩化身的五世尊者的慈潛與加持。

我找出手邊能找到的相關書籍，有關滿清皇帝數次邀請五世尊者訪問的故事很值得一讀，但萬萬不能讀帝國文人寫的那些冠冕堂皇的文字，那完全是改寫歷史。事實上，如順治帝所寫：「考量所有的藏人與蒙古人都遵喇嘛之言，因此皇太極帝派人邀達賴喇嘛前來……」西方研究者說，「滿人並不是以臣民的身份召他前來，他們邀他是因為他的力量，而不是因他的奉侍。」十四世尊者這樣說自己的前世：「五世的動機是弘揚佛法。他到北京去見清帝，就是為了這個目的。」[6]

一六五二年三月，五世尊者率領三千名護衛隊伍從哲蚌寺啟程，十一月抵達北京。順治皇帝先是親臨京郊迎接，以平等之禮與五世尊者互敬哈達與禮物，一個多月後正式邀請在皇宮會晤，再次互敬哈達與禮物，並觀賞樂舞，品茗暢談。又過了一個月，再次邀請五世入宮赴宴，很是隆重。五世尊者於一六五三年二月底離開北京，途中在蒙古某地收到了順治皇帝派欽差送來的金冊和金印。

布達拉宮壁畫，記錄了五世達賴喇嘛與順治皇帝的會見場景。（圖片來自網路）

這金冊應為兩套，一套是清帝贈尊者，一套是尊者贈清帝，不然為何外表一模一樣？據夏格巴先生說，金冊與最厚的印經紙類似，共十五頁，穿眼相連，可折疊，文字為滿文、藏文和蒙文三種。我於是認為這兩套金冊可能都是在北京城裡同一家作坊定制的，因為五世不可能從拉薩提前帶了一套來。為此我還大致搜了一下金冊是怎麼做的，得知滿清時盛行的冊啊璽啊印啊，其文字由禮部擬定，由工部用黃金或鍍金鐫刻，屬禮制活動的重要儀具，既予皇親國戚亦贈異國元首。

金印好像就一枚，刻著滿文、藏文和漢文。為何金印上有漢文但金冊上無？為何金冊上有蒙文但金印上無？難道這麼強大的帝國是個心機婊嗎？不過到底會不會啟動這樣的心思，我還需要做更多的瞭解，不能倉促定論，遭人詬病，畢竟我不可能見到真正的實物。嚴格地說，順治帝贈與五世尊者的絕不是一般的印，而是黃金印璽。過去的中文很講究的，印和璽還是有等級差別。我們異族人在使用中文時千萬要小心，尤其在涉及重大主題的敘述時，稍不慎就會中了「自古以來」的圈套。總之，金冊與金印都刻有包括「達賴喇嘛」和「文殊皇帝」字樣的尊號，這其實就是一種彼此之間禮尚往來的敬稱而已，後來的那些大一統的野心家實在是想多了。

4 布達拉宮的聖像

返回現實——鑑於新冠病毒的蔓延及威脅，拉薩所有寺院於一月底關門，通告稱「暫停對外開放，具體開放時間另行通知」。藏曆二一四七年鐵鼠新年是二月二十四日，往常依傳統將有無數信眾湧入寺院朝拜，但遇此變，各處空寂。為告慰信眾，各寺院僧侶紛紛用手機拍攝聖殿、聖像，通過微信、抖音等傳播開來，以這樣的方式讓信眾得以朝觀，這樣的隨機應變值得讚揚。

我對這些影片的印象深刻：藏曆新年前夕及初一早晨，大昭寺最重要的覺康（釋迦牟尼佛殿）供奉的覺沃佛（佛陀等身像）煥然一新，在傳統供品的環繞下分外慈祥；尤其是，在布達拉宮帕巴拉康（聖觀音殿）供奉的一組觀世音菩薩立像，正中的洛格夏熱聖像是布達拉宮的魂繫所在，一位只聞其聲不見其人的僧侶邊拍影片邊低聲地說：「新年初一，請來朝觀布達拉宮神聖的洛格夏熱啊。」影片雖短，卻如在現場，一切皆圓滿。

洛格夏熱聖像是立像，高不足一米，寬十釐米左右，據記載：「天然成形檀香木洛雅洛格夏熱之像」是吐蕃贊普松贊干布時期，贊普委派的一位比丘化身的修行者，在印度與尼泊爾交界的森林中，發現一棵白旃檀樹神樹光芒四射，比丘從樹芯處「緩徐剖之」，見其內有四尊天然生成之佛像，於是恭請回去。其中一尊正是洛格夏熱聖像，被迎至拉薩供奉於布達拉宮，為贊普松贊干布的本尊像。

布達拉宮供奉的洛格夏熱聖像的圖片，如今製作成商品出售。（唯色 2021 年 10 月拍攝）

五世尊者的傳記中更有大段相關記載，寫得清晰而具深意：

「四大天然佛像之一、法王松贊干布的本尊神像——聖者洛格夏拉像從法王松贊干布時代起，直到傑日拉巴、蔡巴萬戶長、第悉帕木竹巴、吉雪薩丹紮西饒丹以前，一直供奉在布達拉山上。但是，第巴在取得戰爭勝利之時，曾經將此像迎請到了扎噶莊園中，遂致緣起錯亂，結果第巴失去了吉麥的諸多宗谿。第巴阿貝為了搬請援兵，將洛格夏拉像獻給了土默特蒙古的色欽台吉，台吉把它帶到了青海，結果在那裡連年發生戰亂，使土默特蒙古的首領離散失所。不久以後，這尊佛像又被迎請到了喀木的東科爾寺，該地區又發生地震，使許多寺院和村莊遭受了破壞。總而言之，這尊佛像所到之處不得安寧，其原因在於蓮花生大士的一則授記中所言：『尊西藏佛像流散到邊地，到處都將遭到破壞』。結果預言實現了。

「那個時期，儘管前後有不少善於思考的人都希望祈願洛格夏拉像能夠重返西藏，並想立即前去迎請。可是，真正能做出努力的人卻很難見到。那位名叫達勒貢吉嘉莫的王妃以其超乎尋常的貴夫人的睿智和作為，使用巧妙的計謀和高尚的努力，從東科爾溫布的手中取得此像，並派曼殊室利曲傑送來，正好趕在（為重修布達拉宮而）舉行淨地儀軌之際送到，正是不謀而合，天賜機緣，吉祥圓滿。藏曆四月初

「……從大昭寺迎請洛格夏拉像啟程時，曲科林扎倉的僧人和木鹿寺四部的僧人夾道迎送。拉薩四鄉的男女老少盛裝打扮，僧俗人等各持傘蓋、法幢、旗幡、花束、神饈、熏香、各種樂器等供品，以我和固始汗福田施主二人為首，帶領大隊蒙藏騎兵隨後護送，將這尊殊勝無比的如意寶——自在觀音像又重新送回到藏地民眾的福田的中心。」[7]

如今我們去布達拉宮朝覲到的，在洛格夏熱聖像的左邊，是七世尊者時期仿製的檀香木質洛格夏熱等身像，右邊是八世尊者時期仿製的合金質洛格夏熱像。供奉聖像的帕巴拉康於西元七世紀贊普松贊干布時修築，為布達拉宮的主供殿和心臟部位，在其下方是法王禪定洞，正是贊普松贊干布建布達拉宮以後留存下來的兩個佛殿，而其他建築，前面說過，主要為五世尊者及之後的攝政桑傑嘉措用了整整五十年建成。之後又有七世尊者達賴喇嘛繼續建築。

我寫了這首詩是獻給這座無與倫比的聖殿的——

能夠每天看到頗章布達拉的人，
能夠每天看到頗章布達拉每一個面向的人，
是有福的，即便在今日。

正面、背面、側面——左側、右側，
每個細節都不一樣，
都美輪美奐，都銘記在心。往上，

必須往上，那與頗章相旦的風景似乎沒有變過，
似乎從未變過，是對五世尊者的回應，配得上他的本意——
他將這最美的建築賜予了他愛的眾生。

而這裡的眾生，曾經，長期，呼吸著佛法的空氣，
只要心智未失，目睹空空的頗章，就會懂得它的意義
在於提醒真正的主人在哪裡，從不忘卻，深懷隱痛……

5 一切法皆無常

如今我們在拉薩還能聽到一首優美的嘎爾魯雅樂（俗稱「西藏宮廷樂舞」），唱的止

是五世尊者去北京與順治皇帝見面，來回三年有餘（可是夏格巴先生明明記錄的是一年半啊），苦於無盡的思念（或許是思念太深以至於時間變得長了一倍），嘎爾魯藝人創作了這首名為《中國宮闕》的雅樂，並伴以緩慢而優雅的傳統劍舞。歌詞是：

中國宮闕非吾主久駐之所，
今已三年有餘，
請您返駕吉祥哲蚌，
哲蚌色拉之僧眾俱歡顏。
當蒼穹至寶從中國宮闕返駕，
吾等眾生攀向崇山峻嶺之巔煨桑恭候，
遍識一切的智慧海洋之喇嘛，
請您以慧眼俯察，
衛藏眾生之喜樂。

另外，還有一個迄今可見的寶貴印跡與五世有關。一六七九年，桑傑嘉措這位圖伯特歷史上的重要人物就職第司（首相）之位時，為賜予他與往屆第司不同的特別嘉獎，五世尊者要求將印有金色雙手手印的布告，張貼在布達拉宮德央廈沿梯而上的左面牆壁，以示第司的所作所為與尊者本人無二，這是至高無上的榮譽啊，對於後世信仰者更有見即解脫的幸福感。曾有年輕藏人翻拍了曾經用佛龕狀的木匣子罩住的金手印，並印在黑色的T恤上，但比較模糊。是的，送給了我一件，非常喜歡，至今珍存。

還要補充兩個細節，一個是布達拉宮西側稱為查果嘎林的三座白塔，正是在五世尊者的時代重新修復、並在塔頂連接了十三個法輪風鈴和經幡，而那之前的幾百年，從唐國來和親的金城公主將連接布達拉宮所在的瑪波日山和甲波日山的地脈切斷，為的是破壞強盛吐蕃的風水，結果帶來了天花瘟疫，而金城也染疫致死。之後不知是哪位君王的指示，在斷脈之處特別建築三塔以示連接斷脈，正中白塔的空間猶如西大門，可供大隊人馬通過。然而時過境遷，世事反轉，到了一九六五年毛澤東派來的大救星在拉薩大興新城時，查果嘎林被夷為平地，直到一九九五年的又一輪「城市改造」中，三塔以水泥混凝土複製，成為新命名的北京中路的地標之一。

另一個細節是，有一年五世尊者用了許多黃金、銀錠、珍珠和各種玉石，讓能工巧匠打造了美麗而莊嚴的頭飾，獻給了大昭寺神聖的覺沃佛像，即釋迦牟尼佛等身像，五世用藏文寫的詩歌也刻在了頭飾和兩枚耳環上。還讓諸多畫師在大昭寺的囊廓轉經道繪滿壁畫，足有一百零八幅之長，畫的是佛祖本生變相故事圖，如同一幅幅連環畫頌讚釋迦牟尼佛的一百零八種功德，五世還用梵文寫下優美的詩歌題在壁畫旁邊。但在經歷了外來強權輸入的文化大革命浩劫之後，覺沃佛的頭飾和耳環消失了，轉經道的壁畫也毀

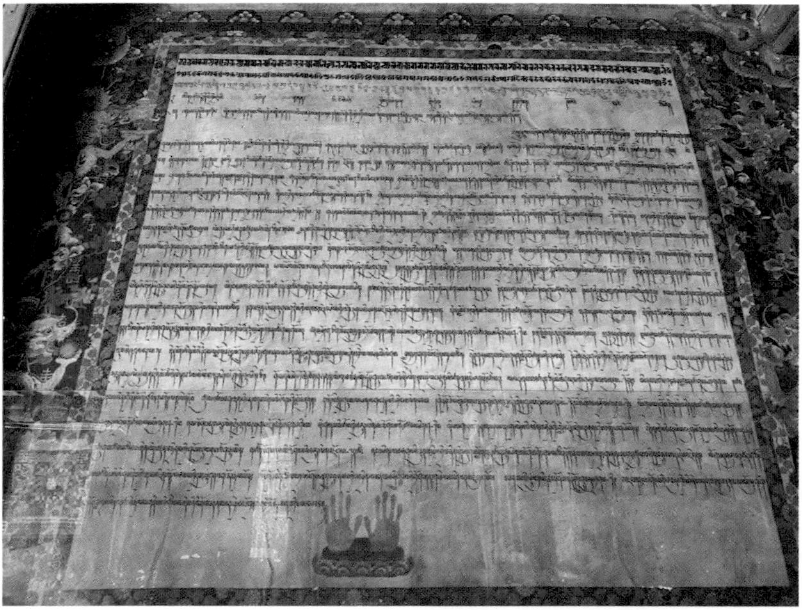

五世達賴喇嘛的手印，在布達拉宮德央廈沿梯而上的左面牆壁。（唯色 2021 年 10 月拍攝）

損大半。我曾採訪過當時的一位見證人，他惋惜地說眼看著那些紅衛兵和「積極分子」拿著鐵鍬挖，就像挖地一樣，把精美的壁畫當作泥巴一樣給挖下來了。

一六八二年，五世尊者示現圓寂跡象，從一本書上讀到的這段記述令我感動至深。仍不時住在哲蚌寺的五世尊者召見第司桑傑嘉措，用兩隻手而非平素習慣的一隻手為他摩頂，而後緩緩步出寢宮甘丹頗章。時值學者輩出的果芒扎倉正在修建，天空晴朗，有彩色雲霞湧動，尊者平靜地說：「如今鷂鷹也至，夏天的氣息出現了。」最後給第司的遺言是：「一切法皆無常，故哪有定數？無妨，勿短視。」[8]

記得有次朝拜布達拉宮，在藏語譽為「世界唯一莊嚴」的五世尊者靈塔前，是一尊金色的五世尊者塑像，非常威嚴，守護僧人說塑像的腰間佩有一把多吉普巴，即金剛橛，因被金黃法衣遮住，所以看不見。後來讀到一篇西方藏學家的文章寫道，五世在自傳中記載，隨身所佩一把稱為法劍的金剛橛可能為伏藏，最早屬寧瑪派一位大成就者，傳給五世後長達二十多年不離身，後贈多吉扎寺的多吉扎·白瑪赤來仁波切，「他喜出望外，如同對待大神一般凝視它。我認為這是預兆他戰勝四魔的吉祥標誌。」又寫，五世尊者擁有多把這樣的法劍，當一六九五年將法體「以最終盛殮」放入靈塔時，司供祭之官「在尊者頭上放了一頂王冠，手上一隻金剛鈴，腰部一把法劍」，並用五世生前「傳授密教奧義時所穿的法衣」加以覆蓋。並且，不但靈塔內供奉法體佩有法劍，靈塔前的塑像也佩有法劍。

哲蚌寺甘丹頗章的窗戶。（唯色 2018 年拍攝）

6 永遠的會供

以上文字寫完後又過了一個月，我意外地收到一個有過一面之交的陌生人從遙遠的美國寄來的禮物，正是這本書：即我在本文開篇提到的「黑經書」——五世尊者的祕密願景被譯成英文，並於一九九八年在倫敦出版，想必價格不便宜，在此表示感謝。我原以為這輩子不會有目睹、翻閱「黃金手稿」的機會，想不到因緣和合，幸運降臨，如同內心的渴念得到了菩薩的回應與助力。

我用了足足兩個多月仔細地閱讀，以一種笨拙的方式將文字譯成勉強通順的中文，以如獲至寶的心情反覆地看每幅畫，就像是看見五世尊者或隱居在甘丹頗章的寢宮，或走在衛和藏的路上，有時是黎明，有時是傍晚，而班旦拉姆、古汝仁波切、觀世音菩薩、馬頭明王、松贊干布　唐東傑布總是出現在他的身邊，與他親密無間，保護他就是保護雪域的黑頭赭面眾生。我不禁合十淚下……五世尊者的祕密願景中經常出現女神班旦拉姆。比如他三十六歲那年，是水龍年（1652），新年初一的清晨，住在哲蚌寺甘丹頗章的他看到女神的另一個化身在天空中舞蹈，並對他說：今年是傳播教法的時間。這指的是他應滿清皇帝邀請訪問北京這件事。二十多天後，在又一個祈請儀式上，他看見班旦拉姆從空中奔馳而至，覺得整個世界似乎都在顫抖。而她帶著他穿過天空，來到一個岩丘上金剛形狀的洞穴，那岩頂一直伸向天外。一個長相非凡的瑜伽士出現，用花瓶

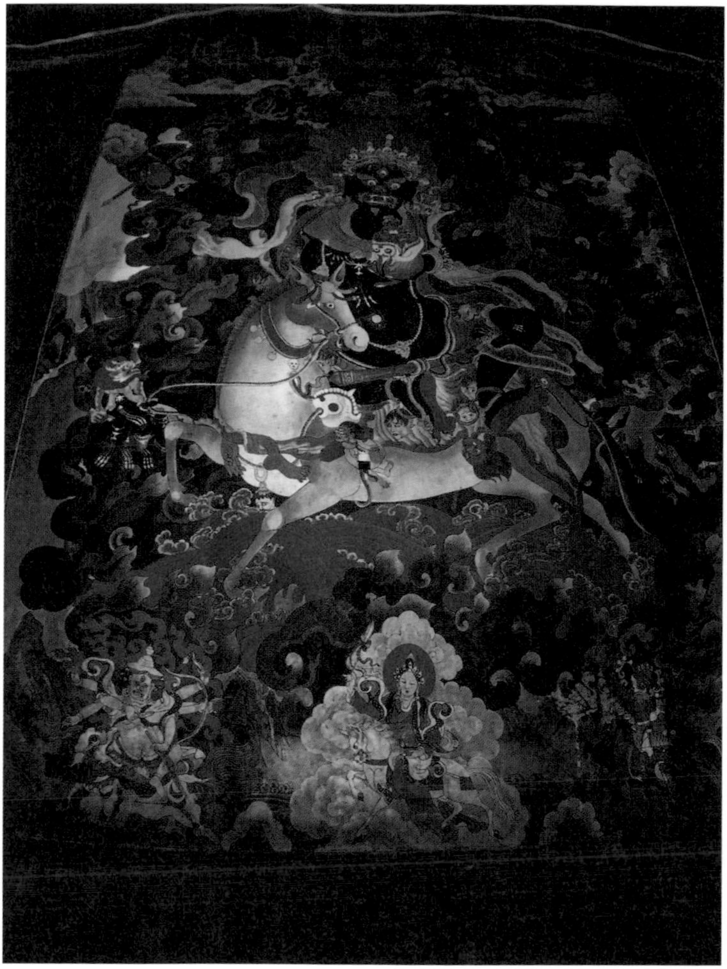

有「國家神諭院」之稱的拉薩乃瓊寺供奉的護法神班丹拉姆唐卡。（唯色 2018 年拍攝）

觸碰他的頭，表示祝福，五世認為他就是蓮花生大士。接著，瑜伽士化作一道光，消失在五世的心中。三月的一天，五世尊者從哲蚌寺出發，前往中國。

「黃金手稿」還記載：「火猴年（1656）四十歲……在另一個異象中，五世尊者看見他居住的布達拉宮變成了莊嚴剎土，清澈如水晶，由護法神瑪哈嘎拉守護，而神的全身布滿了無數細微剎土。五世感知到安住聖境中的佛祖釋迦牟尼所賦予的靈感和鼓勵。就在那一刻，蓮花生大士從神的心中出現，從神的心中出現，從神的心中出現。而在瑪哈嘎拉的面前，一個藍綠色的女神實際上是空行母依喜措嘉，向五世尊者預言了應該為圖伯特人民的福報和利益，舉行什麼樣的儀軌。」（這句「從神的心中出現」，罕見地出現了三遍，仿佛霹靂陣陣，令人戰慄）。

而研究者評論「黃金手稿」的這一段有如明鏡，清澈且全面，應該轉載：「五世尊者不僅描述了他的疾病和痛苦，並從中解脫出來，還把畢生反覆出現的主題帶入了他對祕密願景的敘述中。這些主題影響和佔據了他的思想，交織著神祕的啟示和預言，與超自然的存在相互補充。我們看到了他對圖伯特人民壓倒一切的關心，以及他在政治方面的參與：即將到來的危險，圖伯特東部的衝突，以及中國、蒙古、印度、尼泊爾和不丹等周邊世界出現的事件。我們站在現代圖伯特歷史的黎明時刻。貫穿這一切的是另一種潮流：錯綜複雜的相互交織與重疊和他息息相關，甚至是他自己的一部分。松贊干布、蓮花生大士、唐東傑布等聖者的神諭，一而再、再而三地出現在他眼前，不停地激蕩著他的內心，我們說得出他的愛嗎？一個水晶般潔白的形象也反覆地進入他的幻境：正是他自己，觀世音菩薩，慈悲的化身，圖伯特和人民的保護者。」

在這裡，我要將五世尊者的一首充滿激情和奧妙的詩歌摘選其中部分，與有緣者分享這珍貴無比的意加持：

「……我並不是說我的作品是最好的，
而是說我誠實地表達了我真實的想法。
我想到了，我很自然地記錄它，
沒有欺騙，我的頭腦所能掌握的一切。

讓喇嘛和守護神見證！
重要的是，一個人不感到羞恥。
我這個謙卑的人有信念的原則，
我記錄了，相信它們
可能對自己和他人都有益處。

有的人可能感到尷尬，

會使用批判話語的武器。
但我會盡可能地保持冷靜和超然。
那些因業力而覺醒的人會跳舞，
對他們來說，這將是一個永遠的會供！」

二〇二〇年二至三月，疫情中
寫於北京

1《五世達賴喇嘛傳》：五世達賴喇嘛阿旺洛桑嘉措著，陳慶英等譯，中國藏學出版社，二〇〇六年。

2 我的詩集《阿尼瑪卿，阿尼瑪卿》，臺灣雪域出版社出版，二〇二〇年。

3《西藏：歷史．宗教．人民》：塔澤仁波切著，西藏社會科學院資料情報研究所編印，一九八三年。

4《西藏王臣記》：五世達賴喇嘛著，劉立千譯，民族出版社，二〇〇〇年。

5《西藏的故事：與達賴喇嘛談西藏歷史》，湯瑪斯．賴爾德（Thomas C. Laird）著，莊安祺譯，臺灣聯經出版社，二〇〇六年。

6 這幾段話皆轉自《西藏的故事：與達賴喇嘛談西藏歷史》一書。

7 同註解1。

8《西藏通史：松石寶串》：恰白．次旦平措等著，西藏社會科學院等聯合出版，一九九六年。

V

時疫三行詩[1]

第一章

1

沒有一個地方不淪陷
沒有一種瘟疫不可怕
不，更有他疫遠甚於此疫

2

「好人和壞人
都在毫無差別地死去」[1]
遍地哀嚎與飲泣

3

就像野草，不，就像韭菜[2]
被不只一種瘟疫的大鐮刀割去
既飛快無比，又無聲無息

疫情期間，藏人給護法神的畫像也戴上了 N95 口罩。（藏人提供）

4

有些人用命救命
有些人祈求各自的神祇
有些人繼續作惡，更大的惡

5

東西南北，疫情洶洶又不可莫測
憂心忡忡，唯有美人抱水的
水仙兀自盛開[3]

6

除夕夜，戴上口罩駕車游帝都
經過紅牆圍繞的新華門[4]
我喘不過氣來

7

之前沒念過金剛鎧甲心咒[5]

此刻念完第九天的每天一〇八遍
越來越流利，越來越依賴

8

向那站在黑豬身上的護法神祈禱
卻留意到，黑豬的九個腦袋像九頭鳥[6]
眼裡噴出烈焰，大嘴齊齊張開

9

菩薩畏因，眾生畏果
然而這偌大的動物莊園卻無所畏懼
這個農曆新年[7]也就不必燃放煙花爆竹了

10

漸漸看見：「其水湧沸，多諸惡獸……
男子女人……被諸惡獸爭取食噉
……其形萬類，不敢久視」[8]

第二章

1

現如今，貌似既不憎惡藏人
也不憎厭維吾爾人
而是武漢人成了避之不及的標籤

2

一個染疫的逃命者
從武漢搭上列車徑直奔向拉薩
他將以張某某[9]留名於世

3

在四面楚歌的現實中
卻把西藏說成淨土是荒謬的
畢竟「全國山河一片紅」[10]……

疫情下的帝都深夜。（唯色 2020 年 3 月拍攝）

疫情初期，陷入空寂的大昭寺。（尼次 2020 年 2 月拍攝）

4

疫情為零的官宣是可疑的
政治上的香格里拉是不存在的
但重複一百遍就覆蓋了真相

5

寺院關了，宮殿關了
客棧關了，飯館關了……出本地人
不可一日不去的甜茶館也關了

6

聽說糌粑一搶而空，在拉薩
若連作為自我的糌粑都一搶而空
還有比這更悲哀的隱喻嗎？

7

一下子，大昭寺前空空湯蕩

歷史上曾有哪個時刻如這般寂滅？
「……人們沒有絲毫的福德可言。」[11]

8

我無意遷怒於誰，但那遠在高原
又缺醫少藥的道孚[12]淪為重疫區
並不是因果就可以解釋的

9

突然大雪紛飛，讓隔窗遠眺的我
瞥見那個患過夢遊症的女孩
在大雪紛飛的道孚街頭被父親帶回家……

10

今年的洛薩[13]似乎比往年遲來
也就可能倖免於疫，用糌粑捏一個病毒
用力地將它扔出人世間[14]

第三章

1

閉門十日，趁難得的好天氣去往郊外
處處空寂，佩戴紅袖標的男女封住路口：
「哪兒來的回哪兒去！」

2

越長越高的水仙過於繁茂，芬芳
已經成了對現實的諷刺
而它突然倒伏，就像出於恐懼

3

那些被人從高空摔下的貓
那些被人活活埋在坑裡的豬
那些端上餐桌的蝙蝠、猴子、穿山甲……

4

中國學者找出道教封任的五位瘟神[15]
我的族人從圖伯特的天文曆算中
找出鐵鼠年有瘟疫的預言

5

他們竟在此時也停不下來
將黑手伸向接近我的舊友新知：
「你們談論疫情的方式很不合適。」

6

防口甚於防疫
他們乾脆給我劃出言說的禁區：
達賴喇嘛、香港、疫情以及巨嬰國……[16]

7

這是一個怎樣的惡性循環？

被病毒感染，卻又爭相服下病毒
然後荼毒同胞，禍流四海

8
我們被制伏在同一個屋頂下
失去了聲音和淚水
如同受困於離亂中的生命

9
如同表面的痂殼脫落
暴露出無法癒合的傷痕，而這
才是所有瘟疫的本質且無藥可治

10
人們，不，眾生以各自的方式
受煎熬，或熬過所謂的疫期得多久？
餘剩多少時光？

第四章

1

從前那些漂洋過海的瘟疫
是殖民者消滅原住民的援軍
幾乎滅絕的馬雅人把天花叫做大火

2

既然不設防就會猝不及防
於是在全世界的燎原之勢
就像某種超限戰，殺氣騰騰

3

「看啊，掠食者越來越多，
恭喜饕餮者的好胃口，」[17]
恭喜你被選中！

4

如果說這場瘟疫是更大的隱喻
所有人的餘生都可能被緊緊抓住
而他如何才肯放手？

5

請不要以謊言製造的假像
取代之前的、此刻的每一個災難
取代無數的無辜者的倒斃

6

就像是塗了毒液的利箭被射出
攜帶業力的身體如同荒野裡的靶子
狂風呼嘯，箭中靶心，誰也躲不過

7

一隻貪酒的飛蟲

落入了供給護法神的酒中
以竭力出逃的姿勢獲得了輪迴的許可

落入酒中的飛蟲。（唯色 2020 年 2 月拍攝）

8

那畫在協格爾寺院牆上的長幡
畫成了被風吹拂得如同波浪翻卷
那風是從不遠的積雪的珠穆朗瑪吹來的嗎？

9

「瘡如人面，宿憾何多，
清泉一掬即消磨，憫[illegible]悛憐佗。」[18]
真心喜歡這古老的漢語的懺悔

10

讀到這首俳句會落淚，
「風中放聲念，南無觀世音菩薩」[19]
請回向給擠滿中陰的輪迴者……

二〇二〇年二月至三月，疫情中
寫於北京

1 二〇二〇年二月底至三月初，因發端於中國武漢，繼而蔓延全球的大瘟疫，我寫了這首一百二十行長詩。在寫作中，美國詩人、藝術家、譯者Ian Boyden一直與我有討論。他並將長詩譯成英文，於四月十八日在有關中國文化與政治的網站《遺典》（*China Heritage*）發表，同時發表的還有我們的相關對話。之後，我的另一首有關疫情的長詩《疫城隨記：詩42》，Ian Boyden也譯成了英文，並同中文原詩在推特上連續四十二天發表。

2 摘自美國學者唐納德·霍普金斯的《天國之花：瘟疫的文化史》（*The Great Killer: Smallpox in History*）一書，這句話是雅典歷史學家修席底德說的。

3 「韭菜」是中國時下流行的網路用語。據介紹，「多用於金融或經濟圈。源於韭菜可以反覆收割的特性。而被反覆壓榨的過程也被形象的描述為割韭菜，而進行壓榨獲利的一方則被稱為鐮刀。」

4 農曆新年前，一位同族友人給我送來一大捧水仙花，在疫情期間開得繁茂，令我深感慰藉。

5 新華門是紅牆環繞的中南海正門，位於北京長安街的中南海是中國最高權力機構所在地。

6 金剛鎧甲：（Dorje Gotrab）是藏傳佛教密宗的護法神，其心咒被認為可遣除末法時代的各種病疫，其形象為忿怒蓮師持法器以威立姿站於九首九面鐵身豬上。

7 有句中國諺語：「天上九頭鳥，地上湖北佬」，比喻湖北人的精明。

8 二〇二〇年的農曆新年即春節是公曆一二十五日。

9 摘自《地藏菩薩本願經》（卷上）：忉利天宮神通品第一。

10 張某某：一個武漢肺炎患者。名字不詳。於武漢因疫病封城前離開武漢，乘火車抵達拉薩，並於第二天（一月二十五日）住進西藏專治傳染病的醫院，被認為是西藏自治區「唯一確診新冠肺炎病例」，官方報導稱其「張某某」，並報導，經全院一百五十一名各族醫護人員的精心治療，於二月十三日治癒出院並離開拉薩。之後至今西藏自治區的疫情在官方報導中為零。

11 「全國山河一片紅」，是文化大革命流行語。

12 摘自蓮花生大士傳記《貝瑪噶塘》。其中預言部分寫：「自己行惡卻指責時代惡，時代未曾改變只是人心險惡，那時的人們沒有絲毫福德可言。」

13 道孚即今四川省甘孜藏族自治州道孚縣，感染武漢肺炎的確診病例至七十四例，是全藏地疫情最嚴重的地區，我幼年在此地生活過，尤為關注。

14 洛薩：（logsar），藏曆新年，從前一年的藏曆十二月二十九日至來年的藏曆一月十六日。今年的藏曆新年是從公曆二月二十二日開始。

15 藏曆新年的習俗之一，即「驅鬼」，要用糌粑或麵團捏一個形狀來表示魔鬼，然後舉行驅除邪魔的儀式。

16 據記載五位瘟神或「五瘟使者」，包括春瘟、夏瘟、秋瘟、冬瘟及中瘟，都各有名字。

17 這句裡的「香港」指的是在香港發生的從去年六月持續至今的「反送中運動」，「巨嬰國」代指今日中國，而所謂「巨嬰」，比喻心智了成熟的成年人。

18 這是我寫於二〇一八年九月的詩《萬物何以會被馴化？》中的詩句。

19 摘自《慈悲水懺法卷》上。「佗」為「他」的異體字。

20 摘自日本詩人種田山頭火的俳句。

VI

疫城隨記：詩42

1

無法活過這個春天是什麼意思？
無法活過這個夏天是什麼意思？
無法活過這個秋天是什麼意思？
無法活過這個冬天是什麼意思？

無法活過二〇二〇年的三月是什麼意思？
無法活過一九五九年的三月是什麼意思？
無法活過過去是什麼意思？
無法活過現在是什麼意思？

怎麼活，才能活過一天又一天？
而不是，就像是，從來沒有活過？

2

我什麼境況都想到過
但就是沒想到

會把自我囚禁這麼久

這麼久，窗外昨天陰霾濃鬱
今天晴空萬里
前天暴風雪

從高高的住所往下看
往左看，往右看
禁閉自己的當然不只是我

這個突然露出真相的世界
連魔王也無能為力
我之前以為這都是虛構

譬如地藏菩薩對地獄的描述
只為教化眾生，卻原來是此時
是此地，而之前無非虛妄

「把你的手伸給我一會兒，握在
我的手上……緊緊握住，時間就是我們
以為時間就在我們身邊」[1]

3

在這個時刻打開一部經書
在這個時刻要為無辜者祈福
在這個時刻，好似從未有過的慌張
人們害怕疾病，為什麼不怕饕餮？

有時候，命運會化身為一場瘟疫
但每次，它都名叫因果報應
每個動物都有自己的食物鏈
什麼都吃肯定出問題

4

我們不吃魯是對的
吃了魯會得幾百種病
禁忌很重要，貪心不足蛇吞象
更壞的人，一如既往，忙著封口

希望無人是孤島
或近或遠，都得到真正的安慰
而今天，在拉薩，十三歲的德色
第一次來了月經

5

天花的藏語叫拉仲
意思是什麼——
神撒下的花瓣
還是，神留下的印記？

那麼這個瘟疫
又跟什麼有關？好像
無法以隱喻的方式命名
唯恐洩露了天機

6

驚動了我威猛的護法神在大地上緩緩起舞
卻也戴著淺藍色的醫用口罩
一個帶氣閥的N95從空中徐徐落下
猶如大人物的空口無憑！

7

以火焰般的女神班丹拉姆起誓：
目睹烈日穿透高懸暗處的唐卡，

必有深意須更多的人銘記，
而不是沉默無語，或者漸漸失憶。

以五世達賴喇嘛的祕密願景起誓：
你對雪域的呼喚，即是感召。
而瘟疫圍攏不肯散去的事實，
這古老的懲罰，這屢屢無獲的訓誡。

8

菩薩多面救眾生
俗人多面為自己
雙面人甚至多面人到處都有啊
結下果實累累猶如傷痕累累
菩薩真的很辛苦

9

有的人過於恐懼

有的人過於不太恐懼
但眾生的恐懼
都盤踞內心
化作鐵石——

這是鐵石心腸的由來嗎？
唯有自害害他嗎？
帝國的胃口真大！

10

骨子裡的怯懦
掩飾不住的話
伺機而動的它
就會日益霸淩

在這交手的間歇
更凶的病毒出沒

它們或是最大贏家
它們：長著納粹的臉
（……在假想的避難所
容我欲言又止
小心翼翼地隔離
如同呵護身分）

11

聽見了嗎？它命令你屈從
否則會被汙名為病菌
生如螻蟻，螻蟻也是眾生之一
可來不及隱藏就會變異
不，最後的尊嚴還是要守住
不能扔入糞坑

12

邊界有兩種：一種是地理的

一種與精神有關

怎麼去往邊界呢？

要冒著什麼樣的風險呢？

一日置身於邊界

日夜經受的折磨無人知道

13

從她的目光猶見菩薩的身影

從她的聲音聽聞三寶的真言

從她舉在額頭的供奉手印——

那是對喇嘛的承諾

而我更想有一雙前世的眼睛
這樣，就能看見廢墟的前生
看見選中的天葬場的前生
以及，森嫫[2]幻化的祖國……

14

僅僅三個月的病㞩
僅僅三個月的漸入膏肓
僅僅三個月，就走了
而前年夏天，我們在色拉寺的茶館
喝著甜茶，吃著博圖[3]……
我仍能看見她慈祥的笑容

15

在色拉寺的那些巨石上
依傍著轉經路的那些巨石上
用白色的顏料

[illegible]在巨石上的天梯。（Pazu Kong 2018 年拍攝）

畫著一架架梯子
大大小小，階數不等
竭力地向上生長
升向解脫的天空
哪一架梯子是我的？

16
在漸漸暗下來的光線中
那散落在民居裡的
曼陀羅的金頂啊
會突然地格外明耀
如同被某道夕照眷顧
反射出令人驚訝的光芒
瞬間即逝，如夢幻
是運氣，僅僅屬於
久久地，凝視真相的人

17

深夜，整個城市
模糊難辨，如在下沉
視線往上也看不清
群山的輪廓，彷彿
全都隱入某個猛獸的口中
那樣，就會有安全感嗎？
畢竟黑暗很長

是的，我說的是拉薩
我總是以掙扎者的目光
遠遠地，望著拉薩

18

我需要一對明確的翅膀
使受困的自己一躍而起
不，是飛出去

有了翅膀
就有了自由的可能
自由不屬於斷翅的鳥

逆流而上似的
逆風而飛，而飛
回到雪山環繞的失樂之地

19
每日呼喚，每日睜開眼睛
即呼喚，自然而然地
越來越迫切地——

藥師佛啊，藍色的
晶瑩剔透的菩薩
請救我們！

20

帝國的邊緣人
帝國的陌生人

也是……帝國的敵人？
外強中乾的他啊，需要這個幻覺

一個聲音遠遠地傳來
反而是受難者在說：「臨皆，臨皆[4]。」

21

讀到一句非洲諺語：
「斧頭所遺忘的，
樹木會記得。」

但樹木若知

斧頭意味著什麼
就不會授之於柄

斧頭閃閃發亮
像是慶祝樹木的消失
好吧，我們會記得

22

遠遠近近的有些人
遺傳了祖先漂亮的容貌
可祖先沒有把無畏的精神
化作基因傳給每個後裔
這比所有悲哀的總和還悲哀
以至那寄生於侵略者
而不停地彎腰吐舌的人啊
野心與私心隨年齡滋長
空有了祖先漂亮的容貌……

23

我這樣慟哭，連自己都震驚了
我這樣慟哭不已，不止因為離世的人
而是因為活著的人，一夜之間
她痛苦得脫了相，令我驚駭

沒有至親的往後，該怎麼活？
如我失去父親的那年差點熬不過
猝然間給自己造下的創傷
至今還痛，不對，越來越痛

24

「好像陷在這裡了。」
「陷在這裡？」
「對，陷在這裡了。」
「那怎麼辦？」

「我讓你走，你就一定要走。」
「那不行，我們要在一起。」

然而除了病毒
他們也自帶病毒
就像是來自瘟疫之城的物種
雖然長著人的面孔
舉止間的反常
並不像正常的人類

25

索性吃了一大片泡在酥油茶裡的拉拉[5]
味蕾就沉浸在一頭犛牛的味道中
青草，咀嚼；奶汁，石塊似的乾乳酪……
但這個月我不會惦記它的肉
這是藏曆四月，戒葷有益於身心
今夜我也不關心人類

東西南北，人的牙齒比刀鋒利
這樣吧，萬物眾生都放過彼此
你我各自睡個好覺很重要

26

伊安[6]找到的一棵枯樹
在伊安的島上
復活了

夜空下，那得到授記的樹
那新生的葉子
隨風搖曳

那白色的葉子
那寫著名字的葉子
隨風搖曳

藏文是自焚藏人的名字。（Ian Boyden 2020 年拍攝）

那寫著藏文名字的葉子
那紙裁的葉子
隨風搖曳

那是一六五個藏文名字
那是一六五個獻祭的藏人
風的前生是火焰

火又燃起
我們五體投地
風中放聲念：「喇嘛千諾……」[7]

27

疫情不退的夏夜，
群情洶湧的各地，
惟有饕餮者從容自如，
瀕臨滅絕的某些眾生，

各有獨特的面相。

一個行跡不明的陌生人，
突然發了一條推特給我：
「不管怎麼偽裝，
都改變不了你
紅色的革命基因。」

困倦的我頓時興奮，
就像是暴露了隱祕的身分。
我笑得眼淚都出來了，
一隻手舉起杯子，
但冰鎮的啤酒已盡。

28
名字如此重要
請你，記住我們的名字

讓我，記住你們的名字
這是起碼的平等
畢竟風月同天

29

……清洗現場，飛快地
再打造一個似像非像的現場
讓你去的時候指給你看
格外親切地，屈尊紆貴地
把這樣那樣指給你看
你一下子就愛上了這個現場
比樂土更像樂土本身

你不禁淚眼迷離地
唱起了紅色音樂劇中
那首蒙古調的讚歌：
「從草原來到天安門廣場

下雨了。（唯色 2020 年 7 月拍攝）

高舉金杯把讚歌唱
美酒飄香鮮花怒放
歌聲飛出我的胸膛……」

啊，我們的空空的胸膛……！
一個個的，失魂人……

30

居住帝國的首都半年
居住帝國的邊疆半年
就像移民或流亡者

但輪替的空間日益逼仄
在故鄉的時間越來越短
你無能為力，無所適從

彷彿僥倖地活著

僥倖地過了一天又一天
只希望被帝王和走卒遺忘

31

「雙面人；口是心非者；你們不羞愧嗎？」
「叛徒；俄洛巴[9]；你們不准跟她來往。」
「熊貓；老大哥……你們看得見地獄嗎？」
「還有你，別提貴族血統，你諂媚的樣子很卑下。」
「看這不毛之地，看這些野蠻人，多虧我們的解放。」
那幾個穿中山裝的男人以嘹亮的宣告使空氣凝結
「哦不！」你在心裡繼續重複著他們的語言
將先前的低語換作這一句：「你們才是野蠻人，
六道中的下三道，恐怕很難得解脫。」

你不禁微笑，但他們可能以為這是認同和感激

32

不，我們沒有穹頂，只有屋頂
而這個屋頂，太大，又太低
將穹頂完全擋住
彷彿它成了穹頂
比黑夜更夜的黑

真的，就這一個顏色
我並沒有渲染，總之周圍人們
不得不將屋頂當做穹頂
習慣了暗無天日的生活
以至我看見穹頂這個詞
竟淚流滿面……

33

災異的烈焰四起
會玉石俱焚嗎？

然而頑石不會
美玉卻易殞於火中

頑石強硬，自以為是
擅長以火助攻

但玉是美好事物
終被頑石盡毀

正所謂他山之石
不停擊打我的玉

譬如昨日淪陷的故土

今已遍布種種劣石……

34

烈日下，走在漸漸嘈雜的街上
走在以口罩遮面的人群中
街道兩旁，淨是藏在陰影裡的房屋
應該還有很多人將自我封閉
有時，他們中的一個會靠近視窗
投來匆匆一瞥，或久久凝視
他或她深深俯身的樣子
既像欲墜的猶豫，更像求救的暗示
我差點失聲祈求觀世音菩薩
張開懷抱，畢竟這是一個佛教徒
應該做的事情……

35

陷入日甚一日的糾結中·

深深眷戀的、深深依賴的親人
有的在故鄉，有的在這個或那個異鄉
我如何獲得分身之術
如何規避不可測的危機四伏
與各個共度無可替代的時光？

啊，我的內心對誰都不捨
如同在淚水中的浸泡
我們在這一世的時光越來越少了
不由得，睡得越來越晚
睡眠越來越短，似乎是
就可以盡量地延長我們在一起

36
眾人的記憶如何才能恢復？
譬如一個不得不失憶的人
在某個政治正確的房間

得到了後果不明的醫治
那漸漸恢復的過程
有時候暢通
有時候堵塞
然後會像山洪一瀉千里
令人滿懷懼意
更像是發生在廣場上的謀殺
過於可怖的真相被眾目睽睽
又被選擇性地遺忘
終究會說出口
但也毀掉了活下去的勇氣

37

做一個確定身分的人，如
寫一首好詩的難度幾乎一樣
因為命名是首要的問題——
你是「藏人」？「圖伯特人」？

還是「博巴」[10]？你的故土是「西藏」？
「圖伯特」？還是「博」[11]？

……似乎雪在下，雪越下越大，遮蔽了道路
似乎火在燒，火越燒越猛，遮蔽了天空
化雪的時候最冷，淚水也會凍結
撲滅烈火的時候，灼傷的不只是皮膚

遠遠地，遠遠地，遠遠地傳來
六世達賴喇嘛的證悟之歌多麼慰藉：
「寫出的黑色字跡，水和雨滴沖沒了；
沒繪的內心圖畫，要擦也擦不掉。」

38
不肯相信他已離世多年
他的容顏仿如舊照漸漸褪色
而我，也活到了他離世的年紀

幻覺啊……以為自己仍在青春時節
幻覺啊，以為自己能夠掌握命運
幻覺，而這樣的幻覺恐怕也是需要的

「喂，打算什麼時候死呢？」
「啊！怎麼說話的？」——
這個凌晨被一個陌生之聲吵醒

39

突然覺得拉薩更像一個遺蹟
殘骸；廢墟；亡址……
「修舊如舊」，他們說
挖挖挖，拆拆拆
修修修，蓋蓋蓋……
使得這裡像一個巨大的工地
修舊如舊怎麼可能？
你都破舊了，又怎能立新？

你立的新，也是虛偽的替身

40

記得那個初秋的正午
在哲蚌寺的轉經路上
一條流向山下的溪邊
她輕輕地，反復地
將幾枚鋥亮的銅
浸入流水中，又
從流水中提起
那銅，刻有菩薩的形象
刻有菩薩說的話
那銅，用結實的繩繫住
像筆，以水為紙
在水上書寫祈禱
更像印，使流水瞬間轉變
那蜿蜒流向俗世的水啊

印滿菩薩的形象
印滿菩薩的話
而這，你會笑徒勞
因為你看不見
而這，我更信不疑
因為我看得見

41

將地名寫入詩中
將本國的地名寫入詩中
將失去的本國的地名寫入詩中
將本質上永不失去的本國的地名寫入詩中……

「神奇又真實，」她大聲地說
「一個避難所，」她轉為輕聲地說
進而聯想到：烏托邦的同義詞，時輪金剛的香巴拉[12]……
一滴滴淚水也真實，卻不神奇

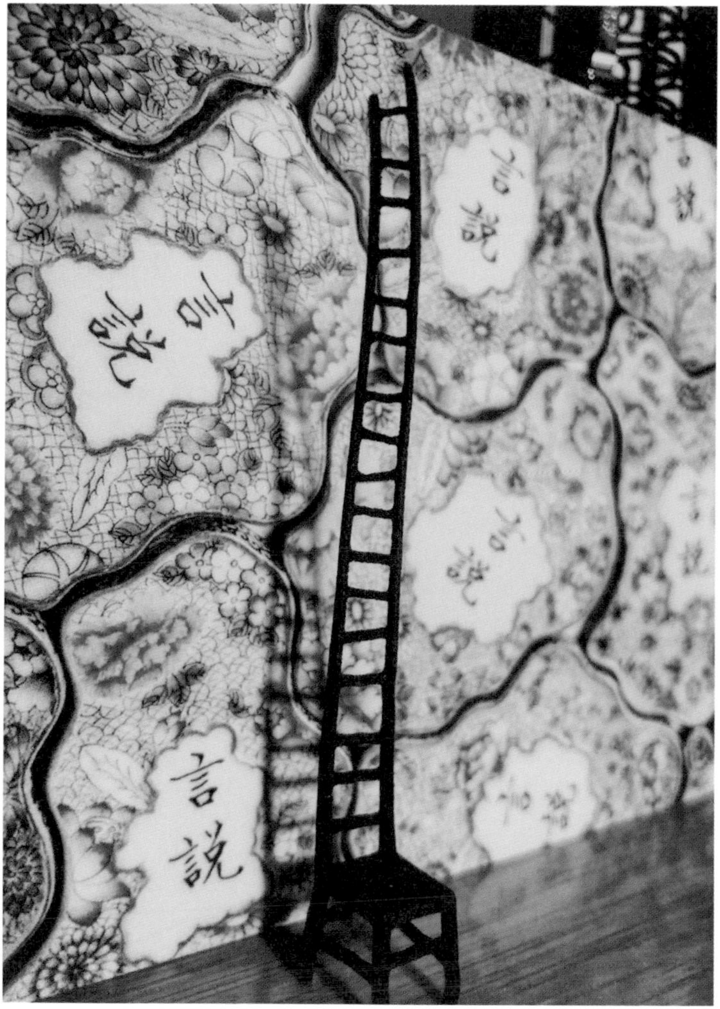

言說與空椅子。（唯色 2021 年 3 月拍攝）

我已經竭盡全力地勇敢了
但在五毒彌漫人間的時刻務必具足信心
發四弘誓願的嘉瓦仁波切的聲音響起了
也請你聆聽，為一個好的來世

42

但是直到最後，即使無法如期而至
我們必須說實話，說實話，說實話
沒有一個人有權力欺負另一個眾生
沒有一個原因不會成為另一個結果
請呵護那風中的燭火是木口的希望
請珍惜那瞬息即變卻並不太多的同理心……

二〇二〇年二月至十二月，疫情中
寫於北京、上海、屯溪

1 卡佛（Raymond Carver）的詩《透過樹枝》（*Through the Boughs*）中的詩句。

2 森嫫：（Srinmo），岩羅刹女。圖伯特神話稱藏人人種系獼猴與岩羅刹女結合所生，傳統地理觀以譬喻的方式認為圖伯特疆域即森嫫仰臥之地。

3 博圖：（Bhotuk），圖伯特風味的麵條。

4 臨皆：意為可憐。

5 拉拉：犛牛乳做的乾乳酪。

6 伊安：即Ian Boyden，美國藝術家、詩人、譯者。二〇二一年春天與我合作舉辦線上展覽《FLAMES OF MY HOMELAND: THE CULTURAL REVOLUTION AND MODERN TIBET》。其中有我父親拍攝西藏文革的照片；有伊安在枯樹上掛滿寫有一百六十五位自焚藏人名字的紙片，以及這棵樹在火焰中燃燒的電影；有我念誦自焚族人名字的聲音；有我朗讀寫給尊者家族的老房子堯西達孜在幾十年來化作廢墟的詩歌，等等……

7 喇嘛千諾：（Lama Chenno），祈禱詞，上師遍知，上師護佑。

8 指音樂舞蹈劇《東方紅》，一九六四年中共為慶祝建國十五週年演出的歌舞劇。

9 俄洛巴：（Nglukba），叛徒，變節分子。

10 博巴：（Bhopa），藏人，圖伯特人。

11 博：（Bod），西藏，圖伯特。

12 香巴拉：（Shambhala），淨土。

後記：當岡仁波齊再次出現在眼前……

去轉山吧，我們去轉山，
務必祈求觀世音的護佑，
才能恢復健康和尊嚴，
才能悲喜交加。

當岡仁波齊再次出現在眼前，是二〇二一年九月九日。距離第一次轉山時見到，已過十九年。

聖山以其特別而著名的形狀——對我而言，親切得如同故鄉中的故鄉——像難以形容的瑰寶晶瑩剔透，閃閃發光。如果不是山下插著那塊醒目的／刺目的紅底黃字標語——中文和藏文寫「時代先鋒　魅力普蘭」——我可能會以為自己在做夢。一年前，我開始寫當年於聖山遇見從邊界那邊來的行腳僧時，近乎無望地感慨何時才會有機會再次轉山。

不真實的感覺被紅標語戳破。正可謂「一路念卓瑪／一路上，觸目皆是紅標語／提醒你：要感恩，要感恩」。卓瑪是度母的藏語，救度佛母，觀世音菩薩的化身。

我沒想到我竟在北京辦到了去往西藏自治區的「邊境管理區通行證」，且為期三個月（其實這與我的戶口如今在漢地有關，也即是說，戶口不在藏地的，都容易辦）。我原以為我又得像以前那樣，幾次三番地央求國家權力的化身恩賜這一紙「通行證」，准許我履行一個佛教徒的功課。也因此，當我真的走上了五十多公里的轉山路，卻有幾分恍惚，似乎難以面對夢想成真的事實。

我也沒想到連拉薩也獲得網開一面的待遇：「通行證」放開，人人可申請，不過為期只有一個月。我歡欣地告訴王力雄，卻被他冷靜的幾句話點醒：「岡仁波齊本來就是你們的聖地，朝聖本來就是你們的權利，為何要感激涕零？這不是斯德哥爾摩症麼？」需要補充的是，「十一」長假即中國國慶假期之後，相關政策又有變，拉薩又跟過去一樣很難辦「通行證」了。怎麼會這樣？這簡直就像權力的遊戲，讓無權利的平民忽喜忽悲，無所適從。難道是無數藏人成群結隊地朝聖，追求、認同宗教信仰帶來的幸福，讓統治者不爽？還是處於緊張狀態的邊界有特殊情況發生？

對於我來說，或許真的有精誠所至、金石為開的奇蹟。多年來，我不停地書寫著聖山，反覆地回味著第一次轉山之行……「上來透口氣！」我自言自語。其實這句話是歐威爾（Orwell）說的，當然我知道他接著說：「但哪裡有空氣呢？我們身處的垃圾桶已經夠到同流層了。」[1]但我還是喜歡這句話：「上來透口氣！」這正是我轉山時的感受。也許很多人會因為高海拔反而出氣艱難，可我恰恰相反。

之前我寫過，鑑於當年轉山一天完成，五十多公里只顧快走，以至於多年後悔，許願若能再次轉山，一定要慢慢地走三天，慢慢地看風景，慢慢地感受聖山所獨具的力量。而這樣的時刻終於來臨——

岡仁波齊或在晴空下，或在雲霧中，有時候見得到，有時候見不到，但都格外地美。一路遇見許多磕著等身長頭轉山的藏人，或眾人相伴，或獨自一人，風雨雪無阻。很多磕長頭的都是年輕人：一個染髮戴耳環的男孩考上了成都的大學，轉完山就要去上學；一個秀麗的女孩聽到我把旁邊的男子當成了她的男友，笑得蒙住了臉，因為那是她舅舅。一路還遇見許多盛裝以飾的男女漫步似的走著，環佩叮噹，發出清越響聲，伴隨祈禱聲聲，是喜悅諸多神靈的意思吧。革吉地方的女子服飾美麗，尤其是帽子別緻，翻翹的帽檐類似麋鹿的彎角。從拉薩來的，不少像退休幹部，謹慎、矜持又禮貌周全。

這些動人的景象是朝聖／轉山的盛景，我因此感受到平時少有的快樂：與同行的族人打招呼，互致吉祥如意；在某塊大石頭前停下，模仿圍在一起的族人，閉目用手指觸碰石頭上的某個凹處，以示衡量對父母是否孝敬，爆發出一陣陣歡笑；走過外轉道上的最高埡口卓瑪啦，下起了小雪，我滑了一跤，撲倒在一塊石板上。幾乎同時，援助之手

1. 見喬治・歐威爾小說《上來透口氣》，譯者陳超，上海譯文出版社，二〇一七。

迅速伸來，將我一把扶起。是一位白鬚飄飄的清瘦老者，白色藏袍用絳紅腰帶繫住，白色長靴有五彩圖案環繞。我忘記了多少有些疼痛，情不自禁地說：「波啦（老先生），您太帥了！」

我愛轉山路上遇到的人們，包括那個因疫情無法回到杭州家裡，羈留拉薩長達一個多月的蒼白女子，獨自轉山的她走得極慢。無論如何，幾乎都是因為精神的理由，才走上了高高的、迢迢的轉山路，為此奉上讚嘆與祝福。我更慶幸自己與如此眾多的族人及信仰者同行，彷彿重返千百年來不曾中斷，而世事反轉的今天有過中斷、卻無法被強權消失的朝聖盛況。

三日轉聖山，兩夜宿小寺。在傳說野犛牛隱沒於磐石中的哲熱普寺，透過木格子窗戶，恰好看得見兩座金字塔形狀的山峰之間像奇異花蕊的聖山，大面積積雪的山壁中間露出青色岩層。仔細看，似乎可見非常特別的圖案：一頭毛髮漫鬈的黑犛牛在頑強地奔跑，一位驕傲的騎手正後仰抬首。不過我沒有做到之前在文章中所寫的，要「通宵不眠，凝視與默禱，仔細銘記聖山在星月之夜的絕世之美」，這是因為夜晚的聖山其實被黑暗遮住了，什麼也看不見，而且夜越深也越寒冷，我很快就在窄窄的木床上裹著睡袋睡著了。

總之，難得上來透口氣，就與同行的朋友如此命名了這三日：第一天，扎西，既是吉祥之意，也是善良措大的名字；第二天，唯色，既是光芒之意，也是我的名字；第三天，逛逛，既是友人網名，也是最輕鬆愜意的一天，才走了十二公里。依然不時遇見磕長頭的信眾，每個人都一絲不苟，走三步便合掌伏地，並用戴著手套或套著木板甚至套著拖鞋的雙手，在塵土飛揚的道路上划下橢圓形的痕跡，如同印刻某種標記。

當我們回到塔欽鎮，在意味著朝聖終點的一座水泥橋頭，四位磕著長頭陸續抵達的三女一男正以這樣的方式表示慶賀：向四方諸佛菩薩再次匍匐頂禮，相互之間敬獻潔白哈達，並給路人分享剛買來的飲料點心。我們也得到了哈達和此刻別具風味的可口可樂，並同他們合了影。他們來自附近仲巴縣牧區，額頭上沾滿厚厚的塵土，眼睛明亮，笑容真誠，明天還會步行轉山一圈，才是最終圓滿。

我不禁熱淚盈眶，想起這段話：「然而大地上的生活多麼辛苦，生存環境是如此嚴酷，我的族人們多麼孤寂而堅強，我終於理解了佛教的偉大和親切。在這裡，對佛教的信仰是多麼地必要。諸佛與菩薩實際上就是我們生命中至親的親人和朋友。世俗中掌握權力的那些政客並不能給予眾生真正的幸福和快樂。請允許吧，允許我們擁有我們的親人和朋友：諸佛與菩薩及真正的信奉者。」這是我在一九九八年的夏天，去往擁有諸多聖地的上阿里三圍時寫的日記片段。

*

我希望我用文字表達的不僅僅是一個佛教徒的轉山朝聖，而是富有更多層次、更多意義的敘事。其中當然有政治的干預和影響，而這其實是最主要的。單純意義上的朝聖已無可能。連聖山顯露真身時，朝聖者遠遠看見的，卻是鮮紅的標語牌不只一個。你沒法不最先看見，突兀的紅色如同不邀而至的統治者，在藍天、雪山與褐土構成的原生態世界中，那麼地野蠻，那麼地喧賓奪主。

「但我並不是很在乎」，這也是歐威爾說的。所以我沒有在社群媒體上貼出紅標語，雖然我拍得足夠多。我企圖想忘卻，想忽略不計，想當它不存在，然而不可能避開，除非五蘊皆空，以至於還是曾被痛苦的情緒攫住。

單純意義上的佛事已不存在，連寺院的僧侶也不復以往。有的沉默不語，有的逆來順受，但也有個別的會仗勢欺人。我為此寫了一首詩，給後者那樣的人：「他穿解脫者的絳紅衣／卻像狗貪戀且貪瓢／露出了幫凶的嘴臉／製造了障礙／但我們不生氣／自有因果，將其送祟」。

我為此多次忍不住淚下。比如在原本為千年古寺的托林寺那深暗的大殿，上午的幾束陽光斜斜地射入，照亮曾被當成糧庫才得以留存的壁畫，斑駁中露出閃電般的迷人細節。請准許我拍攝被損毀的痕跡，因為這並非當局文宣所稱：「幾百年以來，托林寺雖然歷經各種自然和人為的破壞……」。並非「幾百年以來」，而是幾十年以來，確切地說，是五十多年前的浩劫，其名為「無產階級文化大革命」。而托林寺的壇城殿則類似文革紀念館：壇城已成殘破的石礫，滿牆不剩一幅壁畫；烙印似的背光，空空蕩蕩的法座，缺失的塑像卻在地上堆砌著殘臂斷腿，甚至還有半邊佛首，殘存著藍色的螺髻髮和細長的眉目；更催人淚下的是，有些往昔一定是高大塑像的位置上，如今或者放著一尊小小的佛像，或者貼著一張彩色佛畫……

又比如在被稱為「邊境小城」的普蘭，我走過一幢幢廢棄的民居藏房，走向建在懸崖上的貢普貢巴（中譯古宮寺），在守護僧人的默默引領下，攀梯走入低矮、幽深的洞窟，剛把背包和帽子放下欲磕頭，眼淚忽然湧出，感覺到快要發出嗚咽聲，就極力抑制。這是很少有的經歷。我知道是因為眼前所見，正是往日無數靜修者最早的、原本的修行空間，氣息與身影猶在，非凡的精神永遠不可摧毀，作為遠道而來的崇拜者，我唯有五體投地，獻上祈禱與讚頌。我唯有緊緊地握住一百零八顆念珠，不放鬆或不失手，與此同時，更加清晰地認識到，同他們——霸凌者和唯物主義者——之間絕無可能填補的價值鴻溝。

接著我看見了洞窟深處的那尊無比美麗的女神：似笑非笑的，似舞非舞的，前額睜著第三隻眼，右手高舉一面鏡子，全身掛滿嘎烏及珠寶，以妙不可言的姿態，站在蓮花寶座上……她正是美隆阿企，即占卜明鏡阿企佛母，直貢噶舉傳統中至高無上的護法與本尊，而塑像本身有八百多年的歷史。於是聽聞了這個故事，無疑具有典型意義：在文革浩劫中，當地藏人揹著這尊塑像，悄悄跨過邊界，潛入被劃歸了尼泊爾的利米山谷，托付給那邊古老的仁欽林寺收藏，直至這邊浩劫暫止，才將阿企佛母背回，重歸原來的洞窟安放。

利米山谷顯然是蒙難者能夠逃至的避難所，可以驅散災難突降時的驚懼。誰會想到「解放」竟帶來如此的深淵和地獄？六道輪迴剎那變現，無常與毀滅成了日常生活。幸而邊界那邊截然不同，恰如相對意義上的香巴拉，盡可能地庇護了逃出生天的眾生與聖物。我們需要明鏡女神，正如我們需要聖山岡仁波齊。

……當明月升起，恰恰藏曆十五，我回到了拉薩。兩週朝聖為主的遊歷，諸多非比尋常的際遇，如同隱藏或遮蔽的事物，實際上是關於歷史與現狀的真相，將隨不短的時光漸漸融入內心，然後才能娓娓道來。感恩諸佛菩薩喇嘛上師的護佑，我當繼續祈求他日獲得再來轉山的福報，讓我或我們再一次地，從一場場瘟疫漩渦中「上來透口氣」。

二〇二一年十一月，疫情中，寫於拉薩

藝術家井早智代（Tomoyo Ihaya）贈予我的繪畫。
（唯色 2020 年 3 月拍攝）

國家圖書館出版品預行編目(CIP)資料

疫年記西藏：當我們談論天花時我們在談論什麼/唯色(Tsering Woeser)著. -- 初版. -- 臺北市：大塊文化出版股份有限公司, 2022.01
面； 公分. -- (mark；168)

ISBN 978-986-0777-68-0(平裝)

1. 文集 2. 西藏自治區

676.68 110018832